友之義楓山之記畫矣雖
□作者寧能有加乎補之
遊復勤而今學方有詩文成
又遊南行蒙時泊舟護覽
於四君子於亭下而能為補
之補之陽明居士王守仁識

王阳明全集

王阳明◎著

中国文史出版社

图书在版编目（CIP）数据

王阳明全集：1－5/王阳明著．—北京：中国文史出版社，2014.8（2020.11 重印）

ISBN 978－7－5034－5084－6

Ⅰ．①王… Ⅱ．①王… Ⅲ．①王守仁（1472－1528）－文集 Ⅳ．①B248．2－53

中国版本图书馆 CIP 数据核字（2020）第 202130 号

责任编辑：殷 旭
封面设计：周 飞

出版发行：**中国文史出版社**
社　　址：北京市海淀区西八里庄路 69 号 邮编：100036
电　　话：010－81136606 81136602 81136603（发行部）
传　　真：010－81136655
印　　装：三河市华晨印务有限公司
经　　销：全国新华书店
开　　本：880×1230 毫米　1/32
印　　张：51.25　　　字数：1150 千字
版　　次：2014 年 8 月北京第 1 版
印　　次：2020 年 11 月第 4 次印刷
定　　价：198.00 元（全五册）

王陽明先生真像
遡稽古初孔曰性近禮亦有言人
生而靜善惡未生是曰本性心兮
本虛與物相印習染既殊是非斯
定餘姚性學千秋定論良知之說
孟氏所崇存理遏欲未發為中洗
心藏密患與民同任情自發有感
遂通湛然虛明廓然大公知行合
一性道事功
焦秉貞

王阳明像 [清]焦秉贞 绘

王阳明《五言诗轴》

出版说明

一、此次出版的《王阳明全集》为简体、横排，依据民国二十二年万有文库本《王文成公全书》为底本，并参考旧刊其他各版本，进行繁简转化、编辑整理而成，同时结合并吸取最新收集整理的王阳明文稿、资料及研究成果，亦参考比对了近年来其他版本的王阳明文集。

二、本版《全集》分为传习录、文集、书信、诗赋、杂著、奏疏、传记、年谱、世德纪、附录等十部分，同时收录有王阳明门人弟子、同僚、友人及历代文人学者所撰写的有关王阳明本人及著作的文章。这些文字或生动再现了王阳明其人其事，或饱含对恩师的孺慕之情，或严谨中肯地评价了王阳明著作及思想的起转传承，对于研究王氏学说有着不可估量的作用。

三、本版《全集》全部采用现行标点断句标示；夹注、旁注采用与正文不同的字体、字号加以区别，以便于读者阅读、理解。

四、此次出版以忠于原作为基础，对于有据可查的疏漏错误进行了校勘订正，对于不可考据的疑问则遵照原文收录。

·民国二十二年万有文库本《王文成公全书》

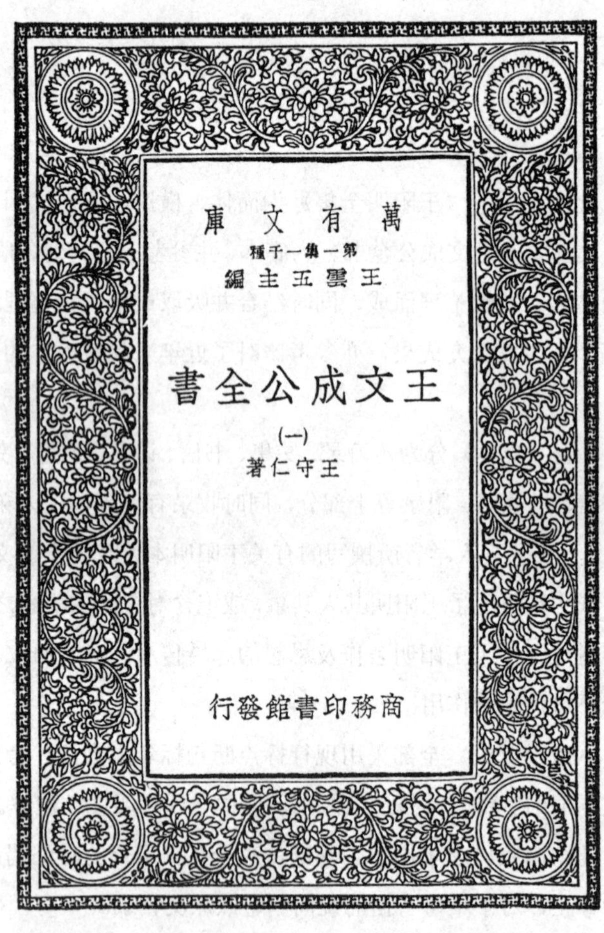
萬有文庫

第一集一千種

王雲五主編

王文成公全書

（一）

王守仁著

商務印書館發行

前言

王阳明（1472-1529），名守仁，字伯安，号阳明，浙江余姚人，明代著名思想家、教育家、政治家、军事家、书法家，影响巨大的“心学”集大成者。他不但精通儒释道各家学说，而且还能够统军作战，是中国历史上罕见的全能大儒。

王阳明出身官宦世家，父亲王华是明宪宗时期的状元，远祖为东晋大书法家王羲之。数百年来，由于声名高隆，历代对他的评价始终复杂多变，推其为圣人者有之，贬其为学术祸首者有之，赞其为思想革新者有之，斥其鼓吹蒙昧主义者亦有之。直至近代，主流阶层对他的评价仍是扑朔迷离。有人说他是民主思想的启蒙先驱，但同时更有人咒骂他是为反动统治阶级做愚民误导。

然千古功过自有绵延无尽的后世评说，今人需要把握的，仅仅是如何以更为高远和辽阔的眼光去看待王阳明的一生，看待那些他留给我们的注定于己于人于社会都有意义的东西。

王阳明的一生坎坷且传奇，他童年时贵人语迟，五岁始能语；青年时屡次落第，格物穷理；中年时遭人陷害，远躲僻壤；复出之后屡担大任，亲手平息了重大叛乱，挽危局于即倒，拯救了明王朝的历史命运；老年时教书育人、桃李天下，弟子中高官显达无数。他生前身后均难逃嫉谤、诬陷，一辈子都在同病魔、同精神、同环境、同自己的“心中贼”搏斗，可谓荣辱与悲喜起伏，动荡与显赫交织的一生。

作为思想巨匠，王阳明的“心学”理论彻底改变了明朝中叶以后中国思想发展的整体格局，深受历代读书人崇拜，并影响了诸如张居正、曾国藩、章太炎、孙中山等许多后世名人。其学说更成为日本明治维新的思想先导，当时的维新领袖西乡隆盛将王阳明视为精神偶像。日本当代一手创办两家世界五百强企业的稻盛和夫，对王阳明的思想也是推崇备至。

明正德十六年，五十岁的王阳明正式提出“致良知”这一哲学命题。他说：“近来信得致良知三字，真圣门正法眼藏。往年尚疑未尽，今自多事以来，只此良知无不具足。”至此，经过长期的磨难、酝酿和总结，王阳明开始用“良知”来概括和表达其“心学”的最本质内容。“良知”一词出于《孟子·尽心上》，指人的不依赖于环境、教育而自然具有的道德意识、道德感情与是非标准，亦可说是良心、本心，是人心所固有的。人的本心会自发地知仁、知义、知礼、知是非，这就是人的良知。

“心即理”、“致良知”、“知行合一”，王阳明倡导要本着人性的要求去说话，提倡要尽力去表露长期被压抑了的思想感情，提倡人们各以“吾心”原有的“良知”去判别是非，做出符合自己心愿的行为。这种实践精神与成就事功的价值观体现了人的主体精神，有着近代启蒙哲学的影子。它追求独立意识和个性解放观念，充分体现了阳明学说系“心学”最高范畴的地位；它的创立，在当时思想界掀起了巨大的波澜，使读书人开始呼吸到了新鲜的思想空气。

郭沫若曾这样评价王阳明：“他的一生是自强不息的奋斗主义

的体现，他是伟大的精神生活者，他是儒家精神的复活者。”

的确，上下五千年，王阳明堪称中国历史上屈指可数的几位既“立德”、“立言”，又“立功”的完人。尽管也有学者将诸葛亮、曾国藩与王阳明三人相提并论，认为他们在统军才能上难分伯仲，但在思想和学说领域，诸葛亮与曾国藩显然无法与王阳明比肩。

由于有着一套独特的政治哲学和政治功业，有着高尚的人格魅力，有着对伦理道德的深刻理解和身体力行，王阳明的著作始终为中外诸多精英人士所追捧，即使在禁锢时期，也暗中受到大量读者的喜爱。他所倡导的意识独立、个性解放，在今天仍有借鉴意义；他所提出的“致良知”，对培养人的优秀品质，端正社会风气亦有着深远影响。海外许多国家，尤其是日本、韩国等国的不少学者至今仍将王阳明的学说视为精神范本。日本近代著名的军事家东乡平八郎，更是被该学说所折服，特意佩了一方印章，上刻“一生俯首拜阳明”七个篆字。

毋庸置疑，王阳明的思想和学说主要浓缩在他的著作中，因此，怎样与时俱进，以更符合现代人阅读习惯及研习方便的形式再版《王阳明全集》，是当今数字时代的传统出版人必须重视的问题。本版本与之前已有版本的最大区别在于横排简体，同时我们在做过大量案头整理、核对工作之后，在编辑思路及编辑结构上也略有创新。但限于条件及水平，疏漏甚至错误之处仍在所难免，敬请读者批评指正。

王阳明全集

目录

附：朱子晚年定论

卷二　文集

王文成公全书序

徐　阶

《王文成公全书》三十八卷，其首三卷为《语录》，公存时徐子曰仁辑；次二十八卷为《文录》，为《别录》，为《外集》，为《续编》，皆公死后钱子洪甫辑；最后七卷为《年谱》，为《世德纪》，则近时洪甫与汝中王子辑而附焉者也。

隆庆壬申，侍御新建谢君奉命按浙，首修公祠，置田以供岁祀。已而阅公文，见所谓录若集各自为书，惧夫四方正学者或弗克尽读也，遂汇而寿诸梓，名曰《全书》，属阶序。

阶闻之，道无隐显，无小大。隐也者，其精微之蕴于心者也，体也；显也者，其光华之著于外者也，用也；小也者，其用之散而为川流者也；大也者，其体之敛而为敦化者也。譬之天然不已之妙，默运于于穆之中，而日月星辰之丽，四时之行，百物之生，灿然呈露而不可掩，是道之全也。古昔圣人具是道于心而以时出之，或为文章，或为勋业。至其所谓文者，或施之朝廷，或用之邦国，或形诸家庭，或见诸师弟子之问答，与其日用应酬之常，虽制以事殊，语因人异，然莫非道之用也。故在言道者必该体用之全，斯谓之善言；在学道者亦必得体用之全，斯谓之善学。尝观《论语》述孔子心法之传，曰"一贯"。既已一言尽之，而其纪孔子之文，则自告时君，告列国之卿大夫，告诸弟子，告避世之徒，以及对阳货询厩人，答问馈之使，无一弗录，将使学者由显与小以得其隐与大焉；是善言道者之准也，而其为学固亦可以见矣。唯文成公奋起圣远之后，慨世之言致知者求知于见闻。而不可与酬酢、不可与佑神，于是取《孟子》所谓“良知”合诸《大学》，以为“致良知”之说。其大要以谓人心虚灵莫不有知，唯不以私欲蔽塞其虚灵者，则不假外索，而于天下之事自无所感而不通，无所措而不当。盖诚意、正心、修身、齐家、治国、平天下必先致知之本旨，而千变万化，一以贯之之道也。故尝语门人云：“良知之外更无知，致知之外更无学。”于时曰仁最称高第弟子，其录《传习》，公微言精义率已具其中。乃若公他所为文，则是所谓制殊语异莫非道之用者，汇而梓之，岂唯公之书于是乎全，固读焉者所由以睹道之全也。谢君之为此，其嘉惠后学不已至欤？虽然，谢君所望于后学非徒读其书已也。凡读书者以身践之，则书与我为一；以言视之，则判然二耳。《论语》之为书，世未尝有不读，然而一贯之唯，自曾子以后无闻焉。岂以言视之之过乎？自公“致良知”之说兴，士之获闻者众矣，其果能自致其良知，卓然践之以身否也？夫能践之以身，则于公所垂训，诵其一言而已足，参诸《传习录》而已繁；否则虽尽读公之书无益也。阶不敏，愿相与戒之。

谢君名廷杰，字宗圣。其为政崇节义，育人才，立保甲，厚风俗，动以公为师：盖非徒读公书者也。

赐进士及第、特进光禄大夫、柱国、少师兼太子太师、吏部尚书、建极殿大学士、知制诰、知经筵事、国史总裁致仕后学华亭徐阶序。

卷一　传习录

传习录上

徐爱录

先生于《大学》“格物”诸说，悉以旧本为正，盖先儒所谓误本者也。爱始闻而骇，既而疑，已而殚精竭思，参互错综，以质于先生。然后知先生之说，若水之寒，若火之热，断断乎百世以俟圣人而不惑者也。先生明睿天授，然和乐坦易，不事边幅。人见其少时豪迈不羁，又尝泛滥于词章，出入二氏之学。骤闻是说，皆目以为立异好奇，漫不省究。不知先生居夷三载，处困养静，精一之功，固已超入圣域，粹然大中至正之归矣。爱朝夕炙门下，但见先生之道，即之若易，而仰之愈高；见之若粗，而探之愈精；就之若近，而造之愈益无穷。十余年来，竟未能窥其藩篱。世之君子，或与先生仅交一面，或犹未闻其謦咳，或先怀忽易愤激之心，而遽欲于立谈之间，传闻之说，臆断悬度，如之何其可得也？从游之士，闻先生之教，往往得一而遗二，见其牝牡骊黄而弃其所谓千里者。故爱备录平日之所闻，私以示夫同志，相与考而正之，庶无负先生之教云。

门人徐爱书

爱问:"'在亲民',朱子谓当作'新民',后章'作新民'之文,似亦有据。先生以为宜从旧本作'亲民',亦有所据否?"

先生曰:"'作新民'之'新'是自新之民,与'在新民'之'新'不同,此岂足为据?'作'字却与'亲'字相对,然非'新'字义。下面'治国平天下'处,皆于'新'字无发明。如云'君子贤其贤而亲其亲,小人乐其乐而利其利'、'如保赤子'、'民之所好好之,民之所恶恶之,此之谓民之父母'之类,皆是'亲'字意。'亲民'犹如《孟子》'亲亲仁民'之谓,'亲之'即'仁之'也。'百姓不亲',舜使契为司徒,'敬敷五教',所以亲之也。《尧典》'克明峻德'便是'明明德','以亲九族'至'平章'、'协和'便是'亲民',便是'明明德于天下'。又如孔子言'修己以安百姓','修己'便是'明明德','安百姓'便是'亲民'。说'亲民'便是兼教养意,说'新民'便觉偏了。"

爱问:"'知止而后有定',朱子以为'事事物物皆有定理',似与先生之说相戾。"

先生曰:"于事事物物上求至善,却是义外也。至善是心之本体,只是明明德到至精至一处便是。然亦未尝离却事物。本注所谓'尽夫天理之极,而无一毫人欲之私'者得之。"

爱问:"至善只求诸心,恐于天下事理,有不能尽。"

先生曰:"心即理也。天下又有心外之事,心外之理乎?"

爱曰:"如事父之孝,事君之忠,交友之信,治民之仁,其间有许多理在,恐亦不可不察。"

先生叹曰:"此说之蔽久矣,岂一语所能悟?今姑就所问者言之。且如事父,不成去父上求个孝的理;事君,不成去君上求个忠的理;

交友、治民，不成去友上、民上求个信与仁的理。都只在此心。心即理也。此心无私欲之蔽，即是天理，不须外面添一分。以此纯乎天理之心，发之事父便是孝，发之事君便是忠，发之交友、治民便是信与仁。只在此心去人欲、存天理上用功便是。”

爱曰："闻先生如此说，爱已觉有省悟处。但旧说缠于胸中，尚有未脱然者。如事父一事，其间温凊定省之类，有许多节目，不亦须讲求否？”

先生曰："如何不讲求？只是有个头脑。只是就此心去人欲、存天理上讲求。就如讲求冬温，也只是要尽此心之孝，恐怕有一毫人欲间杂。只是讲求得此心。此心若无人欲，纯是天理，是个诚于孝亲的心，冬时自然思量父母的寒，便自要求去个温的道理；夏时自然思量父母的热，便自要去求个清的道理，这都是那诚孝的心发出来的条件。却是须有这诚孝的心，然后有这条件发出来。譬之树木，这诚孝的心便是根，许多条件便是枝叶。须先有根，然后有枝叶。不是先寻了枝叶，然后去种根。《礼记》言：'孝子之有深爱者，必有和气；有和气者，必有愉色；有愉色者，必有婉容。'须有是个深爱做根，便自然如此。”

郑朝朔问："至善亦须有从事物上求者？”

先生曰："至善只是此心纯乎天理之极便是。更于事物上怎生求？且试说几件看。”

朝朔曰："且如事亲，如何而为温凊之节，如何而为奉养之宜，须求个是当，方是至善。所以有学问思辨之功。”

先生曰："若只是温凊之节，奉养之宜，可一日二日讲之而尽，用得甚学问思辨？惟于温凊时也只要此心纯乎天理之极，奉养时也只要此心纯乎天理之极，此则非有学问思辨之功，将不免于毫厘千里之缪。所以虽在圣人，犹如'精一'之训。若只是那些仪节求得是当，便谓至善，即如今扮戏子扮得许多温情奉养的仪节是当，亦可谓之至善矣。"

爱于是日又有省。

爱因未会先生知行合一之训，与宗贤、惟贤往复辩论，未能决。以问于先生。

先生曰："试举看。"

爱曰："如今人尽有知得父当孝、兄当弟者，却不能孝，却不能弟。便是知与行分明是两件。"

先生曰："此已被私欲隔断，不是知行的本体了。未有知而不行者。知而不行，只是未知。圣贤教人知行，正是要复那本体。不是着你只恁的便罢。故《大学》指个真知行与人看，说'如好好色'，'如恶恶臭'。见好色属知，好好色属行。只见那好色时已自好了，不是见了后又立个心去好。闻恶臭属知，恶恶臭属行。只闻那恶臭时已自恶了，不是闻了后别立个心去恶。如鼻塞人虽见恶臭在前，鼻中不曾闻得，便亦不甚恶。亦只是不曾知臭。就如称某人知孝、某人知弟，必是其人已曾行孝行弟。方可称他知孝知弟。不成只是晓得说些孝弟的话，便可称为知孝弟。又如知痛，必已自痛了，方知痛。知寒，必已自寒了。知饥，必已自饥了。知行如何分得开？此便是知行的本体，不曾有私意隔断的。圣人教人，必要是如此，方可谓之知。不然，只是不曾知。此却是何等紧切着实的功夫。如今苦苦定要说知行做两个，是甚么意？某要说做一个，是甚么意？若不知立言宗旨，只管说一个两个，亦有甚用？"

爱曰：“古人说知行做两个，亦是要人见分晓。一行做知的功夫，一行做行的功夫，即功夫始有下落。”

先生曰：“此却失了古人宗旨也。某尝说知是行的主意，行是知的功夫。知是行之始，行是知之成。若会得时，只说一个知，已自有行在；只说一个行，已自有知在。古人所以既说一个知，又说一个行者，只为世间有一种人，懵懵懂懂的任意去做，全不解思惟省察，也只是个冥行妄作，所以必说个知，方才行得是。又有一种人，茫茫荡荡悬空去思索，全不肯着实躬行，也只是个揣摸影响，所以说一个行，方才知得真。此是古人不得已补偏救弊的说话。若见得这个意时，即一言而足。今人却就将知行分作两件去做，以为必先知了，然后能行。我如今且去讲习讨论做知的功夫，待知得真了，方去做行的功夫。故遂终身不行，亦遂终身不知。此不是小病痛，其来已非一日矣。某今说个知行合一，正是对病的药，又不是某凿空杜撰。知行本体原是如此。今若知得宗旨时，即说两个亦不妨，亦只是一个。若不会宗旨，便说一个，亦济得甚事？只是闲说话。”

爱问：“昨闻先生‘止至善’之教，已觉功夫有用力处。但与朱子‘格物’之训，思之终不能合。”

先生曰：“‘格物’是‘止至善’之功。既知‘至善’即知‘格物’矣。”

爱曰：“昨以先生之教推之‘格物’之说，似乎亦见得大略。但朱子之训，其于《书》之‘精一’，《论语》之‘博约’，《孟子》之‘尽心知性’，皆有所证据，以是未能释然。”

先生曰：“子夏笃信圣人，曾子反求诸己。笃信固亦是，然不如反求之切。今既不得于心，安可狃于旧闻，不求是当？就如朱子，亦尊信程子，至其不得于心处，亦何尝苟从？‘精一’、‘博约’、‘尽心’本自与吾说吻合，但未之思耳。朱子‘格物’之训，未免牵合附会，非其本旨。精是一之功，博是约之功。曰仁既明知行合一之说，此可一言而喻。‘尽心知性知天’是‘生知安行’事，‘存心养性事天’是‘学知利行’事，‘夭寿不贰，修身以俟’是‘困知勉行’事。朱子错训‘格物’，只为倒看了此意，以‘尽心知性’为‘格物知至’，要初学便去做‘生知安行’事，如何做得？”

爱问：“‘尽心知性’何以为‘生知安行’？”

先生曰：“性是心之体，天是性之原。尽心即是尽性。‘惟天下至诚为能尽其性，知天地之化育。’‘存心’就是没有尽心。‘知天’的知犹如知州、知县的‘知’，是自己分上事，己与天为一。‘事天’如子之事父、臣之事君，须是恭敬奉承，然后能无失。尚与天为二，此便是圣贤之别。至于‘夭寿不贰’其心，乃是教学者一心为善，不可以穷通夭寿之故，便把为善的心变动了。只去修身以俟命，见得穷通夭寿有个命在，我亦不必以此动心。‘事天’，虽与天为二，已自见得个天在面前。‘俟命’，便是未曾见面，在此等候相似，此便是初学立心之始，有困勉的意在。今却倒做了，所以使学者无下手处。”

爱曰：“昨闻先生之教，亦影影见得功夫须是如此。今闻此说，益无可疑。爱昨晓思‘格物’的‘物’字，即是‘事’字，皆从心上说。”

先生曰：“然。身之主宰便是心，心之所发便是意，意之本体便是知，意之所在便是物。如意在于事亲，即事亲便是一物；意在于事君，即事君便是一物；意在于视、听、言、动，即视、听、言、动便是一物。所以某说无心外之理，无心外之物。《中庸》言‘不诚无物’，《大学》‘明明德’之功，只是个诚意，诚意之功，只是个格物。”

先生又曰：“‘格物’如孟子‘大人格君心’之‘格’，是去其心之不正，以全其本体之正。但意念所在，即要去其不正，以全其正，即无时无处不是存天理，即是穷理。‘天理’即是‘明德’，‘穷理’即是‘明明德’。”

又曰：“知是心之本体，心自然会知。见父自然知孝，见兄自然知弟，见孺子入井自然知恻隐。此便是良知，不假外求。若良知之发，更无私意障碍，即所谓‘充其恻隐之心，而仁不可胜用矣’。然在常人，不能无私意障碍，所以须用‘致知’‘格物’之功，胜私复理。即心之良知更无障碍，得以充塞流行，便是致其知。知致则意诚。”

爱问：“先生以‘博文’为‘约礼’功夫，深思之未能得，略请开示。”

先生曰：“‘礼’字即是‘理’字。‘理’之发见可见者谓之‘文’，‘文’之隐微不可见者谓之‘理’，只是一物。‘约礼’只是要此心纯是一个天理。要此心纯是天理，须就‘理’之发见处用功。如发见于事亲时，就在事亲上学存此天理；发见于事君时，就在事君上学存此天理；发见于处富贵、贫贱时，就在处富贵、贫贱上学存此天理；发见于处患难、夷狄时，就在处患难、夷狄上学存此天理。至于作止语默，无处不然，随他发见处，即就那上面学个存天理。这便是博学之于文，便是约礼的功夫。‘博文’即是‘惟精’，‘约礼’即是‘惟一’。”

爱问：“‘道心常为一身之主，而人心每听命’，以先生精一之训推之，此语似有弊。”

先生曰：“然。心一也。未杂于人谓之道心，杂以人伪谓之人心，人心之得其正者即道心，道心之失其正者即人心，初非有二心也。程子谓人心即人欲，道心即天理，语若分析，而意实得之。今曰道心为主，而人心听命，是二心也。天理人欲不并立，安有天理为主，人欲又从而听命者？”

爱问文中子、韩退之。

先生曰：“退之，文人之雄耳。文中子，贤儒也。后人徒以文词之故，推尊退之，其实退之去文中子远甚。”

爱问：“何以有拟经之失？”

先生曰：“拟经恐未可尽非。且说后世儒者著述之意与拟经如何？”

爱曰：“世儒著述，近名之意不无，然期以明道。拟经纯若为名。”

先生曰：“著述以明道，亦何所效法？”

爱曰：“孔子删述《六经》以明道也。”

先牛曰：“然则拟经独非效法孔子乎？”

爱曰：“著述即于道有所发明，拟经似徒拟其迹，恐于道无补。”

先生曰：“子以明道者，使其反朴还淳而见诸行事之实乎？抑将美其言辞而徒以于世也？天下之大乱，由虚文胜而实行衰也。使道明于天下，则《六经》不必述。删述六经，孔子不得已也。自伏羲画卦，至于文王、周公，其间言《易》，如《连山》、《归藏》之属，纷纷籍籍，不知其几，《易》道大乱。孔子以天下好文之风日盛，知其说之将无纪极，于是取文王、周公之说而赞之，以为惟此为得其宗。于是纷纷之说尽废，而天下之言《易》者始一。《书》、《诗》、

《礼》、《乐》、《春秋》皆然。《书》自《典》、《谟》以后,《诗》自《二南》以降,如《九丘》、《八索》,一切淫哇逸荡之词,盖不知其几千百篇。《礼》、《乐》之名物度数,至是亦不可胜穷。孔子皆删削而述正之,然后其说始废。如《书》、《诗》、《礼》、《乐》中,孔子何尝加一语。今之《礼记》诸说,皆后儒附会而成,已非孔子之旧。至于《春秋》,虽称孔子作之,其实皆鲁史旧文。所谓'笔'者,笔其书;所谓'削'者,削其繁,是有减无增。孔子述《六经》,惧繁文之乱天下,惟简之而不得。使天下务去其文以求其实,非以文教之也。《春秋》以后,繁文益盛,天下益乱。始皇焚书得罪,是出于私意,又不合焚《六经》。若当时志在明道,其诸反经叛理之说,悉取而焚之,亦正暗合删述之意。自秦汉以降,文又日盛,若欲尽去之,断不能去。只宜取法孔子,录其近是者而表章之,则其诸怪悖之说,亦宜渐渐自废。不知文中子当时拟经之意如何,某切深有取于其事。以为圣人复起,不能易也。天下所以不治,只因文盛实衰。人出己见,新奇相高,以眩俗取誉。徒以乱天下之聪明,涂天下之耳目,使天下靡然争务修饰文词,以求知于世,而不复知有敦本尚实、反朴还淳之行,是皆著述者有以启之。"

爱曰:"著述亦有不可缺者,如《春秋》一经,若无《左传》,恐亦难晓。"

先生曰:"《春秋》必待《传》而后明,是歇后谜语矣。圣人何苦为此艰深隐晦之词?《左传》多是《鲁史》旧文,若《春秋》须此而后明,孔子何必削之?"

爱曰:"伊川亦云:'《传》是案,《经》是断。'如书弑某君,伐某国,若不明其事,恐亦难断。"

先生曰："伊川此言，恐亦是相沿世儒之说，未得圣人作经之意。如书'弑君'，即弑君便是罪，何必更问其弑君之详？征伐当自天子出，书'伐国'，即伐国便是罪，何必要问其伐国之详？圣人述《六经》，只是要正人心，只是要存天理、去人欲。于存天理、去人欲之事，则尝言之。或因人请问，各随分量而说。亦不肯多道，恐人专求之言语。故曰'予欲无言'。若是一切纵人欲、灭天理的事，又安肯详以示人？是长乱导奸也。故孟子云：'仲尼之门，无道桓文之事者，是以后世无传焉。'此便是孔门家法。世儒只讲得一个伯者的学问，所以要知得许多阴谋诡计。纯是一片功利的心，与圣人作经的意思正相反，如何思量得通？"因叹曰："此非达天德者，未易与言此也。"又曰："孔子云：'吾犹及史之阙文也。'孟子云：'尽信书，不如无书。吾于《武成》取二三策而已。'孔子删《书》，于唐、虞、夏四五百年间，不过数篇。岂更无一事？而所述止此，圣人之意可知矣。圣人只是要删去繁文，后儒却只要添上。"

爱曰："圣人作经，只是要去人欲，存天理。如五伯以下事，圣人不欲详以示人，则诚然矣。至如尧舜以前事，如何略不少见？"

先生曰："羲、黄之世，其事阔疏，传之者鲜矣。此亦可以想见，其时全是淳庞朴素，略无文采的气象，此便是太古之治，非后世可及。"

爱曰："如《三坟》之类，亦有传者，孔子何以删之？"

先生曰："纵有传者，亦于世变渐非所宜。风气益开，文采日胜，至于周末，虽欲变以夏、商之俗，已不可挽，况唐、虞乎？又况羲、黄之世乎？然其治不同，其道则一。孔子于尧舜则祖述之，于文武则宪章之。文、武之法，即是尧、舜之道。但因时致治，其设施政令，已自不同，即夏、商事业施之于周，已有不合。故周公思兼三王，其有不合，仰而思之，夜以继日。况太古之治，岂复能行？斯固圣人之所可略也。”

又曰：“专事无为，不能如三王之因时致治，而必欲行以太古之俗，即是佛、老的学术。因时致治，不能如三王之一本于道，而以功利之心行之，即是伯者以下事业。后世儒者许多讲来讲去，只是讲得个伯术。”

又曰：“唐、虞以上之治，后世不可复也，略之可也。三代以下之治，后世不可法也，削之可也。惟三代之治可行。然而世之论三代者，不明其本，而徒事其末，则亦不可复矣。”

爱曰：“先儒论《六经》，以《春秋》为史，史专记事，恐与《五经》事体终或稍异。”

先生曰：“以事言谓之史，以道言谓之经。事即道，道即事。《春秋》亦经，《五经》亦史。《易》是包牺氏之史，《书》是尧、舜以下史，《礼》、《乐》是三代史。其事同，其道同。安有所谓异？”

又曰：“《五经》亦只是史。史以明善恶，示训戒。善可为训者，特存其迹以示法。恶可为戒者，存其戒而削其事以杜奸。”

爱曰：“存其迹以示法，亦是存天理之本然。削其事以杜奸，亦是遏人欲于将萌否？”

先生曰：“圣人作经，固无非是此意。然又不必泥着文句。”

爱又问：“恶可为戒者，存其戒而削其事以杜奸。何独于《诗》而不删郑、卫？先儒谓‘恶者可以惩创人之逸志’，然否？”

先生曰：“《诗》非孔门之旧本矣。孔子云：‘放郑声，郑声淫。’又曰：‘恶郑声之乱雅乐也。’‘郑卫之音，亡国之音也。’此是孔门家法。孔子所定三百篇，皆所谓雅乐，皆可奏之郊庙，奏之乡党，皆所以宣畅和平，涵泳德性，移风易俗，安得有此？是长淫导奸矣。此必秦火之后，世儒附会，以足三百篇之数。盖淫泆之词，世俗多所喜传，如今闾巷皆然。‘恶者可以惩创人之逸志’，是求其说而不得，从而为之辞。”

徐爱跋

爱因旧说汩没，始闻先生之教，实是骇愕不定，无人头处。其后闻之既久，渐知反身实践。然后始信先生之学，为孔门嫡传。舍是皆傍蹊小径，断港绝河矣。如说“格物”是“诚意”的功夫，“明善”是“诚身”的功夫，“穷理”是“尽性”的功夫，“道问学”是“尊德性”的功夫，“博文”是“约礼”的功夫，“惟精”是“惟一”的功夫。诸如此类，始皆落落难合。其后思之既久，不觉手舞足蹈。

陆澄录

陆澄问：“主一之功，如读书则一心在读书上，接客则一心在接客上，可以为主一乎？”

先生曰：“好色则一心在好色上，好货则一心在好货上，可以为主一乎？是所谓逐物，非主一也。主一是专主一个天理。”

问立志。

先生曰：“只念念要存天理，即是立志。能不忘乎此，久则自然心中凝聚，犹道家所谓‘结圣胎’也。此天理之念常存，驯至于美大圣神，亦只从此一念存养扩充去耳。”

“日间功夫觉纷扰，则静坐。觉懒看书，则且看书。是亦因病而药。”

“处朋友，务相下则得益，相上则损。”

孟源有自是好名之病，先生屡责之。一日，警责方已，一友自陈日来功夫请正。源从旁曰：“此方是寻著源旧时家当。”

先生曰：“尔病又发。”

源色变，议拟欲有所辨。先生曰：“尔病又发。”因喻之曰：“此是汝一生大病根。譬如方丈地内，种此一大树，雨露之滋，土脉之力，只滋养得这个大根。四傍纵要种些嘉谷，上面被此树树叶遮覆，下面被此树根盘结，如何生长得成？须用伐去此树，纤根勿留，方可种植嘉种。不然，任汝耕耘培壅，只是滋养得此根。”

问：“后世著述之多，恐亦有乱正学。”

先生曰：“人心天理浑然。圣贤笔之书，如写真传神，不过示人以形状大略，使之因此而讨求其真耳。其精神意气，言笑动止，固有所不能传也。后世著述，是又将圣人所画摹仿誊写，而妄自分析加增以逞其技，其失真愈远矣。”

问：“圣人应变不穷，莫亦是预先讲求否？”

先生曰：“如何讲求得许多？圣人之心如明镜，只是一个明，则随感而应，无物不照。未有已往之形尚在，未照之形先具者。若后世所讲，欲是如此，是以与圣人之学大背。周公制礼作乐以文天下，皆圣人所能为，尧、舜何不尽为之而待于周公？孔子删述《六经》以诏万世，亦圣人所能为，周公何不先为之而有待于孔子？是知圣人遇此时，方有此事。只怕镜不明，不怕物来不能照。讲求事变，亦是照时事，然学者却须先有个明的功夫。学者惟患此心之未能明，不患事变之不能尽。”

曰:“然则所谓‘冲漠无朕，而万象森然已具’者，其言何如？”

曰:“是说本自好，只不善看，亦便有病痛。”

“义理无定在，无穷尽。吾与子言，不可以少有所得，而遂谓止此也。再言之十年、二十年、五十年，未有止也。”他日又曰:“圣如尧、舜，然尧、舜之上善无尽；恶如桀、纣，然桀、纣之下恶无尽。使桀、纣未死，恶宁止此乎？使善有尽时，文王何以‘望道而未之见’？”

问:“静时亦觉意思好，才遇事便不同，如何？”

先曰:“是徒知静养，而不用克己功夫也。如此，临事便要倾倒。人须在事上磨，方立得住，方能‘静亦定，动亦定’。”

问上达功夫。

先生曰:“后儒教人，才涉精微，便谓‘上达’，未当学，且说‘下学’。是分‘下学’、‘上达’为二也。夫目可得见，耳可得闻，口可得言，心可得思者，皆‘下学’也；目不可得见，耳不可得闻，口号不可得言，心不可得思者，‘上达’也。如木之栽培灌溉，是‘下学’也；至于日夜之所息，条达畅茂，乃是‘上达’。人安能预其力哉？故凡可用功，可告语者，皆‘下学’。‘上达’只在‘下学’里。凡圣人所说，虽极精微，俱是‘下学’。学者只从‘下学’里用功，自然‘上达’去，不必别寻个‘上达’的功夫。”

“持志如心痛，一心在痛上，岂有功夫说闲话，管闲事？”

问:“‘惟精’、‘惟一’是如何用功？”

先生曰:“‘惟一’是‘惟精’主意，‘惟精’是‘惟一’功夫，非‘惟精’之外复有‘惟一’也。‘精’字从‘米’，姑以米譬之。要得此米纯然洁白，便是‘惟一’意。然非加舂簸筛拣‘惟精’之工，则不能纯然洁白也。舂簸筛拣是‘惟精’之功，然亦不过要此米到纯然洁白而已。博学、审问、慎思、明辨、笃行者，皆所以为‘惟精’而求‘惟一’也。他如‘博文’者即‘约礼’之功，‘格物’‘致知’者即‘诚意’之功，‘道问学’即‘尊德性’之功，‘明善’即‘诚身’之功。无二说也。”

“知者行之始，行者知之成。圣学只一个功夫，知行不可分作两事。”

“漆雕开曰：‘吾斯之未能信。’夫子说之。子路使子羔为费宰，子曰：‘贼夫人之子。’曾点言志，夫子许之。圣人之意可见矣。”

问：“宁静存心时，可为‘未发之中’否？”

先生曰：“今人存心，只定得气。当其宁静时，亦只是气宁静、不可以为未发之中。”

曰：“未便是中，莫亦是求中功夫？”

曰：“只要去人欲、存天理，方是功夫。静时念念去人欲、存天理，动时念念去人欲、存天理，不管宁静不宁静。若靠那宁静，不惟渐有喜静厌动之弊，中间许多病痛，只有潜伏在，终不能绝去，遇事依旧滋长。以循理为主，何尝不宁静？以宁静为主，未必能循理。”

问：“孔门言志，由、求任政事，公西赤任礼乐，多少实用。及曾皙说来，却似耍的事，圣人却许他，是意如何？”

曰：“三子是有意必，有意必便偏著一边，能此未必能彼。曾点之意思却无意必，便是‘素其位而行，不愿乎其外。素夷狄，行乎夷狄；素患难，行乎患难；无入而不自得’矣。三子所谓‘汝器也’，曾点便有‘不器’意。然三子之才各卓然成章，非若世之空言无实者，故夫子亦皆许之。”

问："知识不长进，如何？"

先生曰："为学须有本原，须从本原用力，渐渐'盈科而进'。仙家说婴儿，亦善譬。婴儿在母腹时，只是纯气，有何知识？出胎后，方始能啼，既而后能笑，又既而能识认其父母兄弟，又既而后能立、能行、能持、能负，卒乃天下事无不可能。皆是精气日足，则筋力日强，聪明日开。不是出胎日便讲求推寻得来。故须有个本原。圣人到'位天地、育万物'，也只从'喜怒哀乐未发之中'上养来。后儒不明格物之说，见圣人无不知、无不能，便欲于初下手时讲求得尽，岂有此理？"

又曰："立志用功，如种树然。方其根芽，犹未有干；及其有干，尚未有枝。枝而后叶，叶而后花、实。初种根时，只管栽培灌溉，勿作枝想，勿作叶想，勿作花想，勿作实想。悬想何益？但不忘栽培之功，怕没有枝叶花实？"

问："看书不能明，如何？"

先生曰："此只是在文义上穿求，故不明。如此，又不如为旧时学问。他到看得多，解得去。只是他为学虽极解得明晓，亦终身无得。须于心体上用功。凡明不得，行不去，须反在自心上体当，即可通。盖四书、五经不过说这心体，这心体即所谓'道心'，体明即是道明，更无二。此是为学头脑处。"

"'虚灵不昧，众理具而万事出。'心外无理，心外无事。"

或问："晦庵先生曰：'人之所以为学者，心与理而已。'此语如何？"

曰："心即性，性即理，下一'与'字，恐未免为二。此在学者善观之。"

或曰：“人皆有是心，心即理。何以有为善，有为不善？”

先生曰：“恶人之心，失其本体。”

问：“‘析之有以极其精而不乱，然后合之有以尽其大而无余’，此言如何？”

先生曰：“恐亦未尽。此理岂容分析？又何须凑合得？圣人说‘精一’，自是尽。”

“省察是有事时存养，存养是无事时省察。”

澄尝问象山在人情事变上做功夫之说。

先生曰：“除了人情事变，则无事矣。喜怒哀乐，非人情乎？自视、听、言、动以至富贵、贫贱、患难、死生，皆事变也。事变亦只在人情里，其要只在‘致中和’，‘致中和’只在‘谨独’。”

澄问：“仁、义、礼、智之名，因已发而有？”

曰：“然。”

他日澄曰：“恻隐、羞恶、辞让、是非，是性之表德邪？”

曰：“仁、义、礼、智也是表德。性一而已，自其形体也谓之天，主宰也谓之帝，流行也谓之命，赋于人也谓之性，主于身也谓之心。心之发也，遇父便谓之孝，遇君便谓之忠。自此以往，名至于无穷，只一性而已。犹人一而已，对父谓之子，对子谓之父，自此以往，至于无穷，只一人而已。人只要在性上用功，看得一性字分明，即万理灿然。”

一日，论为学功夫。

先生曰：“教人为学，不可执一偏。初学时心猿意马，拴缚不定，其所思虑，多是人欲一边。故且教之静坐，息思虑。久之，俟其心意稍定。只悬空静守，如槁木死灰，亦无用。须教他省察克治，省察克治之功则无时而可间，如去盗贼，须有个扫除廓清之意。无事时，将好色、好货、好名等私欲逐一追究搜寻出来，定要拔去病根，永不复起，方始为快。常如猫之捕鼠，一眼看着，一耳听着。才有一念萌动，即与克去。斩钉截铁，不可姑容与他方便。不可窝藏，不可放他出路，方是真实用功。方能扫除廓清，到得无私可克，自有端拱时在。虽曰'何思何虑'，非初学时事。初学必须思省察克治，即是思诚，只思一个天理，到得天理纯全，便是'何思何虑'矣。"

澄问："有人夜怕鬼者，奈何？"

先生曰："只是平日不能'集义'，而必有所谦，故怕。若素行合于神明，何怕之有？"

子莘曰："正直之鬼不须怕，恐邪鬼不管人善恶，故未免怕？"

先生曰："岂有邪鬼能迷正人乎？只此一怕，即是心邪，故有迷之者。非鬼迷也，心自迷耳。如人好色，即是色鬼迷；好货，即是货鬼迷；怒所不当怒，是怒鬼迷；惧所不当惧，是惧鬼迷也。"

"定者，心之本体，天理也。动静，所遇之时也。"

澄问《学》、《庸》同异。

先生曰："子思括《大学》一书之义为《中庸》首章。"

问："孔子正名，先儒说上告天子，下告方伯，废辄立郢。此意如何？"

先生曰："恐难如此。岂有一人致敬尽礼，待我而为政，我就先去废他，岂人情天理？孔子既肯与辄为政，必已是他能倾心委国而听。圣人盛德至诚，必已感化卫辄，使知无父之不可以为人。必将痛哭奔走，往迎其父。父子之爱，本于天性。辄能悔痛真切如此，蒯聩岂不感动底豫？蒯聩既还，辄乃致国请戮。聩已见化于子，又有夫子至诚调和其间，当亦决不肯受，仍以命辄。群臣百姓又必欲得辄为君。辄乃自暴其罪恶，请于天子，告于方伯诸侯，而必欲致国于父。聩与群臣百姓亦皆表辄悔悟仁孝之美，请于天子，告于方伯诸侯，必欲得辄而为之君。于是集命于辄，使之复君卫国。辄不得已，乃如后世上皇故事，率群臣百姓尊聩为太公，备物致养。而始退复其位焉。则君君、臣臣、父父、子子，名正言顺，一举而为政于天下矣。孔子正名，或是如此。”

澄在鸿胪寺仓居，忽家信至，言儿病危，澄心甚忧闷，不能堪。

先生曰：“此时正宜用功，若此时放过，闲时讲学何用？人正要在此等时磨练。父之爱子，自是至情，然天理亦自有个中和处，过即是私意。人于此处多认做天理当忧，则一向忧苦，不知已是‘有所忧患不得其正’。大抵七情所感，多只是过，少不及者。才过，便非心之本体，必须调停适中始得。就如父母之丧，人子岂不欲一哭便死，方快于心？然却曰‘毁不灭性’。非圣人强制之也，天理本体自有分限，不可过也。人但要识得心体，自然增减分毫不得。”

“不可谓未发之中常人俱有。盖‘体用一源’，有是体，即有是用。有未发之中，即有发而皆中节之和。今人未能有发而皆中节之和，须知是他未发之中亦未能全得。”

“《易》之辞是‘初九，潜龙勿用’六字，《易》之象是初画，《易》之变是值其画，《易》之占是用其辞。”

“‘夜气’是就常人说。学者能用功，则日间有事无事，皆是此气翕聚发生处。圣人则不消说‘夜气’。”

澄问“操存舍亡”章。

曰：“‘出入无时，莫知其乡’，此虽就常人心说，学者亦须是知得心之本体亦元是如此，则操存功夫始没病痛。不可便谓出为亡，入为存。若论本体，元是无出无入的。若论出入，则其思虑运用是出，然主宰常昭昭在此，何出之有？既无所出，何入之有？程子所谓‘腔子’，亦只是天理而已。虽终日应酬而不出天理，即是在腔子里。若出天理，斯谓之放，斯谓之亡。”

又曰：“出入亦只是动静，动静无端，岂有乡邪？”

王嘉秀问：“佛以出离生死诱人入道，仙以长生久视诱人入道，其心亦不是要人做不好，穷其极至，亦是见得圣人一截。然非入道正路。如今仕者，有由科，有由贡，有由传奉，一般做到大官，毕竟非入仕正路，君子不由也。仙、佛到极处，与儒者略同。后世儒者，又只得圣人下一截，分裂失真，流而为记诵、词章、功利、训诂，亦卒不免为异端。是四家者，终身劳苦，于身心无分毫益。视彼仙、佛之徒，清心寡欲，超然于世累之外者，反若有所不及矣。今学者不必先排仙、佛，且当笃志为圣人之学。圣人之学明，则仙、佛自泯。不然，则此之所学恐彼或有不屑，而反欲其俯就，不亦难乎。鄙见如此，先生以为何如？”

先生曰：“所论大略亦是。但谓上一截、下一截，亦是人见偏了如此。若论圣人大中至正之道，彻上彻下，只是一贯，更有甚上一截、下一截？‘一阴一阳之谓道’，但‘仁者见之便谓之仁，知者见之便谓之智，百姓又日用而不知，故君子之道鲜矣。’仁、智岂可不谓之道，但见得偏了，便有弊病。”

“蓍固是《易》，龟亦是《易》。”

问：“孔子谓武王未尽善，恐亦有不满意。”

先生曰：“在武王自合如此。”

曰："使文王未没，毕竟如何？"

曰："文王在时，天下三分已有其二。若到武王伐商之时，文王若在，或者不致兴兵，必然这一分亦来归了。文王只善处纣，使不得纵恶而已。"

唐诩问："立志是常存个善念，需要为善而去恶否？"

曰："善念存时，即是天理。此念即善，更思何善？此念非恶，更去何恶？此念如树之根芽。立志者，长立此善念而已。'从心所欲不逾矩'，只是志到熟处。"

"精神、道德、言动，大率收敛为主，发散是不得已。天地人物皆然。"

问："文中子是如何人？"

先生曰："文中子庶几'具体而微'，惜其蚤死。"

问："如何却有续经之非？"

曰："续经亦未可尽非。"

请问。

良久曰："更觉'良工心独苦'。"

"许鲁斋谓儒者以治生为先之说亦误人。"

问仙家元气、元神、元精。

先生曰："只是一件，流行为气，凝聚为精，妙用为神。"

"喜、怒、哀、乐本体自是中和的。才自家着些意思，便过不及，便是私。"

问："哭则不歌。"

先生曰："圣人心体自然如此。"

"克己须要扫除廓清，一毫不存，方是。有一毫在，则众恶相引而来。”

问《律吕新书》。

先生曰：“学者当务之急，算得此数熟亦恐未有用。必须心中先具礼乐之本方可。且如其书说，多用管以候气。然至冬至那一时刻，管灰之飞，或有先后须臾之间，焉知那管正值冬至之刻？须自心中先晓得冬至之刻始得。此便有不通处。学者须先从礼乐本原上用功。”

曰仁云：“心犹镜也。圣人心如明镜，常人心如昏镜。近世格物之说，如以镜照物，照上用功，不知镜尚昏在，何能照？先生之格物，如磨镜而使之明，磨上用功，明了后亦未尝废照。”

问道之精粗。

先生曰：“道无精粗，人之所见有精粗。如这一间房，人初进来，只见一个大规模如此。处久，便柱壁之类，一一看得明白。再久，如柱上有些文藻，细细都看得出来。然只是一间房。”

先生曰：“诸公近见时少疑问，何也？人不用功，莫不自以为已知为学，只循而行之是矣。殊不知私欲日生，如地上尘，一日不扫便又有一层。着实用功，便见道无终穷，愈探愈深，必使精白无一毫不彻方可。”

问：“知至然后可以言诚意。今天理人欲知之未尽，如何用得克己功夫？”

先生曰：“人若真实切己用功不已，则于此心天理之精微，日见一日，私欲之细微，亦日见一日。若不用克己功夫，终日只是说话而已，天理终不自见，私欲亦终不自见。如人走路一般，走得一段方认得一段，走到歧路时，有疑便问，问了又走，方渐能到得欲到之处。今人于已知之天理不肯存，已知之人欲不肯去，且只管愁不能尽知，只管闲讲，何益之有？且待克得自己无私可克，方愁不能尽知，亦未迟在。”

问：“道一而已，古人论道，往往不同，求之亦有要乎？”

先生曰：“道无方体，不可执著。欲拘滞于文义上求道，远矣。如今人只说天，其实何尝见天？谓日、月、风、雷即天，不可；谓人、物、草、木不是天，亦不可。道即是天。若识得时，何莫而非道。人但各以其一隅之见，认定以为道止如此，所以不同。若解向里寻求，见得自己心体，即无时无处不是此道。亘古亘今，无终无始，更有甚同异？心即道，道即天。知心则知道、知天。”

又曰：“诸君要实见此道，须从自己心上体认，不假外求，始得。”

问：“名物度数，亦须先讲求否？”

先生曰：“人只要成就自家心体，则用在其中。如养得心体，果有未发之中，自然有发而中节之和，自然无施不可。苟无是心，虽预先讲得世上许多名物度数，与己原不相干，只是装缀临时，自行不去。亦不是将名物度数全然不理，只要‘知所先后，则近道’。”

又曰：“人要随才成就，才是其所能为。如夔之乐，稷之种，是他资性合下便如此。成就之者，亦只是要他心体纯乎天理。其运用处皆从天理上发来，然后谓之‘才’。到得纯乎天理处，亦能‘不器’。使夔、稷易艺而为，当亦能之。”

又曰：“如‘素富贵，行乎富贵。素患难，行乎患难’，皆是‘不器’。此惟养得心体正者能之。”

“与其为数顷无源之塘水，不若为数尺有源之井水，生意不穷。”时先生在塘边坐，旁有井，故以之喻学云。

问："世道日降，太古时气象，如何复见得？"

先生曰："一日便是一元。人平旦时起坐，未与物接，此心清明景象，便如在伏羲时游一般。"

问："心要逐物，如何则可？"

先生曰："人君端拱清穆，六卿分职，天下乃治。心统五官，亦要如此。今眼要视时，心便逐在色上；耳要听时，心便逐在声上。如人君要选官时，便自去坐在吏部；要调军时，便自去坐在兵部。如此，岂惟失却君体，六卿亦皆不得其职。"

"善念发而知之，而充之。恶念发而知之，而遏之。知与充与遏者，志也，天聪明也。圣人只有此，学者当存此。"

澄曰："好色、好利、好名等心，固是私欲，如闲思杂虑，如何亦谓之私欲？"

先生曰："毕竟从好色、好利、好名等根上起，自寻其根便见。如汝心中决知是无有做劫盗的思虑，何也？以汝元无是心也。汝若于货、色、名、利等心，一切皆如不做劫盗之心一般，都消灭了，光光只是心之本体，看有甚闲思虑？此便是'寂然不动'，便是'未发之中'，便是'廓然大公'。自然'感而遂通'，自然'发而中节'，自然'物来顺应'。"

问"志至气次"。

先生曰："志之所至，气亦至焉之谓，非极至、次贰之谓。'持其志'，则养气在其中。'无暴其气'，则亦持其志矣。孟子救告子之偏，故如此夹持说。"

问："先儒曰：'圣人之道必降而自卑，贤人之言则引而自高。'如何？"

先生曰："不然。如此却乃伪也。圣人如天，无往而非天，三光之上天也，九地之下亦天也。天何尝有降而自卑？此所谓大而化之也。贤人如山岳，守其高而已。然百仞者不能引而为千仞，千仞者不能引而为万仞。是贤人未尝引而自高也。引而自高则伪矣。"

问："伊川谓'不当于喜怒哀乐未发之前求中'，延平却教学者看未发之前气象，何如？"

先生曰："皆是也。伊川恐人于未发前讨个中，把中做一物看，如吾向所谓认气定时做中，故令只于涵养省察上用功。延平恐人未便有下手处，故令人时时刻刻求未发前气象，使人正目而视惟此，倾耳而听惟此，即是'戒慎不睹，恐惧不闻'的功夫。皆古人不得已诱人之言也。"

澄问："喜、怒、哀、乐之中和，其全体常人固不能有，如件小事当喜怒者，平时无有喜怒之心，至其临时，亦能中节，亦可谓之中和乎？"

先生曰："在一时一事，固亦可谓之中和。然未可谓之大本、达道。人性皆善。中、和是人原有的，岂可谓无？但常人之心既有所昏蔽，则其本体虽亦时时发见，终是暂明暂灭，非其全体大用矣。无所不中，然后谓之大本；无所不和，然后谓之达道。惟天下之至诚，然后能立天下之大本。"

曰："澄于中字之义尚未明。"

曰："此须自心体认出来，非言语所能喻。中只是天理。"

曰："何者为天理？"

曰："去得人欲，便识天理。"

曰："天理何以谓之中？"

曰："无所偏倚。"

曰："无所偏倚是何等气象？"

曰："如明镜然，全体莹彻，略无纤尘染著。"

曰："偏倚是有所染著，如著在好色、好利、好名等项上，方见得偏倚。若未发时，美色、名、利皆未相著，何以便知其有所偏倚？"

曰："虽未相著，然平日好色、好利、好名之心原未尝无，既未尝无，即谓之有，既谓之有，则亦不可谓无偏倚。譬之病疟之人，虽有时不发，而病根原不曾除，则亦不得谓之无病之人矣。须是平日好色、好利、好名等项一应私心扫除荡涤，无复纤毫留滞，而此心全然廓然，纯是天理，方可谓之喜、怒、哀、乐未发之中，方是天下之大本。"

问："'颜子没而圣学亡'，此语不能无疑。"

先生曰："见圣道之全者惟颜子。观喟然一叹可见。其谓'夫子循循然善诱人，博我以文，约我以礼，是见破后如此说。博文、约礼如何是善诱人？学者须思之。道之全体，圣人亦难以语人，须是学者自修自悟。颜子'虽欲从之，末由也已'，即文王'望道未见'意。望道未见，乃是真见。颜子没而圣学之正派遂不尽传矣。"

问："身之主为心，心之灵明是知，知之发动是意，意之所著为物，是如此否？"

先生曰："亦是。"

"只存得此心常见在，便是学。过去未来事，思之何益？徒放心耳。"

"言语无序，亦足以见心之不存。"

尚谦问孟子之“不动心”与告子异。

先生曰：“告子是硬把捉着此心，要他不动；孟子却是集义到自然不动。”又曰：“心之本体，原自不动。心之本体即是性，性即是理。性元不动，理元不动。集义是复其心之本体。”

“万象森然时，亦冲漠无朕。冲漠无朕，即万象森然。冲漠无朕者，‘一’之父；万象森然者，‘精’之母。‘一’中有‘精’，‘精’中有‘一’。”

“心外无物。如吾心发一念孝亲，即孝亲便是物。”

先生曰：“今为吾所谓格物之学者，尚多流于口耳。况为口耳之学者，能反于此乎？天理人欲，其精微必时时用力省察克治，方日渐有见。如今一说话之间，虽只讲天理，不知心中倏忽之间，已有多少私欲。盖有窃发而不知者，虽用力察之尚不易见，况徒口讲而可得尽知乎？今只管讲天理来顿放着不循，讲人欲来顿放着不去，岂格物致知之学？后世之学，其极至只做得个‘义袭而取’的功夫。”

问格物。

先生曰：“格者，正也，正其不正以归于正也。”

问：“‘知止’者，知至善只在吾心，元不在外也，而后志定。”

曰：“然。”

问：“格物于动处用功否？”

先生曰：“格物无间动静，静亦物也。孟子谓‘必有事焉’，是动静皆有事。”

“功夫难处，全在格物致知上。此即诚意之事。意既诚，大段心亦自正，身亦自修。但正心、修身功夫亦各有用力处。修身是已发边，正心是未发边。正心则中，身修则和。”

“自‘格物’、‘致知’至‘平天下’，只是一个‘明明德’，虽‘亲民’亦‘明德’事也。‘明德’是此心之德，即是仁。‘仁者以天地万物为一体’，使有一物失所，便是吾仁有未尽处。”

“只说‘明明德’而不说‘亲民’，便似老、佛。”

“至善者性也，性元无一毫之恶，故曰至善。止之，是复其本然而已。”

问：“知至善即吾性，吾性具吾心，吾心乃至善所止之地，则不为向时之纷然外求而志定矣。定则不扰扰而静；静而不妄动则安；安则一心一意只在此处。千思万想，务求必得此至善，是能虑而得矣。如此说是否？”

先生曰：“大略亦是。”

问：“程子云：‘仁者以天地万物为一体。’何墨氏兼爱，反不得谓之仁？”

先生曰：“此亦甚难言，须是诸君自体认出来始得。仁是造化生生不息之理，虽弥漫周遍，无处不是，然其流行发生，亦只有个渐，所以生生不息。如冬至一阳生，必自一阳生而后渐渐至于六阳。若无一阳生，岂有六阳？阴亦然，惟有渐，所以便有个发端处，惟其有个发端处，所以生。惟其生，所以不息。譬之木，其始抽芽，便是木之生意发端处。抽芽然后发干，发干然后生枝生叶，然后是生生不息。若无芽，何以有干有枝叶？能抽芽，必是下面有个根在，有根方生，无根便死。无根何从抽芽？父子、兄弟之爱，便是人心生意发端处，如木之抽芽。自此而仁民，而爱物，便是发干生枝生叶。墨氏兼爱无差等，将自家父子、兄弟与途人一般看，便自没了发端处。不抽芽，便知得他无根，便不是生生不息，安得谓之仁？孝弟为仁之本，却是仁理从里面发出来。”

问：“延平云：‘当理而无私心。’当理与无私心，如何分别？”

先生曰：“心即理也。无私心即是当理，未当理便是私心。若析心与理言之，恐亦未善。”

薛侃录

侃问:“持志如心痛，一心在痛上，安有功夫说闲话，管闲事？”

先生曰:“初学功夫如此用亦好，但要使知‘出入无时，莫知其乡’。心之神明原是如此，功夫方有着落。若只死死守着，恐于功夫上又发病。”

侃问：“专涵养而不务讲求，将认欲作理，则如之何？”

先生曰：“人须是知学。讲求只是涵养，不讲求只是涵养之志不切。”

曰：“何谓知学？”

曰：“且道为何而学？学个甚？”

曰:“尝闻先生教，学是学存天理。心之本体即是天理，体认天理，只要自心地无私意。”

曰：“如此则只须克去私意便是，又愁甚理欲不明？”

曰：“正恐这些私意认不真。”

曰:“总是志未切。志切，目视、耳听皆在此，安有认不真的道理？‘是非之心，人皆有之’，不假外求。讲求亦只是体当自心所见，不成去心外别有个见。”

先生问在坐之友：“此来功夫何似？”

一友举虚明意思。先生曰：“此是说光景。”

一友叙今昔异同。先生曰："此是说效验。"

二友惘然请是。

先生曰："吾辈今日用功，只是要为善之心真切。此心真切，见善即迁，有过即改，方是真切功夫。如此，则人欲日消，天理日明。若只管求光景，说效验，却是助长外驰病痛，不是功夫。"

朋友观书，多有摘议晦庵者。先生曰："是有心求异，即不是。吾说与晦庵时有不同者，为入门下手处有毫厘千里之分，不得不辨。然吾之心与晦庵之心未尝异也。若其余文义解得明当处，如何动得一字？"

希渊问："圣人可学而至，然伯夷、伊尹于孔子才力终不同，其同谓之圣者安在？"

先生曰："圣人之所以为圣，只是其心纯乎天理而无人欲之杂。犹精金之所以为精，但以其成色足而无铜铅之杂也。人到纯乎天理方是圣，金到足色方是精。然圣人之才力，亦有大小不同，犹金之分两有轻重。尧、舜犹万镒，文王、孔子犹九千镒，禹、汤、武王犹七八千镒，伯夷、伊尹犹四五千镒。才力不同，而纯乎天理则同，皆可谓之圣人。犹分两虽不同，而足色则同，皆可谓之精金。以五千镒者而入于万镒之中，其足色同也。以夷、尹而厕之尧、孔之间，其纯乎天理同也。盖所以为精金者，在足色，而不在分两。所以为圣者，在纯乎天理，而不在才力也。故虽凡人，而肯为学，使此心纯乎天理，则亦可为圣人。犹一两之金，比之万镒，分两虽悬绝，而其到足色处，可以无愧。故曰'人皆可以为尧舜'者以此。学者学圣人，不过是去人欲而存天理耳。犹炼金而求其足色，金之成色所争不多，则锻炼之工省，而功易成。成色愈下，则锻炼愈难。人之气质清浊粹驳，有中人以上、中人以下，其于道有生知安行、学知利行，其下者必须人一己百、人十己千，及其成功则一。后世不知作圣之本是纯乎天理，欲专去知识才能上求圣人，以为圣人无所不知，无所不能，我须是将圣人许多知识才能逐一理会始得。故不务去天理上着功夫。徒弊精竭力，从册子上钻研，名物上考索，形迹上比拟。知识愈广而人欲愈滋，才力愈多而天理愈蔽。正如见人有万镒精金，不务锻炼成色，求无愧于彼之精纯，而乃妄希分两，务同彼之万镒，锡、铅、铜、铁杂然而投，分两愈增而成色愈下，既其梢末，无复有金矣。”

时曰仁在旁，曰：“先生此喻，足以破世儒支离之惑，大有功于后学。”

先生又曰：“吾辈用功，只求日减，不求日增。减得一分人欲，便是复得一分天理，何等轻快脱洒，何等简易。”

士德问曰：“格物之说，如先生所教，明白简易，人人见得。文公聪明绝世，于此反有未审，何也？”

先生曰：“文公精神气魄大，是他早年合下便要继往开来，故一向只就考索著述上用功。若先切己自修，自然不暇及此。到得德盛后，果忧道之不明。如孔子退修六籍，删繁就简，开示来学，亦大段不费甚考索。文公早岁便著许多书，晚年方悔，是倒做了。”

士德曰：“晚年之悔，如谓‘向来定本之误’，又谓‘虽读得书，何益于吾事’，又谓‘此与守旧籍，泥言语，全无交涉’，是他到此方悔从前用功之错，方去切己自修矣。”

曰：“然。此是文公不可及处。他力量大，一悔便转。可惜不久即去世，平日许多错处，皆不及改正。”

侃去花间草，因曰：“天地间何善难培，恶难去？”

先生曰：“未培未去耳。”少间，曰：“此等看善恶，皆从躯壳起念，便会错。”

侃未达。

曰：“天地生意，花草一般。何曾有善恶之分？子欲观花，则以花为善，以草为恶。如欲用草时，复以草为善矣。此等善恶，皆由汝心好恶所生，故知是错。”

曰：“然则无善无恶乎？”

曰：“无善无恶者理之静，有善有恶者气之动。不动于气，即无善无恶，是至善。”

曰：“佛氏亦无善无恶，何以异？”

曰：“佛氏着在无善无恶上，便一切都不管，不可以治天下。圣人无善无恶，只是‘无有作好’，‘无有作恶’，不动于气。然‘遵王之道’，‘会其有极’，便自一循天理，便有个裁成辅相。”

曰：“草即非恶，即草不宜去矣。”

曰：“如此却是佛、老意见。草若有碍，何妨汝去？”

曰：“如此又是作好作恶。”

曰：“不作好恶，非是全无好恶，却是无知觉的人。谓之不作者，只是好恶一循于理，不去又着一分意思。如此，即是不曾好恶一般。”

曰：“去草如何是一循于理，不着意思？”

曰：“草有妨碍，理亦宜去，去之而已。偶未即去，亦不累心。若着了一分意思，即心体便有贻累，便有许多动气处。”

曰：“然则善恶全不在物。”

曰：“只在汝心，循理便是善，动气便是恶。”

曰："毕竟物无善恶。"

曰："在心如此，在物亦然。世儒惟不如此，舍心逐物，将格物之学错看了，终日驰求于外，只做得个'义袭而取'，终身行不著，习不察。"

曰："如好好色，如恶恶臭，则如何？"

曰："此正是一循于理，是天理合如此，本无私意作好作恶。"

曰："如好好色，如恶恶臭，安得非意？"

曰："却是诚意，不是私意。诚意只是循天理。虽是循天理，亦着不得一分意。故有所忿懥好乐，则不得其正。须是廓然大公，方是心之本体。知此，即知未发之中。"

伯生曰："先生云：'草有妨碍，理亦宜去。'缘何又是躯壳起念？"

曰："此须汝心自体当。汝要去草，是甚么心？周茂叔窗前草不除，是甚么心？"

先生谓学者曰："为学须得个头脑，功夫方有着落。纵未能无间，如舟之有舵，一提便醒。不然，虽从事于学，只做个'义袭而取'，只是行不著，习不察，非大本达道也。"又曰："见得时，横说竖说皆是。若于此处通，彼处不通，只是未见得。"

或问："为学以亲故，不免业举之累。"

先生曰："以亲之故而业举为累于学，则治田以养其亲者，亦有累于学乎？先正云'惟患夺志'，但恐为学之志不真切耳。"

崇一问："寻常意思多忙，有事固忙，无事亦忙，何也？"

先生曰："天地气机，元无一息之停。然有个主宰，故不先不后，不急不缓，虽千变万化，而主宰常定，人得此而生。若主宰定时，与天运一般不息，虽酬酢万变，常是从容自在，所谓'天君泰然，百体从令’。若无主宰，便只是这气奔放，如何不忙？”

先生曰：“为学大病在好名。”

侃曰：“从前岁，自谓此病已轻。此来精察，乃知全未。岂必务外为人？只闻誉而喜，闻毁而闷，即是此病发来。”

曰：“最是。名与实对，务实之心重一分，则务名之心轻一分。全是务实之心，即全无务名之心。若务实之心如饥之求食、渴之求饮，安得更有功夫好名？”

又曰：“‘疾没世而名不称’，‘称’字去声读，亦‘声闻过情，君子耻之’之意。实不称名，生犹可补，没则无及矣。‘四十五十而无闻’，是不闻道，非无声闻也。孔子云：‘是闻也，非达也。’安肯以此望人？”

侃多悔。

先生曰：“悔悟是去病之药，然以改之为贵。若留滞于中，则又因药发病。”

德章曰：“闻先生以精金喻圣，以分两喻圣人之分量，以锻炼喻学者之功夫，最为深切。惟谓尧、舜为万镒，孔子为九千镒，疑未安。”

先生曰：“此又是躯壳上起念，故替圣人争分两。若不从躯壳上起念，即尧、舜万镒不为多，孔子九千镒不为少。尧、舜万镒，只是孔子的；孔子九千镒，只是尧、舜的，原无彼我。所以谓之圣，只论‘精一’，不论多寡。只要此心纯乎天理处同，便同谓之圣。若是力量气魄，如何尽同得？后儒只在分两上较量，所以流入功利。若除去了比较分两的心，各人尽着自己力量精神，只在此心纯天理上用功，即人人自有，个个圆成，便能大以成大，小以成小，不假外慕，无不具足。此便是实实落落，明善诚身的事。

“后儒不明圣学，不知就自己心地良知良能上体认扩充，却去求知其所不知，求能其所不能，一味只是希高慕大，不知自己是桀、纣心地，动辄要做尧、舜事业，如何做得？终年碌碌，至于老死，竟不知成就了个甚么，可哀也已。”

侃问：“先儒以心之静为体，心之动为用，如何？”

先生曰：“心不可以动静为体用。动静，时也。即体而言，用在体；即用而言，体在用。是谓‘体用一源’。若说静可以见其体，动可以见其用，却不妨。”

问：“上智、下智如何不可移？”

先生曰：“不是不可移，只是不肯移。”

问“子夏门人问交”章。

先生曰：“子夏是言小子之交。子张是言成人之交。若善用之，亦俱是。”

子仁问：“‘学而时习之，不亦说乎？’先儒以学为效先觉之所为，如何？”

先生曰：“学是学去人欲、存天理。从事于去人欲、存天理，则自正诸先觉，考诸古训，自下许多问辨思索存省克治功夫。然不过欲去此心之人欲、存吾心之天理耳。若曰‘效先觉之所为’，则只说得学中一件事，亦似专求诸外了。‘时习’者，‘坐如尸’，非专习坐也，坐时习此心也。‘立如斋’，非专习立也，立时习此心也。‘说’是‘理义之说我心’之‘说’。人心本自说理义，如目本说色，耳本说声。惟为人欲所蔽所累，始有不说。今人欲日去，则理义日洽浃，安得不说？”

国英问："曾子三省虽切，恐是未闻一贯时功夫？"

先生曰："一贯是夫子见曾子未得用功之要，故告之。学者果能忠恕上用功，岂不是一贯？'一'如树之根本，'贯'如树之枝叶。未种根，何枝叶之可得？体用一源，体未立，用安从生？谓'曾子于其用处，盖已随事精察而力行之，但未知其体之一'。此恐未尽。"

黄诚甫问"汝与回也，孰愈"章。

先生曰："子贡多学而识，在闻见上用功，颜子在心地上用功，故圣人问以启之。而子贡所对又只在知见上，故圣人叹惜之，非许之也。"

"颜子不迁怒，不贰过，亦是有未发之中始能。"

"种树者必培其根，种德者必养其心。欲树之长，必于始生时删其繁枝。欲德之盛，必于始学时去夫外好。如外好诗文，则精神日渐漏泄在诗文上去。凡百外好皆然。"又曰："我此论学是无中生有的功夫。诸公须要信得及，只是立志。学者一念为善之志。如树之种，但勿助勿忘，只管培植将去，自然日夜滋长，生气日完，枝叶日茂。树初生时，便抽繁枝，亦须刊落，然后根干能大。初学时亦然。故立志贵专一。"

因论先生之门，某人在涵养上用功，某人在识见上用功。先生曰："专涵养者，日见其不足；专识见者，日见其有余。日不足者，日有余矣。日有余者，日不足矣。"

梁日孚问："居敬、穷理是两事，先生以为一事，何如？"

先生曰："天地间只此一事，安有两事？若论万殊，礼仪三百，威仪三千，又何止两？公且道居敬是如何？穷理是如何？"

曰："居敬是存养功夫，穷理是穷事物之理。"

曰："存养个甚？"

曰："是存养此心之天理。"

曰："如此，亦只是穷理矣。"

曰："且道如何穷事物之理？"

曰："如事亲便要穷孝之理，事君便要穷忠之理。"

曰："忠与孝之理在君、亲身上，在自己心上？若在自己心上，亦只是穷此心之理矣。且道如何是敬？"

曰："只是主一。"

"如何是主一？"

曰："如读书便一心在读书上，接事便一心在接事上。"

曰："如此，则饮酒便一心在饮酒上，好色便一心在好色上，却是逐物，成甚居敬功夫？"

日孚请问。

曰："一者，天理。主一是一心在天理上。若只知主一，不知一即是理，有事时便是逐物，无事时便是着空。惟其有事无事，一心皆在天理上用功，所以居敬亦即是穷理。就穷理专一处说，便谓之居敬，就居敬精密处说，便谓之穷理。却不是居敬了，别有个心穷理，穷理时别有个心居敬。名虽不同，功夫只是一事。就如《易》言'敬以直内，义以方外'。敬即是无事时义，义即是有事时敬，两句合说一件。如孔子言'修己以敬'，即不须言义。孟子言'集义'，即不须言敬。会得时，横说竖说，功夫总是一般。若泥文逐句，不识本领，即支离决裂，功夫都无下落。"

问："穷理何以即是尽性？"

曰："心之体，性也，性即理也。穷仁之理，真要仁极仁；穷义之理，真要义极义。仁、义只是吾性，故穷理即是尽性。如孟子说‘充其恻隐之心，至仁不可胜用’，这便是穷理功夫。”

日孚曰：“先儒谓‘一草一木亦皆有理，不可不察’，何如？”

先生曰：“夫我则不暇。公且先去理会自己性情，须能尽人之性，然后能尽物之性。”

日孚悚然有悟。

惟乾问：“知如何是心之本体？”

先生曰：“知是理之灵处。就其主宰处说便谓之心，就其禀赋处说便谓之性。孩提之童，无不知爱其亲，无不知敬其兄。只是这个灵能不为私欲遮隔，充拓得尽，便完全是他本体，便与天地合德。自圣人以下，不能无蔽，故须格物以致其知。”

守衡问：“《大学》功夫只是诚意，诚意功夫只是格物、修、齐、治、平。只诚意尽矣。又有正心之功，有所忿懥好乐则不得其正，何也？”

先生曰：“此要自思得之，知此则知未发之中矣。”

守衡再三请。

曰：“为学功夫有浅深，初时若不着实用意去好善恶恶，如何能为善去恶？这着实用意便是诚意。然不知心之本体原无一物，一向着意去好善恶恶，便又多了这分意思，便不是廓然大公。《书》所谓‘无有作好作恶’，方是本体。所以说有所忿懥好乐，则不得其正。正心只是诚意功夫。里面体当自家心体，常用鉴空衡平，这便是未发之中。”

正之问曰：“戒惧是己所不知时之功夫，慎独是己所独知时之功夫，此说如何？”

先生曰："只是一个功夫，无事时固是独知，有事时亦是独知。人若不知于此独知之地用力，只在人所共知处用功，便是作伪，便是'见君子而后厌然'。此独知处便是诚的萌芽。此处不论善念恶念，更无虚假，一是百是，一错而错。正是王霸、义利、诚伪、善恶界头。于此一立立定，便是端木澄源，便是立诚。古人许多诚身的功夫，精神命脉，全体只在此处，真是莫见莫显，无时无处，无终无始，只是此个功夫。今若又分戒惧为己所不知，即功夫便支离，便有间断。既戒惧，即是知，己若不知，是谁戒惧？"

曰："不论善念恶念，更无虚假，则独知之地，更无无念时邪？"

曰："戒惧亦是念。戒惧之念，无时可息。若戒惧之心稍有不存，不是昏聩，使已流入恶念。自朝至暮，自少至老，若要无念，即是己不知，此除是昏睡，除是槁木死灰。"

志道问："荀子云'养心莫善于诚'，先儒非之，何也？"

先生曰："此亦未可便以为非。诚字有以功夫说者。诚是心之本体，求复其本体，便是思诚的功夫。明道说'以诚敬存之'，亦是此意。《大学》'欲正其心，先诚其意'。荀子之言固多病，然不可一例吹毛求疵。大凡看人言语，若先有个意见，便有过当处。'为富不仁'之言，孟子有取于阳虎，此便见圣贤大公之心。"

萧惠问："己私难克，奈何？"

先生曰："将汝己私来替汝克。"又曰："人须有为己之心，方能克己，能克己，方能成己。"

萧惠曰："惠亦颇有为己之心，不知缘何不能克己？"

先生曰："且说汝有为己之心是如何？"

惠良久曰："惠亦一心要做好人，便自谓颇有为己之心。今思之，看来亦只是为得个躯壳的己，不曾为个真己。”

先生曰：“真己何曾离着躯壳？恐汝连那躯壳的己也不曾为。且道汝所谓躯壳的己，岂不是耳、目、口、鼻、四肢？”

惠曰：“正是为此。目便要色，耳便要声，口便要味，四肢便要逸乐，所以不能克。”

先生曰：“‘美色令人目盲，美声令人耳聋，美味令人口爽，驰聘田猎令人发狂。’这都是害汝耳、目、口、鼻、四肢的，岂得是为汝耳、目、口、鼻、四肢？若为着耳、目、口、鼻、四肢时，便须思量耳如何听，目如何视，口如何言，四肢如何动。必须非礼勿视、听、言、动，方才成得个耳、目、口、鼻、四肢，这个才是为着耳、目、口、鼻、四肢。汝今终日向外驰求，为名、为利，这都是为着躯壳外面的物事。汝若为着耳、目、口、鼻、四肢，要非礼勿视、听、言、动时，岂是汝之耳、目、口、鼻、四肢自能勿视、听、言、动，须由汝心。这视、听、言、动皆是汝心。汝心之视，发窍于目；汝心之听，发窍于耳；汝心之言，发窍于口；汝心之动，发窍于四肢。若无汝心，便无耳、目、口、鼻、四肢。所谓汝心，亦不专是那一团血肉。若是那一团血肉，如今已死的人，那一团血肉还在，缘何不能视、听、言、动？所谓汝心，却是那能视、听、言、动的，这个便是性，便是天理。有这个性，才能生这性之生理，便谓之仁。这性之生理发在目便会视，发在耳便会听，发在口便会言，发在四肢便会动，都只是那天理发生。以其主宰一身，故谓之心。这心之本体，原只是个天理，原无非礼。这个便是汝之真己，这个真己是躯壳的主宰。若无真己，便无躯壳。真是有之即生，无之即死。汝若真为那个躯壳的己，必须用着这个真己，便须常常保守着这个真己的本体。戒惧不睹，恐惧不闻，惟恐亏损了他一些。才有一毫非礼萌动，便如刀割，如针刺，忍耐不过，必须去了刀，拔了针。这才是有为己之心，方能克己。汝今正是认贼作子，缘何却说有为己之心不能克己？”

有一学者病目，戚戚甚忧，先生曰：“尔乃贵目贱心。”

萧惠好仙、释。

先生警之曰：“吾亦自幼笃志二氏，自谓既有所得，谓儒者为不足学。其后居夷三载，见得圣人之学若是其简易广大，始自叹悔，错用了三十年气力。大抵二氏之学，其妙与圣人只有毫厘之间。汝今所学，乃其土苴，辄自信自好若此，真鸱鸮窃腐鼠耳。”

惠请问二氏之妙。

先生曰：“向汝说圣人之学简易广大，汝却不问我悟的，只问我悔的。”

惠惭谢，请问圣人之学。

先生曰：“汝今只是了人事问，待汝办个真要求为圣人的心，来与汝说。”

惠再三请。

先生曰：“已与汝一句道尽，汝尚自不会。”

刘观时问：“未发之中是如何？”

先生曰：“汝但戒惧不睹，恐惧不闻，养得此心纯是天理，便自然见。”

观时请略示气象。先生曰：“哑子吃苦瓜，与你说不得，你要知此苦，还须你自吃。”时曰仁在旁，曰：“如此才是真知，即是行矣。”一时在座诸友皆有省。

萧惠问死生之道。

先生曰："知昼夜即知死生。"

问昼夜之道。

曰："知昼则知夜。"

曰："昼亦有所不知乎？"

先生曰："汝能知昼？懵懵而兴，蠢蠢而食，行不著，习不察，终日昏昏，只是梦昼。惟'息有养，瞬有存'，此心惺惺明明，天理无一息间断，才是能知昼。这便是天德，便是通乎昼夜之道而知，便有甚么死生？"

马子莘问："'修道之教'，旧说谓圣人品节吾性之固有，以为法于天下，若礼、乐、刑、政之属，此意如何？"

先生曰："道即性即命。本是完完全全，增减不得，不假修饰的，何须要圣人品节？却是不完全的物件。礼、乐、刑、政是治天下之法，固亦可谓之教，但不是子思本旨。若如先儒之说，下面由教入道的，缘何舍了圣人礼、乐、刑、政之教，别说出一段戒慎恐惧功夫？却是圣人之教为虚设矣。"

子莘请问。

先生曰："子思性、道、教皆从本原上说。天命于人，则命便谓之性；率性而行，则性便谓之道；修道而学，则道便谓之教。率性是'诚者'事，所谓'自诚明，谓之性'也。修道是'诚之者'事，所谓'自明诚，谓之教'也。人率性而行即是道。圣人以下未能率性，于道未免有过不及，故须修道。修道则贤知者不得而过，愚不肖者不得而不及，都要循着这个道，则道便是个教。此'教'字与'天道至教'、'风雨霜露，无非教也'之'教'同。'修道'字与'修道以仁’同。人能修道，然后能不违于道，以复其性之本体，则亦是圣人率性之道矣。下面‘戒慎恐惧’便是修道的功夫，‘中和’便是复其性之本体。如《易》所谓‘穷理尽性以至于命’，‘中和’、‘位育’，便是尽性至命。”

黄诚甫问：“先儒于孔子告颜渊为邦之问，是立万世常行之道，如何？”

先生曰：“颜子具体圣人，其于为邦的大本大原都已完备。夫子平日知之已深，到此都不必言，只就制度文为上说。此等处亦不可忽略，须要是如此方尽善。又不可因自己本领是当了，便于防范上疏阔，须是‘放郑声，远佞人’。盖颜子是个克己向里、德上用心的人，孔子恐其外面末节或有疏略，故就他不足处帮补说。若在他人，须告以‘为政在人，取人以身，修身以道，修道以仁’、‘达道’、‘九经’及‘诚身’许多功夫，方始做得，这个方是万世常行之道。不然只去行了夏时，乘了殷辂，服了周冕，作了韶舞，天下便治得？后人但见颜子是孔门第一人，又问个为邦，便把做天大事看了。”

蔡希渊问：“文公《大学》新本，先格致而后诚意功夫，似与首章次第相合。若如先生从旧本之说，即诚意反在格致之前，于此尚未释然。”

先生曰：“《大学》功夫即是‘明明德’，‘明明德’只是个‘诚意’，‘诚意’的功夫只是‘格物’‘致知’。若以‘诚意’为主，去用‘格物’‘致知’的功夫，即功夫始有下落。即为善去恶无非是‘诚意’的事。如新本先去穷格事物之理，即茫茫荡荡，都无着落处，须用添个‘敬’字，方才牵扯得向身心上来，然终是没根源。若须用添个‘敬’字，缘何孔门倒将一个最要紧的字落了，直等千余年后要人来补出？正谓以‘诚意’为主，即不须添‘敬’字。所以提出个‘诚意’来说，正是学问的大头脑处。于此不察，真所谓毫厘之差，千里之谬。大抵《中庸》功夫只是‘诚身’,‘诚身’之极,便是‘至诚’。《大学》功夫只是‘诚意’，‘诚意’之极，便是‘至善’。功夫总是一般。今说这里补个‘敬’字，那里补个‘诚’字，未免画蛇添足。”

传习录中

钱德洪序

德洪曰：昔南元善刻《传习录》于越，凡二册。下册摘录先师手书，凡八篇。其答徐成之二书，吾师自谓“天下是朱非陆，论定既久，一旦反之为难”。二书姑为调停两可之说，使人自思得之。故元善录为下册之首者，意亦以是欤。今朱、陆之辨明于天下久矣。洪刻先师《文录》，置二书于外集者，示未全也，故今不复录。

其余指知行之本体，莫详于答人论学与答周道通、陆清伯、欧阳崇一四书。而谓格物为学者用力日可见之地，莫详于答罗整庵一书。平生冒天下之非诋推陷，万死一生，遑遑然不忘讲学。惟恐吾人不闻斯道，流于功利机智，以日堕于夷狄禽兽而不觉。其一体同物之心，譊譊终身，至于毙而后已。此孔孟以来贤圣苦心，虽门人子弟未足以慰其情也。是情也，莫见于答聂文蔚之第一书。此皆仍元善所录之旧。而揭“必有事焉”即“致良知”功夫，明白简切，使人言下即得入手，此又莫详于答文蔚之第二书，故增录之。

元善当时汹汹，乃能以身明斯道，卒至遭奸被斥，油油然惟以此生得闻斯学为庆，而绝无有纤芥愤郁不平之气。斯录之刻，人见其有功于同志甚大，而不知其处时之甚艰也。今所去取，裁之时义则然，非忍有所加损于其间也。

答顾东桥书

来书云:“近时学者，务外遗内，博而寡要。故先生特倡‘诚意’一义，针砭膏肓，诚大惠也。”

吾子洞见时弊如此矣，亦将何以救之乎？然则鄙人之心，吾子固已一句道尽，复何言哉？复何言哉？若诚意之说，自是圣门教人用功第一义，但近世学者乃作第二义看，故稍与提掇紧要出来，非鄙人所能特倡也。

来书云：“但恐立说太高，用功太捷，后生师传，影响谬误，未免坠于佛氏明心见性、定慧顿悟之机，无怪闻者见疑。”

区区格、致、诚、正之说，是就学者本心、日用事为间，体究践履，实地用功，是多少次第、多少积累在。正与空虚顿悟之说相反。闻者本无求为圣人之志，又未尝讲究其祥，遂以见疑，亦无足怪。若吾子之高明，自当一语之下便了然矣，乃亦谓立说太高，用功太捷，何邪？

来书云：“所喻知行并进，不宜分别前后，即《中庸》‘尊德性而道问学’之功，交养互发，内外本末，一以贯之之道。然功夫次第，不能无先后之差。如知食乃食，知汤乃饮，知衣乃服，知路乃行，未有不见是物，先有是事。此亦毫厘倏忽之间，非谓有等今日知之，而明日乃行也。”

既云“交养互发，内外本末，一以贯之”，则知行并进之说无复可疑矣。又云“功夫次第，不能无先后之差”，无乃自相矛盾已乎？知食乃食等说，此尤明白易见。但吾子为近闻障蔽，自不察耳。夫人必有欲食之心，然后知食，欲食之心即是意，即是行之始矣。食味之美恶，必待入口而后知，岂有不待入口而已先知食味之美恶者邪？必有欲行之心，然后知路，欲行之心即是意，即是行之始矣。路歧之险夷，必待身亲履历而后知，岂有不待身亲履历而已先知路歧之险夷者邪？知汤乃饮，知衣乃服，以此例之，皆无可疑。若如吾子之喻，是乃所谓不见是物而先有是事者矣。吾子又谓“此亦毫厘倏忽之间，非谓截然有等今日知之，而明日乃行也”，是亦察之尚有未精。然就如吾子之说，则知行之为合一并进，亦自断无可疑矣。

来书云：“真知即所以为行，不行不足谓之知。此为学者吃紧立教，俾务躬行则可。若真谓行即是知，恐其专求本心，遂遗物理，必有暗而不达之处，抑岂圣门知行并进之成法哉？”

知之真切笃实处即是行，行之明觉精察处即是知。知行功夫，本不可离。只为后世学者分作两截用功，失却知行本体，故有合一并进之说。真知即所以为行，不行不足谓之知。即如来书所云知食乃等说可见，前已略言之矣。此虽吃紧救弊而发，然知行之体本来如是，非以己意抑扬其间，姑为是说，以苟一时之效者也。专求本心，遂遗物理，此盖失其本心者也。夫物理不外于吾心，外吾心而求物理，无物理矣。遗物理而求吾心，吾心又何物邪？心之体，性也，性即理也。故有孝亲之心，即有孝之理；无孝亲之心，即无孝之理矣。有忠君之心，即有忠君之理；无忠君之心，即无忠君之理矣。理岂外于吾心邪？晦庵谓：“人之所以为学者，心与理而已。”心虽主乎一身，而实管乎天下之理。理虽散在万事，而实不外乎一人之心。是其一分一合之间，而未免已启学者心、理为二之弊。此后世所以有专求本心，遂遗物理之患。正由不知心即理耳。夫外心以求物理，是以有暗而不达之处。此告子义外之说，孟子所以谓之不知义也。心一而已，以其全体恻怛而言谓之仁，以其得宜而言谓之义，以其条理而言谓之理。不可外心以求仁，不可外心以求义，独可外心以求理乎？外心以求理，此知行之所以二也。求理于吾心，此圣门知行合一之教，吾子又何疑乎？

来书云："所释《大学》古本，谓致其本体之知，此固孟子尽心之旨。朱子亦以虚灵知觉为此心之量。然尽心由于知性，致知在于格物。"

尽心由于知性，致知在于格物，此语然矣。然而推本吾子之意，则其所以为是语者，尚有未明也。朱子以"尽心、知性、知天"为格物、知致，以"存心、养性、事天"为诚意、正心、修身，以"夭寿不二、修身以俟"为知至、仁尽，圣人之事。若鄙人之见，则与朱子正相反矣。夫"尽心、知性、知天"者，生知安行，圣人之事也；"存心、养性、事天"者，学知利行，贤人之事也；"夭寿不二、修身以俟"者，困知勉行，学者之事也。岂可专以"尽心知性"为知，"存心养性"为行乎？吾子骤闻此言，必又以为大骇矣。然其间实无可疑者，一为吾子言之。夫心之体，性也；性也原，天也。能尽其心，是能尽其性矣。《中庸》云："惟天下至诚为能尽其性。"又云："知天地之化育，质诸鬼神而无疑，知天也。"此惟圣人而后能然。故曰：此生知安行，圣人之事也。存其心者，未能尽其心者也，故须加存之之功；必存之既久，不待于存而自无不存，然后可以进而言尽。盖"知天"之"知"，如"知州"、"知县"之"知"，知州则一州之事皆己事也，知县则一县之事皆己事也，是与天为一者也。“事天”则如子之事父，臣之事君，犹与天为二也。天之所以命于我者，心也，性也，吾但存之而不敢失，养之而不敢害，如“父母全而生之，子全而归之”者也。故曰：此学知利行，贤人之事也。至于“夭寿不二”，则与存其心者又有间矣。存其心者虽未能尽其心，固已一心于为善，时有不存，则存之而已。今使之“夭寿不二”，是犹以夭寿二其心者也。犹以夭寿二其心，是其为善之心犹未能一也，存之尚有所未可，而何尽之可云乎？今且使之不以夭寿二其为善之心，若曰死去夭寿皆有定命，吾但一心于为善，修吾之身以俟天命而已，是其平日尚未知有天命也。事天虽与天为二，然已真知天命之所在，但惟恭敬奉承之而已耳。若俟之云者，则尚未能真知天命之所在，犹有所俟者也，故曰“所以立命”。立者“创立”之“立”，如“立德”、“立言”、“立功”、“立名”之类。凡言立者，皆是昔未尝有而今始建立之谓，孔子所谓“不知命，无以为君子”者也。故曰：此困知勉行，学者之事也。今以“尽心、知性、知天”为格物致知，使初学之士尚未能不二其心者，而遽责之以圣人之生知安行之事，如捕风捉影，茫然莫知所措其心，几何而不至于“率天下而路”也？今世致知格物之弊，亦居然可见矣。吾子所谓务外遗内，博而寡要者，无乃亦是过欤？此学问最紧要处，于此而差，将无往而不差矣。此鄙人之所以冒天下之非笑，忘其身之陷于罪戮，呶呶其言有不容已者也。

来书云：“闻语学者，乃谓即物穷理之说亦是玩物丧志，又取其厌繁就约涵养本原数说标示学者，指为晚年定论，此亦恐非。”

朱子所谓格物云者，在即物而穷其理也。即物穷理是就事事物物上求其所谓定理者也，是以吾心而求理于事事物物之中，析心与之理为二矣。夫求理于事事物物者，如求孝之理于其亲之谓也。求孝之理于其亲，则孝之理其果在于吾之心邪？抑果在于亲之身邪？假而果在于亲之身，则亲没之后，吾心遂无孝之理欤？见孺子之入井，必有恻隐之理。是恻隐之理果在于孺子之身欤？抑在于吾心之良知欤？其或不可以从之于井欤？其或可以手而援之欤？是皆所谓理也。是果在于孺子身欤？抑果出于吾心之良知欤？以是例之，万事万物之理莫不皆然，是可以知析心与理为二之非矣。夫析心与理而为二，此告子义外之说，孟子之所深辟也。务外遗内，博而寡要，吾子既已知之矣，是果何谓而然哉？谓之玩物丧志，尚犹以为不可欤？若鄙人所谓致知格物者，致吾心之良知于事事物物也。吾心之良知，即所谓天理也。致吾心良知之天理于事事物物，则事事物物皆得其理矣。致吾心之良知者，致知也。事事物物皆得其理者，格物也。是合心与理而为一者也。合心与理而为一，则凡区区前之所云，与朱子晚年之论，皆可以不言而喻矣。

来书云："人之心体，本无不明，而气拘物蔽，鲜有不昏。非学、问、思、辨以明天下之理，则善恶之机，真妄之辨，不能自觉，任情恣意，其害有不可胜言者矣。"

此段大略似是而非，盖承沿旧说之弊，不可以不辨也。夫学、问、思、辨、行皆所以为学，未有学而不行者也。如言学孝，则必服劳奉养，躬身孝道，然后谓之学。岂徒悬空口耳讲说，而遂可以谓之学孝乎？学射则必张弓挟矢，引满中的。学书则必伸纸执笔，操觚染翰。尽天下之学，无有不行而可以言学者。则学之始，固已即是行矣。笃者，敦实笃厚之意。已行矣，而敦笃其行，不息其功之谓尔。盖学之不能以无疑，则有问，问即学也，即行也。又不能无疑，则有思，思即学也，即行也。又不能无疑，则有辨，辨即学也，即行也。辨既明矣，思既慎矣，问既审矣，学既能矣，又从而不息其功焉，斯之谓笃行。非谓学问思辨之后，而始措之于行也。是故以求能其事而言谓之学，以求解其惑而言谓之问，以求通其说而言谓之思，以求精其察而言谓之辨，以求履其实而言谓之行。盖析其功而言则有五，合其事而言则一而已。此区区心理合一之体，知行并进之功，所以异于后世之说者，正在于是。今吾子特举学、问、思、辨以穷天下之理，而不及笃行，是专以学、问、思、辨为知，而谓穷理为无行也已。天下岂有不行而学者邪？岂有不行而遂可谓之穷理者邪？明道云："只穷理，便尽性至命。"故必仁极仁而后谓之能穷仁之理，义极义而后谓之能穷义之理。仁极仁则尽仁之性矣，义极义则尽义之性矣。学至于穷理至矣，而尚未措之于行，天下宁有是邪？是故知不行之不可以为学，则知不行之不可以为穷理矣。知不行之不可以为穷理，则知知行之合一并进，而不可以分为两节事矣。夫万事万物之理，不外于吾心。而必曰穷天下之理，是殆以吾心之良知为未足，而必外求天下之广，以裨补增益之，是犹析心与理而为二也。夫学、问、思、辨、笃行之功，虽其困勉至于人一己百，而扩充之极，至于尽性知天，亦不过致吾心之良知而已。良知之外，岂复有加于毫末乎？今必曰穷天下之理，而不知反求诸其心，则凡所谓善恶之机，真妄之辨者，舍吾心之良知，亦将何所致其体察乎？吾子所谓气拘物蔽者，拘此蔽此而已。今欲去此之蔽，不知致力于此，而欲以外求，是犹目之不明者，不务服药调理以治其目，而徒依依然求明于其外。明岂可以自外而得哉？任情恣意之害，亦以不能精察天理于此心之良知而已。此诚毫厘千里之谬者，不容于不辨。吾子毋谓其论之太刻也。

来书云:“教人以致知、明德，而戒其即物穷理，诚使昏暗之士，深居端坐，不闻教告，遂能至于知致而德明乎？纵令静而有觉，稍悟本性，则亦定慧无用之见。果能知古今，达事变而致用于天下国家之实否乎？其曰 :‘知者意之体，物者意之用’，‘格物如格君心之非之格’。语虽超悟，独得不踵陈见，抑恐于道未相吻合？”

区区论致知格物，正所以穷理，未尝戒人穷理，使之深居端坐而一无所事也。若谓即物穷理，如前所云务外而遗内者，则有所不可耳。昏暗之士，果能随事随物精察此心之天理，以致其本然之良知，则虽愚必明，虽柔必强。大本立而达道行，九经之属，可一以贯之而无遗矣。尚何患其无致用之实乎？彼顽空虚静之徒，正惟不能随事随物精察此心之天理，以致其本然之良知，而遗弃伦理，寂灭虚无以为常，是以要之不可以治家国天下。孰谓圣人穷理尽性之学，而亦有是弊哉？心者，身之主也，而心之虚灵明觉，即所谓本然之良知也。其虚灵明觉之良知应感而动者，谓之意。有知而后有意，无知则无意矣。知非意之体乎？意之所用，必有其物，物即事也。如意用于事亲，即事亲为一物，意用于治民，即治民为一物，意用于读书，即读书为一物，意用于听讼，即听讼为一物。凡意之所用，无有无物者。有是意即有是物，无是意即无是物矣。物非意之用乎？“格”字之义，有以“至”字训者，如“格于文祖”、“有苗来格”，是以“至”训者也。然“格于文祖”，必纯孝诚敬，幽明之间，无一不得其理，而后谓之“格”。有苗之顽，实以文德诞敷而后格，则亦兼有“正”字之义在其间，未可专以“至”字尽之也。

如“格其非心”、“大臣格君心之非”之类，是则一皆“正其不正以归于正”之义，而不可以“至”字为训矣。且《大学》“格物”之训，又安知其不以“正”字为训，而必以“至”字为义乎？如以“至”字为义者，必曰“穷至事物之理”，而后其说始通，是其用功之要，全在一“穷”字，用力之地，全在一“理”字也。若上去一“穷”，下去一“理”字，而直曰“致知在至物”，其可通乎？夫“穷理尽性”，圣人之成训，见于《系辞》者也。苟格物之说而果即穷理之义，则圣人何不直曰“致知在穷理”，而必为此转折不完之语，以启后世之弊邪？盖《大学》“格物”之说，自与《系辞》“穷理”大旨虽同，而微有分辨。穷理者，兼格、致、诚、正而为功也。故言穷理，则格、致、诚、正之功皆在其中。言格物，则必兼举致知、诚意、正心，而后其功始备而密。今偏举格物而遂谓之穷理，止所以专以穷理属知，而谓格物未常有行。非惟不得格物之旨，并穷理之义而失之矣。此后世之学所以析知行为先后两截，日以支离决裂，而圣学益以残晦者，其端实始于此。吾子盖亦未免承沿积习，则见以为于道未相吻合，不为过矣。

来书云:“谓致知之功，将如何为温清，如何为奉养，即是诚意，非别有所谓格物，此亦恐非。”

此乃吾子自己意揣度鄙见而为是说，非鄙人之所以告吾子者矣。若果如吾子之言，宁复有可通乎？盖鄙人之见，则谓意欲温清，意欲奉养者，所谓意也，而未可谓之诚意。必实行其温清奉养之意，务求自慊而无自欺，然后谓之诚意。知如何而为温清之节、知如何而为奉养之宜者，所谓知也，而未可谓之致知。必致其知如何为温清之节者之知，而实以之温清；致其知如何为奉养之宜者之知，而实以之奉养，然后谓之致知。温清之事，奉养之事，所谓物也，而未可谓之格物。必其于温清之事也，一如其良知之所知当如何为温清之节者而为之，无一毫之不尽；于奉养之事也，一如其良知之所知当如何为奉养之宜者而为之，无一毫之不尽，然后谓之格物。温清之物格，然后知奉养之良知始致；奉养之物格，然后知奉养之良知始致。故曰“物格而后知至”。致其知温清之良知，而后温清之意始诚；致其知奉养之良知，而后奉养之意始诚。故曰“知至而后意诚”。此区区诚意、致知、格物之说盖如此。吾子更熟思之，将亦无可疑者矣。

来书云：“道之大端，易于明白，所谓良知良能，愚夫愚妇可与及者。至于节目时变之详，毫厘千里之谬，必待学而后知。今语孝于温清定省，孰不知之。至于舜之不告而娶，武之不葬而兴师，养志、养口，小杖、大杖，割股，庐墓等事，处常处变，过与不及之间，必须讨论是非，以为制事之本。然后心体无蔽，临事无失。”

道之大端易于明白，此语诚然。顾后之学者忽其易于明白者而弗由，而求其难于明白者以为学，此其所以“道在迩而求诸远，事在易而求诸难”也。孟子云：“夫道若大路然，岂难知哉？人病不由耳。”良知良能，愚夫愚妇与圣人同。但惟圣人能致其良知，而愚夫愚妇不能致，此圣愚之所由分也。节目时变，圣人夫岂不知，但不专以此为学。而其所谓学者，正惟致其良知，以精审此心之天理，而与后世之学不同耳。吾子未暇良知之致，而汲汲焉顾是之忧，此正求其难于明白者以为学之弊也。夫良知之于节目时变，犹规矩尺度之于方圆长短也。节目时变之不可预定，犹方圆长短之不可胜穷也。故规矩诚立，则不可欺以方圆，而天下之方圆不可胜用矣；

尺度诚陈，则不可欺以长短，而天下之长短不可胜用矣；良知诚致，则不可欺以节目时变，而天下之节目时变不可胜应矣。毫厘千里之谬，不于吾心良知一念之微而察之，亦将何所用其学乎？是不以规矩而欲定天下之方圆，不以尺度而欲尽天下之长短，吾见其乖张谬戾，日劳而无成也已。吾子谓语孝于温凊定省，孰不知之。然而能致其知者鲜矣。若谓粗知温凊定省之仪节，而遂谓之能致其知，则凡知君之当仁者，皆可谓之能致其仁之知，知臣之当忠者，皆可谓之能致其忠之知，则天下孰非致知者邪？以是而言可以知致知之必在于行，而不行之不可以为致知也，明矣。知行合一之体，不益较然矣乎？夫舜之不告而娶，岂舜之前已有不告而娶者为之准则，故舜得以考之何典，问诸何人，而为此邪？抑亦求诸其心一念之良知，权轻重之宜，不得已而为此邪？武之不葬而兴师，岂武之前已有不葬而兴师者为之准则，故武得以考之何典，问诸何人，而为此邪？抑示求诸其心一念之良知，权轻重之宜，不得已而为此邪？使舜之心而非诚于为无后，武之心而非诚于为救民，则其不告而娶与不葬而兴师，乃不忠不孝之大者。而后之人不务致其良知，以精察义理于些心感应酬酢之间，顾欲悬空讨论此等变常之事，执之以为制事之本，以求临事之无失，其亦远矣。其余数端，皆可类推，则古人致知之学，从可知矣。

来书云："谓《大学》格物之说，专求本心，犹可牵合。至于《六经》、《四书》所载'多闻多见'、'前言往行'、'好古敏求'、'博学审问'、'温故知新'、'博学详说'、'好问好察'，是皆明白求于事为之际，资于论说之间者。用功节目固不容紊矣。"

格物之义，前已详悉，牵合之疑，想已不俟复解矣。至于多闻多见，乃孔子因子张之务外好高，徒欲以多闻多见为学，而不能求诸其心，以阙疑殆，此其言行所以不免于尤悔，而所谓见闻者，适以资其务外好高而已。盖所以救子张多闻多见之病，而非以是教之为学也。夫子尝曰："盖有不知而作之者，我无是也。"是犹孟子"是非之心，人皆有之"之义也。此言正所以明德性之良知非由于闻见耳。若曰"多闻择其善者而从之，多见而识之"，则是专求诸见闻之末，而已落在第二义矣，故曰"知之次也"。夫以见闻之知为次，则所谓知之上者果安所指乎？是可以窥圣门致知用力之地矣。夫子谓子贡曰："赐也，汝以予为多学而识之者欤？非也，予一以贯之。"使诚在于多学而识，则夫子胡乃谬为是说，以欺子贡者邪？一以贯之，非致其良知而何？《易》曰："君子多识前言往行，以畜其德。"夫以畜其德为心，则凡多识前言往行者，孰非畜德之事。此正知行合一之功矣。好古敏求者，好古人之学，而敏求此之心理耳。心即理也。学者，学此心也。求者，求此心也。孟子云："学问之道无他，求其放心而已矣。"非若后世广记博诵古人之言词，以为好古，而汲汲然惟以求功名利达之具于外者也。博学审问，前言已尽。温故知新，朱子亦以温故属之尊德性矣。德性岂可以外求哉？惟夫知新必由于温故，而温故乃所以知新，则亦可以验知行之非两节矣。"博学而详说之"者，将以反说约也。若无反约之云，则博学详说者，果何事邪？舜之好问好察，惟以用中而致其精一于道心耳。道心者，良知之谓也。君子之学，何尝离去事为而废论说。但其从事于事为论说者，要皆知行合一之功，正所以致其本心之良知，而非若世之徒事口耳谈说以为知者，分知行为两事，而果有节目先后之可言也。

来书云："杨、墨之为仁义，乡愿之辞忠信，尧、舜、子之之禅让，汤、武、楚项之放伐，周公、莽、操之摄辅，谩无印证，又焉适从？且于古今事变、礼乐名物，未尝考识，使国家欲兴明堂，建辟雍，制历律，草封禅，又将何所致其用乎？故《论语》曰'生而知之者，义理耳。若夫礼乐名物，古今事变，亦必待学而后有以验其行事之实'。此则可谓定论矣。"

所喻杨、墨、乡愿、尧、舜、子之、汤、武、楚项、周公、莽、操之辨，与前舜、武之论，大略可以类推。古今事变之疑，前于良知之说，已有规矩尺度之喻，当亦无俟多赘矣。至于明堂、辟雍诸事，似尚未容于无言者。然其说甚长，姑就吾子之言而取正焉，则吾子之惑将亦可少释矣。夫明堂、辟雍之制，始见于吕氏之《月令》，汉儒之训疏。《六经》、《四书》之中，未尝详及也。岂吕氏、汉儒之知，乃贤于三代之贤圣乎？齐宣之时，明堂尚有未毁，则幽、厉之世，周之明堂皆无恙也。尧、舜茅茨土阶，明堂之制未必备，而不害其为治。幽、厉之明堂，固犹文、武、成、康之旧，而无救于其乱。何邪？岂能以不忍人之心，而行不忍人之政，则虽茅茨土阶，固亦明堂也；以幽、厉之心，而行幽、厉之政，则虽明堂，亦暴政所自出之地邪？武帝肇讲于汉，而武后盛用于唐，其治乱何如邪？天子之学曰辟雍，诸侯之学曰泮宫，皆象地形而为之名耳。然三代之学，其要皆所以明人伦，非以辟不辟、泮不泮为重轻也。

孔子云："人而不仁，如礼何？人而不仁，如乐何？"制礼作乐，必具中和之德，声为律而身为度者，然后可以语此。若夫器数之末，乐工之事，祝史之守。故曾子曰："君子所贵乎道者三，笾豆之事则有司存也。"尧"命羲和，钦若昊天，历象日月星辰"，其重在于

“敬授人时”也。舜“在璇玑玉衡”，其重在于“以齐七政”也。是皆汲汲然以仁民之心而行其养民之政。治历明时之本，固在于此也。羲和历数之学，皋、契未必能之也，禹、稷未必能之也，尧、舜之知而不偏物，虽尧、舜亦未必能之也。然至于今循羲和之法而世修之，虽曲知小慧之人，星术浅陋之士，亦能推步占候而无所忒。则是后世曲知小慧之人，反贤于禹、稷、尧、舜者邪？

封禅之说尤为不经，是乃后世佞人谀士所以求媚于其上，倡为夸侈，以荡君心而靡国费。盖欺天罔人无耻之大者，君子之所不道，司马相如之所以见讥于天下后世也。吾子乃以是为儒者所宜学，殆亦未之思邪？夫圣人之所以为圣者，以其生而知之也。而释《论语》者曰：“生而知之，义理耳。若夫礼乐名物，古今事变，亦必待学而后有以验其行事之实。”夫礼乐名物之类，果有关于作圣之功也，而圣人亦必待学而后能知焉，则是圣人亦不可以谓之生知矣。谓圣人为生知者，专指义理而言，而不以礼乐名物之类。则是礼乐名物之类无关于作圣之功矣。

圣人之所以谓之生知者，专指义理而不以礼乐名物之类，则是学而知之者。亦惟当学知此义理而已。困而知之者，亦惟当困知此义理而已。今学者之学圣人，于圣人之所能知者，未能学而知之，而顾汲汲焉求知圣人之所不能知者以为学，无乃失其所以希圣之方欤？凡此皆就吾子之所惑者而稍为之分释，未及乎拔本塞源之论也。

夫拔本塞源之论不明于天下，则天下之学圣人者，将日繁日难，斯人沦于禽兽夷狄，而犹自以为圣人之学。吾之说虽或暂明于一时，终将冻解于西而冰坚于东，雾释于前而云滃于后，呶呶焉危困以死，而卒无救于天下之分毫也已。

夫圣人之心，以天地万物为一体，其视天下之人，无外内远近。凡有血气，皆其昆弟赤子之亲，莫不欲安全而教养之，以遂其万物一体之念。天下之人心，其始亦非有异于圣人也，特其间于有我之私，隔于物欲之蔽，大者以小，通者以塞。人各有心，至有视其父、子、兄、弟如仇雠者。圣人有忧之，是以推其天地万物一体之仁以教天下，使之皆有以克其私，去其蔽，以复其心体之同然。其教之大端，则尧、舜、禹之相授受，所谓“道心惟微，惟精惟一，允执厥中”。而其节目，则舜之命契，所谓“父子有亲，君臣有义，夫妇有别，长幼有序，朋友有信”五者而已。唐、虞、三代之世，教者惟以此为教，而学者惟以此为学。当是之时，人无异见，家无异习，安此者谓之圣，勉此者谓之贤，而背此者，虽其启明如朱，亦谓之不肖。下至闾井田野，农、工、商、贾之贱，莫不皆有是学，而惟以成其德行为务。何者？无有闻见之杂，记诵之烦，辞章之靡滥，功利之驰逐，而但使孝其亲，弟其长，信其朋友，以复其心体之同然。是盖性分之所固有，而非有假于外者，则人亦孰不能之乎？

学校之中，惟以成德为事。而才能之异，或有长于礼乐，长于政教，长于水土播植者，则就其成德，而因使益精其能于学校之中。迨夫举德而任，则使之终身居其职而不易。用之者惟知同心一德，以共安天下之民，视才之称否，而不以崇卑为轻重，劳逸为美恶。效用者亦惟知同心一德，以共安天下之民，苟当其能，则终身处于烦剧而不以为劳，安于卑琐而不以为贱。当是之时，天下之人熙熙皞皞，皆相视如一家之亲。其才质之下者，则安其农、工、商、贾之分，各勤其业，以相生相养，而无有乎希高慕外之心。其才能之异，若皋、夔稷、契者，则出而各效其能。若一家之务，或营其衣食，或通其有无，或备其器用，集谋并力，以求遂其仰事育之愿，惟恐当其事者之或怠而重己之累也。故稷勤其稼，而不耻其不知教，视契之善教，即己之善教也；夔司其乐，而不耻于明礼，视夷之通礼，即己之通礼也。盖其心学纯明，而有以全其万物一体之仁。故其精神流贯，志气通达，而无有乎人己之分，物我之间。譬之一人之身，目视、耳听、手持、足行，以济一身之用。目不耻其无聪，而耳之所涉，目必营焉。足不耻其无执，而手之所探，足必前焉。盖其元气充周，血脉条畅，是以痒疴呼吸，感触神应，有不言而喻之妙。此圣人之学所以至易至简，易知易从，学易能而才易成者，正以大端惟在复心体之同然，而知识技能非所与论也。

三代之衰，王道熄而霸术昌。孔孟既没，圣学晦而邪说横，教者不复以此为教，而学者不复以此为学。霸者之徒，窃取先王之近似者，假之于外以内济其私己之欲，天下靡然而宗之，圣人之道遂以芜塞。相仿相效，日求所以富强之说，倾诈之谋，攻伐之计。一切欺天罔人，苟一时之得，以猎取声利之术，若管、商、苏、张之属者，至不可名数。既其久也，斗争劫夺，不胜其祸，斯人沦于禽兽夷狄，而霸术亦有所不能行矣。

世之儒者慨然悲伤，蒐猎先圣王之典章法制，而掇拾修补于煨烬之余，盖其为心、良亦欲以挽回以先王之道。圣学既远，霸术之传，积渍已深，虽在贤知，皆不免于习染，其所以讲明修饰，以求宣畅光复于世者，仅足以增霸者之藩篱，而圣学之门墙，遂不复可睹。于是乎有训诂之学，而传之以为名；有记诵之学，而言之以为博；有词章之学，而侈之以为丽。若是者，纷纷籍籍，群起角立于天下，又不知其几家。万径千蹊，莫知所适。世之学者如入百戏之场，戏谑跳踉，骋奇斗巧，献笑争妍者，四面而竞出，前瞻后盼，应接不遑，而耳目眩瞀，精神恍惑，日夜遨游淹息其间，如病狂丧心之人，莫自知其家业之所归。时君世主亦皆昏迷颠倒于其说，而终身从事于无用之虚文，莫自知其所谓。间有觉其空疏谬妄，支离牵滞，而卓然自奋，欲以见诸行事之实者，极其所抵，亦不过为富强功利，五霸之事业而止。

圣人之学日远日晦，而功利之习愈趋愈下。其间虽尝瞽惑于佛老，而佛老之说卒亦未能有以胜其功利之心。虽又尝折衷于群儒，而群儒之论终亦未能有以破其功利之见。盖至于今，功利之毒沦浃于人之心髓，而习以成性也，几千年矣。相矜以知，相轧以势，相争以利，相高以技能，相取以声誉。其出而仕也，理钱谷者则欲兼夫兵刑，典礼乐者又欲与于铨轴，处郡县则思藩臬之高，居台谏则望宰执之要。故不能其事则不得以兼其官，不通其说则不可以要其誉。记诵之广，适以长其敖也；知识之多，适以行其恶也；闻见之博，适以肆其辨也；辞章之富，适以饰其伪也。是以皋、夔、稷、契所不能兼之事，而今之初学小生皆欲通其说，究其术。其称名僭号，未尝不曰吾欲以共成天下之务，而其诚心实意之所在，以为不如是则无以济其私而满其欲也。

呜呼。以若是之积染，以若是之心志，而又讲之以若是之学术，宜其闻吾圣人之教，而视之以为赘疣枘凿；则其以良知为未足，而谓圣人之学为无所用，亦其势有所必至矣。

呜呼。士生斯世，而尚何以求圣人之学乎？尚何以论圣人之学乎？士生斯世，而欲以为学者，不亦劳苦而繁难乎？不亦拘滞而险艰乎？呜呼，可悲也已。所幸天理之在人心，终有所不可泯，而良知之明，万古一日，则其闻吾拔本塞源之论，必有恻然而悲，戚然而痛，愤然而起。沛然若决江河，而有所不可御者矣。非夫豪杰之士，无所待而兴起者，于谁与望乎？

答周道通书

吴、曾两生至，备道道通恳切为道之意，殊慰相念。若道通真可谓笃信好学者矣。忧病中会不能与两生细论，然两生亦自有志向肯用功者，每见辄觉有进，在区区诚不能无负于两生之远来，在两生则亦庶几无负其远来之意矣。临别以此册致道通意，请书数语。荒愦无可言者，辄以道通来书中所问数节，略下转语。奉酬草草，殊不详细。两生当亦自能口悉也。

来信云："日用功夫只是立志，近来于先生诲言，时时体验，愈益明白。然于朋友不能一时相离。若得朋友讲习，则此志才精健阔大，才有生意。若三五日不得朋友相讲，便觉微弱，遇事便会困，亦时会忘。乃今无朋友相讲之日，还只静坐，或看书，或游衍经行。凡寓目措身，悉取以培养此志，颇觉意思和适。然终不如朋友讲聚，精神流动，生意更多也。离群索居之人，当更有何法以处之？"

此段足验道通日用功夫所得。功夫大略亦只是如此用，只要无间断，到得纯熟后，意思又自不同矣。大抵吾人为学，紧要大头脑，只是立志。所谓困、忘之病，亦只是志欠真切。今好色之人，未尝病于困忘，只是一真切耳。自家痛痒，自家须会知得，自家须会搔摩得。既自知得痛痒，自家须不能不搔摩得。佛家谓之"方便法门"，须是自家调停斟酌，他人总难与力，亦更无别法可设也。

来书云："上蔡尝问天下何思何虑。伊川云：'有此理，只是发得太早。’在学者功夫，固是‘必有事焉而勿忘’，然亦须识得‘何思何虑’的气象，一并看为是。若不识得这气象，便有正与助长之病；若认得‘何思何虑’，而忘‘必有事焉’功夫，恐又堕于无也。须是不滞有，不堕于无。然乎否也？”

所论亦相去不远矣，只是契悟未尽。上蔡之问，与伊川之答，亦只是上蔡、伊川之意，与孔子《系辞》原旨稍有不同。《系》言“何思何虑”，是言所思所虑只是一个天理，更无别思别虑耳，非谓无思无虑也。故曰：“同归而殊途，一致而百虑，天下何思何虑。”云殊途，云百虑，则岂谓无思无虑邪？心之本体即是天理。天理只是一个，更有何可思虑得？天理原自寂然不动，原自感而遂通。学者用功，虽千思万虑，只是要复他本来体用而已，不是以私意去安排思索出来。故明道云：“君子之学，莫若廓然而大公，物来而顺应。”若以私意去安排思索便是用智自私矣。“何思何虑”正是功夫。在圣人分上，便是自然的；在学者分上，便是勉然的。伊川却是把作效验看了，所以有“发得太早”之说。既而云“却好用功”，则已自觉其前言之有未尽矣。濂溪主静之论亦是此意。今道通之言，虽已不为无见，然亦未免尚有两事也。

来书云：“凡学者才晓得做功夫，便要识得圣人气象。盖认得圣人气象，把做准的，乃就实地做功夫去，才不会差，才是作圣功夫。未知是否？”

先认圣人气象，昔人尝有是言矣，然亦欠有头脑，圣人气象自是圣人的，我从何处识认？若不就自己良知上真切体认，如此无星之称而权轻重，未开之镜而照妍媸，真所谓以小人之腹，而度君子之心矣。圣人气象，何由认得？自己良知，原与圣人一般。若体认得自己良知明白，即圣人气象不在圣人而在我矣。程子尝云："觑著尧，学他行事，无他许多聪明睿智，安能如彼之动容周旋中礼？"又云："心通于道，然后能辨是非。"今且说通于道在何处？聪明睿智从何处出来？

来书云："事上磨练，一日之内，不管有事无事，只一意培养本原。若遇事来感，或自己有感，心上既有觉，安可谓无事？但因事凝心一会，大段觉得事理当如此，只如无事处之，尽吾心而已。然仍有处得善与未善，何也？又或事来得多，须要次弟与处，每因才力不足，辄为所困，虽极力扶起而精神已觉衰弱。遇此未免要十分退省。宁不了事，不可不加培养。如何？"

所说功夫，就道通分上也只是如此用，然未免有出入在。凡人为学，终身只为这一事。自少至老，自朝至暮，不论有事无事，只是做得这一件，所谓"必有事焉"者也。若说宁不了事，不可不加培养，却是尚为两事也。"必有事焉而勿忘勿助"，事物之来，但尽吾心之良知以应之，所谓"忠恕违道不远"矣。凡处得有善有未善，及有困顿失次之患者，皆是牵于毁誉得丧，不能实致其良知耳。若能实致其良知，然后见得平日所谓善者未必是善，所谓未善者，却恐正是牵于毁誉得丧，自贼其良知者也。

来书云："致知之说，春间再承诲益，已颇知用力，觉得比旧尤为简易。但鄙心则谓与初学言之，还须带格物意思，使之知下手处。本来致知格物一并下，但在初学未知下手用功，还说与格物，方晓得致知。"云云。

格物是致知功夫，知得致知便已知得格物。若是未知格物，则是致知功夫亦未尝知也。近有一书与友人论此颇悉，今往一通细观之，当自见矣。

来书云：“今之为朱、陆之辩者尚未已。每对朋友言，正学不明已久，且不须枉费心力为朱、陆争是非。只依先生‘立志’二字点化人，若其人果能辨得此志来，决意要知此学，已是大段明白了。朱、陆虽不辩，彼自能觉得。又尝见朋友中见有人议先生之言者，辄为动气。昔在朱、陆二先生所以遗后世纷纷之议者，亦见二先生功夫有未纯熟，分明亦有动气之病。若明道则无此矣。观其与吴涉礼论介甫之学云：‘为我尽达诸介甫，不有益于他，必有益于我也。’气象何等从容。尝见先生与人书中亦引此言，愿朋友皆如此，如何？”

此节议论得极是极是。愿道通遍以告于同志，各自且论自己是非，莫论朱、陆是非也。以言语谤人，其谤浅。若自己不能身体实践，而徒入耳出口，呶呶度日，是以身谤也，其谤深矣。凡今天下之论议我者，苟能取以为善，皆是砥砺切磋我也，则在我无非警惕修省进德之地矣。昔人谓“攻吾之短者是吾师”，师又可恶乎？

来书云：“有引程子‘人生而静，以上不容说，才说性便已不是性’，何故不容说？何故不是性？晦庵答云：‘不容说者，未有性之可言。不是性者，已不能无气质之杂矣。’二先生之言皆未能晓，每看书至此，辄为一惑，请问。”

“生之谓性”，“生”字即是“气”字，犹言气即是性也。气即是性。人生而静以上不容说，才说“气即是性”，即已落在一边，不是性之本原矣。孟子性善，是从本原上说。然性善之端，须在气上始见得，若无气亦无可见矣。恻隐、羞恶、辞让、是非即是气。程子谓“论性不论气，不备；论气不论性，不明”，亦是为学者各认一边，只得如此说。若见得自性明白时，气即是性，性即是气，原无性气之可分也。

答陆原静书（一）

来书云：“下手功夫，觉此心无时宁静，妄心固动也，照心亦动也。心既恒动，则无刻暂停也。”

是有意于求宁静，是以愈不宁静耳。夫妄心则动也，照心非动也。恒照则恒动恒静，天地之所以恒久而不久也。照心固照也，妄心亦照也。“其为物不贰，则其生物不息。”有刻暂停，则息矣，非至诚无息之学矣。

来信云：“良知亦有起处。”云云。

此或听之未审。良知者，心之本体，即前所谓恒照者也。心之本体，无起无不起。虽妄念之发，而良知未尝不在。但人不知存，则有时而或放耳。虽昏塞之极，而良知未尝不明，但人不知察，则有时而或蔽耳。虽有时而或放，其体实未尝不在也，存之而已耳。虽有时而或蔽，其体实未尝不明也，察之而已耳。若谓良知亦有起处，则是有时而不在也，非其本体之谓矣。

来书云：“前日‘精一’之论，即作圣之功否？”

“精一”之“精”以理言，“精神”之“精”以气言。理者，气之条理；气者，理之运用。无条理则不能运用；无运用则亦无以见其所谓条理者矣。精则精，精则明，精则一，精则神，精则诚。一则精，一则明，一则神，一则诚，原非有二事也。但后世儒者之说与养生之说各滞于一偏，是以不相为用。前日“精一”之论，虽为原静爱养精神而发，然而作圣之功，实亦不外是矣。

来书云："元神、元气、元精，必各有寄藏发生之处。又有真阴之精，真阳之气。"云云。

夫良知一也，以其妙用而言谓之神，以其流行而言谓之气，以其凝聚而言谓之精，安可形象方所求哉？真阴之精，即真阳之气之母。真阳之气，即真阴之精之父。阴根阳，阳根阴，亦非有二也。苟吾良知之说明，即凡若此类，皆可以不言而喻。不然，则如来书所云三关、七返、九还之属，尚有无穷可疑者也。

答陆原静书（二）

来书云："良知，心之本体，即所谓性善也，未发之中也，寂然不动之体也，廓然大公也，何常人皆不能而必待于学邪？中也，寂也，公也，既以属心之体，则良知是矣。今验之于心，知无不良，而中、寂、大公实未有也，岂良知复超然于体用之外乎？"

性无不善，故知无不良。良知即是未发之中，即是廓然大公、寂然不动之本体，人人之所同具者也。但不能不昏蔽于物欲，故须学以去其昏蔽。然于良知之本体，初不能有加损于毫末也。知无不良，而中、寂、大公未能全者，是昏蔽之未尽去，而存之未纯耳。体即良知之体，用即良知之用，宁复有超然于体用之外者乎？

来书云："周子曰'主静'，程子曰'动亦定，静亦定'，先生曰'定者，心之本体'，是静定也，决非不睹不闻、无思无为之谓。必常知、常存、常主于理之谓也。夫常知、常存、常主于理，明是动也，已发也，何以谓之静？何以谓之本体？岂是静定也，又有以贯乎心之动静者邪？"

理无动者也。常知、常存、常主于理，即不睹不闻、无思无为之谓也。不睹不闻、无思无为，非槁木死灰之谓也。睹闻思为一于理，而未深有所睹闻思为，即是动而未尝动也。所谓“动亦定，静亦定”，体用一原者也。

来书云：“此心未发之体，其在已发之前乎？其在已发之中而为之主乎？其无前后、内外而浑然之体者乎？今谓心之动静者，其主有事无事而言乎？其主寂然、感通而言乎？其主循理、从欲而言乎？若以循理为静，从欲为动，则于所谓‘动中有静，静中有动’，‘动极而静，静极而动’者，不可通矣。若以有事而感通为动，无事而寂然为静，则于所谓‘动而无动，静而无静’者，不可通矣。若谓未发在已发之先，静而生动，是至诚有息也，圣人有复也，又不可矣。若谓未发在已发之中，则不知未发、已发俱当主静乎？抑未发为静而已发为动乎？抑未发、已发俱无动无静乎？俱有动有静乎？幸教。”

“未发之中”，即良知也，无前后内外，而浑然一体者也。有事、无事可以言动、静，而良知无分于有事、无事也。寂然、感通可以言动、静，而良知无分于寂然、感通也。动静者，所遇之时。心之本体，固无分于动静也。理无动者也，动即为欲。循理则虽酬酢万变，而未尝动也；从欲则虽槁心一念，而未尝静也。“动中有静，静中有动”，又何疑乎？有事而感通，固可以言动，然而寂然者未尝有增也；无事而寂然，固可以言静，然而感通者未尝有减也。“动而无动，静而无静”，又何疑乎？无前后内外而浑然一体，则至诚有息之疑，不待解矣。未发在已发之中，而已发之中未尝别有未发者在，已发在未发之中，而未发之中未尝别有已发者存。是未尝无动、静，而不可以动、静分者也。

凡观古人言语，在以意逆志而得其大旨。若必拘滞于文义，则“靡有孑遗”者，是周果无遗民也。周子“静极而动”之说，苟不善观，亦未免有病。盖其意从太极“动而生阳，静而生阴”说来。太极生生之理，妙用无息，而常体不易。太极之生生，即阴阳之生生。就其生生之中，指其妙用无息者而谓之动，谓之阳之生，非谓动而后生阳也；就其生生之中，指其常体不易者而谓之静，谓之阴之生，非谓静而后生阴也。若果静而后生阴，动而后生阳，则是阴阳、动静，截然各自为一物矣。阴阳一气也，一气屈伸而为阴阳。动静一理也，一理隐显而为动静。春夏可以为阳为动，而未尝无阴与静也；秋冬可以为阴为静，而未尝无阳与动也。春夏此不息，秋冬此不息，皆可谓之阳、谓之动也。春夏此常体，秋冬此常体，皆可谓之阴、谓之静也。自元、会、运、世、岁、月、日、时以至刻、秒、忽、微，莫不皆然。所谓动静无端，阴阳无始，在知道者默而识之，非可以言语穷也。若只牵文泥句，比拟仿像，则所谓“心从《法华》转，非是转《法华》”矣。

来书云：“尝试于心，喜、怒、忧、惧之感发也，虽动气之极，而吾心良知一觉，即罔然消阻，或遏于初，或制于中，或悔于后。然则良知常若居优闲无事之地而为之主，于喜、怒、忧、惧若不与焉者，何欤？”

知此，则知未发之中、寂然不动之体，而有发而中节之和、感而遂通之妙矣。然谓良知常若居于优闲无事之地，语尚有病。盖良知虽不滞于喜、怒、忧、惧，而喜、怒、忧、惧亦不外于良知也。

来书云：“夫子昨以良知为照心。窃谓良知，心之本体也。照心，人所用功，乃戒慎恐惧之心也，犹思也。而遂以戒慎恐惧为良知，何欤？”

能戒慎恐惧者，是良知也。

来书云：“先生又曰：‘照心非动也。’岂以其循理而谓之静欤？‘妄心亦照也。’岂以其良知未尝不在于其中、未尝不明于其中，而视听言动之不过则者皆天理欤？且既曰妄心，则在妄心可谓之照，而在照心则谓之妄矣。妄与息何异？今假妄之照以续至诚之无息，窃所未明，幸再启蒙。”

“照心非动”者，以其发于本体明觉之自然，而未尝有所动也。有所动即妄矣。“妄心亦照”者，以其本体明觉之自然者，未尝不在于其中，但有所动耳。无所动即照矣。无妄、无照，非以妄为照，以照为妄也。照心为照，妄心为妄，是犹有妄、有照也。有妄、有照，则犹二也，二则息矣。无妄、无照则不二，不二则不息矣。

来书云：“养生以清心寡欲为要。夫清心寡欲，作圣之功毕矣。然欲寡则心自清，清心非舍弃人事而独居求静之谓也。盖欲使此心纯乎天理，而无一毫人欲之私耳。今欲为此之功，而随人欲生而克之，则病根常在，未免灭于东而生于西。若欲刊剥洗荡于众欲未萌之先，则又无所用其力，徒使此心之不清。且欲未萌而搜剔以求去之，是犹引犬上堂而遂之也，愈不可矣。”

必欲此心纯乎天理，而无一毫人欲之私，此作圣之功也。必欲此心纯乎天理，而无一毫人欲之私，非防于未萌之先而克于人萌之际不能也。防于未萌之先而克于方萌之际，此正《中庸》“戒慎恐惧”、《大学》“致知格物”之功。舍此之外，无别功矣。夫谓灭于东而生于西、引犬上堂而逐之者，是自私自利、将迎意必之为累，而非克治洗荡之为患也。今曰养生以清心寡欲为要，只“养生”二字，便是自私自利、将迎意必之根。有此病根潜伏于中，宜其有灭于东而生于西、引犬上堂而逐之之患也。

来书云："佛氏于'不思善、不思恶时，认本来面目'，于吾儒随物而格之功不同。吾若于不思善、不思恶时用致知之功，则已涉于思善矣。欲善恶不思，而心之良知清静自在，惟有寐而方醒之时耳。斯正孟子'夜气'之说。但于斯光景不能久，倏忽之际，思虑已生。不知用功久者，其常寐初醒而思未起之时否乎？今澄欲求宁静，愈不宁静，欲念无生，则念愈生。如之何而能使此心前念易灭，后念不生，良知独显，而与造物者游乎？"

不思善不思恶时认本来面目。此佛氏为未识本来面目者设此方便。本来面目即吾圣门所谓良知。今既认得良知明白，即已不消如此说矣。随物而格，是致知之功，即佛氏之"常惺惺"，亦是常存他本来面目耳。体段功夫大略相似。但佛氏有个自私自利之心，所以便有不同耳。今欲善恶不思，而心之良知清静自在，此便有自私自利、将迎意必之心，所以有"不思善、不思恶时，用致知之功，则已涉于思善"之患。孟子说"夜气"，亦只是为失其良心之人，指出个良心萌动处，使他从此培养将去。今已知得良知明白，常用致知之功，即已不消说"夜气"。却是得兔后不知守兔，而仍去守株，兔将复失之矣。欲求宁静，欲念无生，此正是自私自利、将迎意必之病，是以念愈生而愈不宁静。良知只是一个良知，而善恶自辨，更有何善何恶可思？良知之体本自宁静，今却又添一个求宁静，本自生生，今却又添一个欲无生，非独圣门致知之功不如此，虽佛氏之学亦未如此将迎意必也。只是一念良知，彻头彻尾，无始无终，即是前念不灭，后念不生。今却欲前念易灭，而后念不生，是佛氏所谓“断灭种性”，入于槁木死灰之谓矣。

来书云：“佛氏又有‘常提念头’之说，其犹孟子所谓‘必有事’，夫子所谓‘致良知’之说乎？其即‘常惺惺’、常记得、常知得、常存得者乎？于此念头提在之时，而事至物来，应之必有其道。但恐此念头提起时少，放下时多，则功夫间断耳。且念头放失，多因私欲客气之动而始，忽然惊醒而后提，其放而未提之间，心之昏杂多不自觉。今欲日精日明，常提不放，以何道乎？只此常提不放，即全功乎？抑于常提不放之中，更宜加省克之功乎？虽曰常提不放，而不加戒惧克治之功，恐私欲不去；若加戒惧克治之功焉，又为‘思善’之事，而于本来面目又未达一间也。如之何则可？”

戒惧克治即是常提不放之功，即是“必有事焉”，岂有两事邪？此节所问，前一段已自说得分晓，末后却是自生迷惑，说得支离，及有本来面目未达一间之疑，都是自私自利、将迎意必之为病，去此病自无此疑矣。

来书云：“‘质美者明得尽，渣滓便浑化’。如何谓明得尽？如何而能便浑化？”

良知本来自明。气质不美者，渣滓多，障蔽厚，不易开明。质美者，渣滓原少，无多障蔽，略加致知之功，此良知便自莹彻，些少渣滓，如汤中浮雪，如何能作障蔽。此本不甚难晓，原静所以致疑于此，想是因一“明”字不明白，亦是稍有欲速之心。向曾面论明善之义，“明则诚矣”，非若后儒所谓明善之浅也。

来书云：“聪明睿知，果质乎？仁义礼智，果性乎？喜怒哀乐，果情乎？私欲客气，果一物乎？二物乎？古之英才，若子房、仲舒、叔度、孔明、文中、韩、范诸公，德业表著，皆良知中所发也，而不得谓之闻道者，果何在乎？苟曰此特生质之美耳，则生知安行者，不愈于学知、困勉者乎？愚者窍云，谓诸公见道偏则可，谓全无闻，则恐后儒崇尚记诵训诂之过也。然乎否乎？”

性一而已。仁、义、礼、知，性之性也。聪、明、睿、知，性之质也。喜、怒、哀、乐，性之情也。私欲、客气，性之蔽也。质有清浊，故情有过不及，而蔽有浅深也。私欲、客气，一病两痛，非二物也。张、黄、诸葛及韩、范诸公，皆天质之美，自多暗合道妙，虽未可尽谓之知学，尽谓之闻道，然亦自有其学违道不远者也。使其闻学知道，即伊、傅、周、召矣。若文中子则又不可谓之不知学者，其书虽多出于其徒，亦多有未是处，然其大略，则亦居然可见。但今相去辽远，无有的然凭证，不可悬断其所至矣。夫良知即是道，良知之在人心，不但圣贤，虽常人亦无不如此。若无有物欲牵蔽，但循着良知发用流行将去，即无不是道。但在常人多为物欲牵蔽，不能循得良知。如数公者，天质既自清明，自少物欲为之牵蔽，则其良知之发用流行处，自然是多，自然违道不远。学者学循此良知而已。谓之知学，只是知得专在学循良知。数公虽未知专在良知上用功，而或泛滥于多歧，疑迷于影响，是以或离或合而未纯。若知得时，便是圣人矣。后儒尝以数子者尚皆是气质用事，未免于行不著，习不察。此亦未为过论。但后儒之所谓著、察者，亦是狃于闻见之狭，蔽于沿习之非，而依拟仿像于影响形迹之间，尚非圣门之所谓著、察者也。则亦安得以己之昏昏，而求人之昭昭也乎？所谓生知安行，“知行”二字亦是就用功上说。若是知行本体，即是良知良能。虽在困勉之人，亦皆可谓之生知安行矣。“知行”二字更宜精察。

来书云："昔周茂叔每令伯淳寻仲尼、颜子乐处。敢问是乐也，与七情之乐同乎？否乎？若同，则常人之一遂所欲，皆能乐矣，何必圣贤？若别有真乐，则圣贤之遇大忧、大怒、大惊、大惧之事，此乐亦在否乎？且君子之心常存戒惧，是盖终身之忧也，恶得乐？澄平生多闷，未尝见真乐之趣，今切愿寻之。"

乐是心之本体，虽不同于七情之乐，而亦不外于七情之乐。虽则圣贤别有真乐，而亦常人之所同有，但常人有之而不自知，反自求许多忧苦，自加迷弃。虽在忧苦迷弃之中，而此乐又未尝不存，但一念开明，反身而诚，则即此而在矣。每与原静论，无非此意，而原静尚有何道可得之问，是犹未免于骑驴觅驴之蔽也。

来书云："《大学》以心有好乐、忿懥、忧患、恐惧为不得其正，而程子亦谓'圣人情顺万事而无情'。所谓有者，《传习录》中以病疟譬之，极精切矣。若程子之言，则是圣人之情不生于心而生于物也。何谓耶？且事感而情应，则是是非非可以就格。事或未感时，谓之有则未形也，谓之无则病根在有无之间，何以致吾知乎？学务无情，累虽轻，而出儒入佛矣，可乎？"

圣人致知之功，至诚无息。其良知之体，皦如明镜，略无纤翳，妍媸之来，随物见形，而明镜曾无留染：所谓情顺万事而无情也。"无所住而生其心"，佛氏曾有是言，未为非也。明镜之应物，妍者妍，媸者媸，一照而皆真，即是生其心处。妍者妍，媸者媸，一过而不留，即是无所住处。病疟之喻，既已见其精切，则此节所问可以释然。病疟之人，疟虽未发，而病根自在，则亦安可以其疟之未发，而遂忘其服药调理之功乎？若必待疟发而服药调理，则既晚矣。致知之功，无闲于有事无事，而岂论于病之已发未发邪？大抵原静所疑，前后虽若不一，然皆起于自私自利、将迎意必之为祟。此根一去，则前后所疑，自将冰消雾释，有不待于问辨者矣。

德洪曰：答原静书出，读者皆喜澄善问，师善答，皆得闻所未闻。师曰："原静所问只是知解上转，不得已与逐节分疏。若信得良知，只在良知上用功，虽千经万典无不吻合，异端曲学一勘尽破矣，何必如此节节分解？佛家有扑人逐块之喻，见块扑人，则得人矣，见块逐块，于块奚得哉？"在座诸友闻之，惕然皆有惺悟。此学贵反求，非知解可入也。

答欧阳崇一

崇一来书云："师云：'德性之良知，非由于闻见，若曰多闻择其善者而从之，多见而识之，则是专求之见闻之末，而已落在第二义。'窃意良知虽不由见闻而有，然学者之知，未尝不由见闻而发。滞于见闻固非，而见闻亦良知之用也。今曰落在第二义，恐为专以见闻为学者而言，若致其良知而求之见闻，似亦知行合一之功矣。如何？"

良知不由见闻而有，而见闻莫非良知之用。故良知不滞于见闻，而亦不离于见闻。孔子云："吾有知乎哉？无知也。"良知之外，别无知矣。故致良知是学问大头脑，是圣人教人第一义。今云专求之见闻之末，则是失却头脑，而已落在第二义矣。近时同志中，盖已莫不知有致良知之说，然其功夫尚多鹘突者，正是欠此一问。

大抵学问功夫只要主意头脑是当。若主意头脑专以致良知为事，则凡多闻多见，莫非致良知之功。盖日用之间，见闻酬酢，虽千头万绪，莫非良知之发用流行。除却见闻酬酢，亦无良知可致矣。

故只是一事。若曰致其良知而求之见闻，则语意之间未免为二。此与专求之见闻之末者虽稍不同，其为未得精一之旨，则一而已。“多闻，择其善者而从之，多见而识之。”既云“择”，又云“识”，其良知亦未尝不行于其间。但其用意乃专在多闻多见上去择识，则已失却头脑矣。崇一于此等语见得当已分晓，今日之问，正为发明此学，于同志中极有益。但处意未莹，则毫厘千里，亦不容不精察之也。

来书云：“师云：‘《系》言‘何思何虑’，是言所思所虑只是天理，更无别思别虑耳，非谓无思无虑也。心之本体即是天理，有何可思虑得？学者用功，虽千思万虑，只是要复他本体，不是以私意去安排思索出来。若安排思索，便是自私用智矣。’学者之蔽，大率非沉空守寂，则安排思索。德辛壬之岁著前一病，近又著后一病。但思索亦是良知发用，并与私意安排者何所取别？恐认贼作子，惑而不知也。”

“思曰睿，睿作圣。”“心之官则思，思则得之。”思其可少乎？沈空守寂，与安排思索，正是自私用智，其为丧失良知一也。良智是天理之昭明灵觉处，故良知即是天理，思是良知之发用。若是良知发用之思，则所思莫非天理矣。良知发用之思，自然明白简易，良知亦自能知得。若是私意安排之思，自是纷纭劳扰，良知亦自会分别得。盖思之是非邪正，良知无有不自知者。所以认贼作子，正为致知之学不明，不知在良知上体认之耳。

来书又云：“师云：‘为学终身只是一事，不论有事无事，只是这一件。若说宁不了事，不可不加培养，却是分为两事也。’窃意觉精力衰弱，不足以终事者，良知也。宁不了事，且加体养，致知也。如何却为两事？若事变之来，有事势不容不了，而精力虽衰，稍鼓舞亦能支持。则持志以帅气可矣。然言动终无气力，毕事则困惫已甚，不几于暴其气已乎？此其轻重缓急，良知固未尝不知，然或迫于事势，安能顾精力？或困于精力，安能顾事势？如之何则可？”

宁不了事，不可不加培养之意，且与初学如此说亦不为无益。但作两事看了，便有病痛。在孟子言“必有事焉”，则君子之学终身只是“集义”一事。义者，宜也，心得其宜之谓义。能致良知则心得其宜矣，故集义亦只是致良知，君子之酬酢万变，当行则行，当止则止，当生则生，当死则死，斟酌调停，无非是致其良知，以求自慊而已。故“君子素其位而行”，“思不出其位”。凡谋其力之所不及，而强其知之所不能者，皆不得为致良知。而凡“劳其筋骨，饿其体肤，空乏其身，行拂乱其所为，动心忍性以增益其所不能”者，皆所以致其良知也。若云宁不了事，不可不加培养者，亦是先有功利之心，计较成败利钝而爱憎取舍于其间，是以将了事自作一事，而培养又别作一事，此便有是内非外之意，便是自私用智，便是义外，便有“不得于心，勿求于气”之病，便不是致良知以求自慊之功矣。

所云鼓舞支持，毕事则困惫已甚，又云迫于事势，困于精力，皆是把作两事做了，所以有此。凡学问之功，一则诚，二则伪。凡此皆是致良知之意，欠诚一真切之故。《大学》言“诚其意者，如恶恶臭，如好好色，此之谓自慊”，曾见有恶恶臭，好好色，而须鼓舞支持者乎？曾见毕事则困惫已甚者乎？曾有迫于事势，困于精力者乎？此可以知其受病之所从来矣。

来书又有云："人情机诈百出，御之以不疑，往往为所欺。觉则自入于逆、臆。夫逆诈，即诈也。臆不信，即非信也。为人欺，又非觉也。不逆不臆，而常先觉，其惟良知莹彻乎。然而出入毫忽之间，背觉合诈者多矣。"

不逆不臆而先觉，此孔子因当时人专以逆诈、臆不信为心，而自陷于诈与不信。又有不逆、不臆者，然不知致良知之功，而往往又为人所欺诈，故有是言。非教人以是存心，而专欲先觉人之诈与不信也。以是存心，即是后世猜忌险薄者之事。而只此一念，已不可与入尧、舜之道矣。不逆、不臆而为人所欺者，尚亦不失为善。但不如能致其良知，而自然先觉者之尤为贤耳。崇一谓其惟良知莹彻者，盖已得其旨矣。然亦颖悟所及，恐未实际也。

盖良知之在人心，亘万古、塞宇宙而无不同。"不虑而知"，"恒易以知险"，"不学而能"，"恒简以知阻"，"先天而天不违，天且不违，而况于人乎？况于鬼神乎？"夫谓背觉合诈者，是虽不逆人，而或未能无自欺也。虽不臆人，而或未能果自信也。是或常有先觉之心，而未能常自觉也。常有求先觉之心，即已流于逆、臆，而足以自蔽其良知矣。此背觉合诈之所以未免也。

君子学以为己，未尝虞人之欺己也，恒不自欺其良知而已。是故不欺则良知无所伪而诚，诚则明矣。自信则良知无所惑而明，明则诚矣。明、诚相生，是故良知常觉、常照。常觉、常照则如明镜之悬，而物之来者自不能遁其妍媸矣。何者？不欺而诚，则无所容其欺，苟有欺焉而觉矣。自信而明，则无所容其不信，苟不信焉而觉矣。是谓"易以知险"，"简以知阻"，子思所谓"至诚如神，可以前知"者也。然子思谓"如神"，谓"可以前知"，犹二而言之，是盖推言思诚者之功效，是犹为不能先觉者说也。若就至诚而言，则至诚之妙用，即谓之“神”，不必言“如神”。至诚则无知而无不知，不必言“可以前知”矣。

答罗整庵少宰书

某顿首启：昨承教及《大学》，发舟匆匆，未能奉答。晓来江行稍暇，复取手教而读之。恐至赣后人事复纷沓，先具其略以请。

来教云：“见道固难，而体道尤难。道诚未易明，而学诚不可不讲。恐未可安于听见而遂以为极则也。”

幸甚幸甚。何以得闻斯言乎？其敢自以为极则而安之乎？正思就天下之道以讲明之耳。而数年以来，闻其说而非笑之者有矣，诟訾之者有矣，置之不足较量辨议之者有矣，其肯遂以教我乎？其肯遂以教我，而反复晓喻，恻然惟恐不及救正之乎？然则天下之爱我者，固莫有如执事之心深且至矣，感激当何如哉。夫“德之不修，学之不讲”，孔子以为忧。而世之学者稍能传习训诂，即皆自以为知学，不复有所谓讲学之求，可悲矣。夫道必体而后见，非已见道而后加体道之功也。道必学而后明，非外讲学而复有所谓明道之事也。然世之讲学者有二，有讲之以身心者，有讲之以口耳者。讲之以口耳，揣摸测度，求之影响者也。讲之以身心，行著习察，实有诸己者也。知此，则知孔门之学矣。

来教谓某“《大学》古本之复，以人之为学但当求之于内，而程、朱格物之说不免求之于外，遂去朱子之分章，而削其所补之传”。

非敢然也。学岂有内外乎？《大学》古本乃孔门相传旧本耳，朱子疑其有所脱误而改正补缉之，在某则谓其本无脱误，悉从其旧而已矣。失在于过信孔子则有之，非故去朱子之分章而削其传也。夫学贵得之心，求之于心而非也，虽其言之出于孔子，不敢以为是也，而况其未及孔子者乎？求之于心而是也，虽其言之出于庸常，不敢以为非也，而况其出于孔子者乎？且旧本之传数千载矣，今读其文词，即明白而可通，论其功夫，又易简而可入。亦何所按据而断其此段之必在于彼，彼段之必在于此，与此之如何而缺，彼之如何而补？而遂改正补缉之，无乃重于背朱而轻于叛孔已乎？

来教谓："如必以学不资于外求，但当反观内省以为务，则正心诚意四字亦何不尽之有，何必于入门之际，便困以格物一段功夫也？"

诚然诚然。若语其要，则"修身"二字亦足矣，何必又言"正心"？"正心"二字亦足矣，何必又言"诚意"？"诚意"二字亦足矣，何必又言"致知"，又言"格物"？惟其功夫之详密，而要之只是一事，此所以为"精一"之学，此正不可不思者也。夫理无内外，性无内外，故学无内外。讲习讨论，未尝非内也；反观内省，未尝遗外也。夫谓学必资于外求，是以己性为有外也，是"义外"也，"用智"者也。谓反观内省为求之于内，是以己性为有内也，是有我也，自私者也。是皆不知性之无内外也。故曰："精义入神，以致用也；利用安身，以崇德也"；"性之德也，合内外之道也。"此可以知"格物"之学矣。

"格物"者，《大学》之实下手处，彻首彻尾，自始学至圣人，只此功夫而已，非但入门之际有此一段也。夫正心、诚意、致知、格物，皆所以修身。而格物者，其所用力，日可见之地。故格物者，格其心之物也，格其意之物也，格其知之物也。正心者，正其物之心也。诚意者，诚其物之意也。致知者，致其物之知也。此岂有内外彼此之分哉？理一而已。以其理之凝聚而言则谓之性，以其凝聚之主宰而言则谓之心，以其主宰之发动而言则谓之意，以其发动之明觉而言则谓之知，以其明觉之感而言则谓之物。故就物而言谓之格，就知而言谓之致，就意而言谓之诚，就心而言谓之正。正者，正此也；诚者，诚此也；致者，致此也；格者，格此也。皆所谓穷理以尽性也。天下无性外之理，无性外之物。学之不明，皆由世之儒者认理为外，认物为外，而不知义外之说，孟子盖尝辟之。乃至袭陷其内而不觉，岂非亦有似是而难明者欤？不可以不察也。

凡执事所以致疑于格物之说者，必谓其是内而非外也；必谓其专事于反观内省之为，而遗弃其讲习讨论之功也；必谓其一意于纲领本原之约，而脱略于支条节目之详也；必谓其沉溺于枯槁虚寂之偏，而不尽于物理人事之变也。审如是，岂但获罪于圣门，获罪于朱子？是邪说诬民，叛道乱正，人得而诛之也。而况于执事之正直哉？审如是，世之稍明训诂，闻先哲之绪论者，皆知其非也。而况执事之高明哉？凡事之所谓格物，其于朱子九条之说，皆包罗统括于其中。但为之有要，作用不同，正所谓毫厘之差耳。无毫厘之差，而千里之谬，实起于此，不可不辨。

孟子辟杨、墨至于无父、无君。二子亦当时之贤者，使与孟子并世而生，未必不以之为贤。墨子兼爱，行仁而过耳。杨子为我，行义而过耳。此其为说，亦岂灭理乱常之甚而足以眩天下哉？而其流之弊，孟子则比于禽兽、夷狄，所谓以学术杀天下后世也。

今世学术之弊，其谓之学仁而过者乎？谓之学义而过者乎？抑谓之学不仁、不义而过者乎？吾不知其于洪水、猛兽何如也。孟子云：

“予岂好辨哉？予不得已也。”杨、墨之道塞天下。孟子之时，天下尊信杨、墨，当不下于今日之崇尚朱说。而孟子独以一人呶呶于其间。噫。可哀矣。韩氏云：“佛、老之害，甚于杨墨。”韩愈之贤，不及孟子。孟子不能救之于未坏之先，而韩愈乃欲全之于已坏之后。其亦不量其力，果见其身之危，莫之救以死也。呜呼。若某者，其尤不量其力，果见其身之危，莫之救以死也矣。夫众方嘻嘻之中，而犹出涕嗟若；举世恬然以趋，而独疾首蹙额以为忧。此其非病狂丧心，殆必诚有大苦者隐于其中，而非天下之至仁，其孰能察之。

某为《朱子晚年定论》，盖亦不得已而然。中间年岁早晚，诚有所未考，虽不必尽出于晚年，固多出于晚年者矣。然大意在委曲调停，以明此学为重。平生于朱子之说，如神明蓍龟，一旦与之背驰，心诚有所未忍，故不得已而为此。“知我者谓我心忧，不知我者谓我何求。”盖不忍牴牾朱子者，其本心也。不得已而与之牴牾者，道固如是，不直则道不见也。执事所谓决与朱子异者，仆敢自欺其心哉？夫道，天下之公道也；学，天下之公学也。非朱子可得而私也，非孔子可得而私也。天下之公也，公言之而已矣。故言之而是，虽异于己，乃益于己也；言之而非，虽同于己，适损于己也。益于己者，己必喜之；损于己者，己必恶之。然则某今日之论，虽或于朱子异，未必非其所喜也。“君子之过，如日月之食。其更也，人皆仰之”。而“小人之过也必文”。某虽不肖，固不敢以小人之心事朱子也。

执事所以教，反复数百言，皆以未悉鄙人格物之说。若鄙说一明，则此数百言皆可以不待辨说而释然无滞，故今不敢缕缕，以滋琐屑之渎。然鄙说非面陈口析，断亦未能了了于纸笔间也。嗟乎。执事所以开导启迪于我者，可谓恳到详切矣。人之爱我，宁有如执事者乎？仆虽甚愚下，宁不知所感刻佩服？然而不敢遽舍其中心之诚，然而姑以听受云者，正不敢有负于深爱，亦思有以报之耳。秋尽东还，必求一面，以卒所请，千万终教。

答聂文蔚（一）

春间远劳迂途枉顾，问证惓惓，此情何可当也？已期二三同志，更处静地，扳留旬日，少效其鄙见，以求切靡之益。而公期俗绊，势有不能，别去极怏怏如有所失。忽承笺惠，反复千余言，读之无甚浣慰。中间推许太过，盖亦奖掖之盛心。而规砺真切，思欲纳之于贤圣之域。又托诸崇一以致其勤勤恳恳之怀，此非深交笃爱何以及是？知感知愧，且惧其无以堪之也。虽然，仆亦何敢不自鞭勉，而徒以感愧辞让为乎哉？其谓“思、孟、周、程无意相遭于千载之下，与其尽信于天下，不若真信于一人。道固自在，学亦自在，天下信之不为多，一人信之不为少”者，斯固君子“不见是而无闷”之心。岂世之谫谫屑屑者知足以及之乎？乃仆之情，则有大不得已者存乎其间，而非以计人之信与不信也。

夫人者，天地之心。天地万物本吾一体者也。生民之困苦荼毒，孰非疾痛之切于吾身者乎？不知吾身之疾痛，无是非之心者也。是非之心，不虑而知，不学而能，所谓良知也。良知之在人心，无间于圣愚，天下古今之所同也。世之君子惟务致其良知，则自能公是非，同好恶，视人犹己，视国犹家，而以天地万物为一体。求天下无治，不可得矣。古之人所以能见善不啻若己出，见恶不啻若己入，视民之饥溺，犹己之饥溺，而一夫不获，若己推而纳诸沟中者。非故为是而以蕲天下之信己也，务致其良知求自慊而已矣。尧、舜、三王之圣，言而民莫不信者，致其良知而言之也。行而民莫不说者，致其良知而行之也。是以其民熙熙皞皞，杀之不怨，利之不庸，施及蛮貊，而凡有血气者莫不尊亲，为其良知之同也。呜呼。圣人之治天下，何其简且易哉。

后世良知之学不明，天下之人用其私智以相比轧，是以人各有心，而偏琐僻陋之见，狡伪阴邪之术，至于不可胜说。外假仁义之名，而内以行其自私自利之实，诡辞以阿俗，矫行以干誉。损人之善而袭以为己长，讦人之私而窃以为己直。忿以相胜而犹谓之徇义。险以相倾而犹谓之疾恶，妒贤忌能而犹自以为公是非，恣情纵欲而犹自以为同好恶。相陵相贼，自其一家骨肉之亲，已不能无尔我胜负之意，彼此藩篱之形，而况于天下之大，民物之众，又何能一体而视之？则无怪于纷纷籍籍而祸乱相寻于无穷矣。

仆诚赖天之灵，偶有见于良知之学，以为必由此而后天下可得而治。是以每念斯民之陷溺，则为之戚然痛心，忘其身之不肖，而思以此救之，亦不自知其量者。天下之人见其若是，遂相与非笑而诋斥之，以为是病狂丧心之人耳。呜呼，是奚足恤哉？吾方疾痛之切体，而暇计人之非笑呼？人固有见其父子兄弟之坠溺于深渊者，呼号匍匐，裸跣颠顿，扳悬崖壁而下拯之。士之见者，方相与揖让谈笑于其旁，以为是弃其礼貌衣冠而呼号颠顿若此，是病狂丧心者也。故夫揖让谈笑于溺人之旁而不知救，此惟行路之人，无亲戚骨肉之情者能之。然已谓之无恻隐之心，非人矣。若夫在父子兄弟之爱者，则固未有不痛心疾首，狂奔尽气，匍匐而拯之，彼将陷溺于祸而不顾，而况于病狂丧心之讥乎？而又况于蕲人信与不信乎？呜呼。今之人虽谓仆为病狂丧心之人，亦无不可矣。天下之人，皆吾之心也。天下之人犹有病狂者矣，吾安得而非病狂乎？犹有丧心者矣，吾安得而非丧心乎？

昔者孔子之在当时，有议其为谄者，有讥其为佞者，有毁其未贤，诋其为不知礼，而侮之以为“东家丘”者，有嫉且诅之者，有恶而欲杀之者，晨门、荷蒉之徒，皆当时之贤士，且曰“是知其不可而为之者欤。”“鄙哉。硁硁乎。莫己知也，斯已而已矣。”虽子路在升堂之列，尚不能无疑于其所见，不悦于其所欲往，而且以之为迂，则当时之不信夫子者，岂特十之二三而已乎？然而夫子汲汲遑遑，若求亡子于道路，而不暇于暖席者，宁以蕲人之知我、信我而已哉？盖其天地万物一体之仁，疾痛迫切，虽欲已之而自有所不容已，故其曰言：“吾非斯人之徒与而谁与？”“欲洁其身而乱大伦。”“果哉，末之难矣。”呜呼。此非诚以天地万物者为一体者，孰能以知夫子之心乎？若其“遁世无闷”，“乐天知命”者，则固“无入而自得”，“道并行而不相悖”也。

仆之不肖，何敢以夫子之道为己任。顾其心亦已稍知疾痛之在身，是以彷徨四顾，将求其有助于我者，相与讲去其病耳。今诚得豪杰同志之士，扶持匡翼，共明良知之学于天下，使天下之人皆知自致其良知，以相安相养，去其自私自利之蔽，一洗谗妒胜忿之习，以济于大同。则仆之狂病固将脱然以愈，而终免于丧心之患矣。岂不快哉。嗟乎。今诚欲求豪杰同志之士于天下，非如吾文蔚者，而谁望之乎？如吾文蔚之才与志，诚足以援天下之溺者，今又既知其具之在我，而无假于外求矣，循是而充，若决河注海，孰得而御哉？文蔚所谓一人信之不为少，其又能逊以委之何人乎？

会稽素处山水之区。深林长谷，信步皆是，寒暑晦明，无时不宜，安居饱食，尘嚣无扰，良朋四集，道义日新，优哉游哉。天地之间宁复有乐于是者？孔子云："不怨天，不尤人，下学而上达。"仆与二三同志方将请事斯语，奚暇外慕？独其切肤之痛，乃有未能恝然者，辄复云云尔。咳疾暑毒，书札绝懒，盛使远来，迟留经月，临歧执笔，又不觉累纸，盖于相知之深，虽已缕缕至此，殊觉有所未能尽也。

答聂文蔚（二）

得书，见近来所学之骤进，喜慰不可言。谛视数过，其间虽亦有一二未莹彻处，却是致良知之功尚未纯熟，到纯熟时自无此矣。譬之驱车，既已由于康庄大道之中，或时横斜迂曲者，乃马性未调，衔勒不齐之故，然已只在康庄大道中，决不赚入旁蹊曲径矣。近时海内同志，到此地位者曾未多见，喜慰不可言，斯道之幸也。

贱躯旧有咳嗽畏热之病，近入炎方，辄复大作。主上圣明洞察，责付甚重，不敢遽辞。地方军务冗沓，皆舆疾从事。今却幸已平定，已具本乞回养病，得在林下稍就清凉，或可瘳耳。人还，伏枕草草，不尽倾企。外惟浚一简，幸达致之。

来书所询，草草奉复一二。近岁来山中讲学者，往往多说勿忘勿助功夫甚难。问之，则云才著意便是助，才不著意便是忘，所以甚难。区区因问之云："忘是忘个甚么？助是助个甚么？"其人默然无对，始请问。区区因与说，我此间讲学，却只说个"必有事焉"，不说勿忘勿助。"必有事焉"者只是时时去"集义"。若时时去用"必有事"的功夫。而或有时间断，此便是忘了，即须"勿忘"。时时去用"必有事"的功夫，而或有时欲速求效，此便是助了，即须“勿助”。其功夫全在“必有事焉”上用；“勿忘勿助”，只就其间提撕警觉而已。若是功夫原不间断，即不须更说勿忘；原不欲速求效，即不须更说勿助。此其功夫何等明白简易，何等洒脱自在。今却不去“必有事”上用功，而乃悬空守着一个“勿忘勿助”，此正如烧锅煮饭，锅内不曾渍水下米，而乃专去添柴放火，不知毕竟煮出个甚么物来。吾恐火候未及调停，而锅已先破裂矣。近日，一种专在勿忘勿助上用功者，其病正是如此。终日悬空去做个勿忘，又悬空去做个勿助，漭漭荡荡，全无实落下手处，究竟功夫，只做得个沉空守寂，学成一个痴呆汉。才遇些子事来，即便牵滞纷扰，不复能经纶宰制。此皆有志之士，而乃使之劳苦缠缚，担搁一生，皆由学术误人之故，甚可悯矣。

夫“必有事焉”只是“集义”，集义只是致良知。说集义则一时未见头脑，说致良知即当下便有实地步可用功。故区区专说致其良知。随时就事上致其良知，便是格物。著实去致良知，便是诚意，著实致其良知，而无一毫意必固我，便是正心。著实致良知，则自无忘之病。无一毫意必固我，则自无助之病。故说格、致、诚、正，则不必更说个忘助。孟子说忘助，亦就告子得病处立方。告子强制其心，是助的病痛，故孟子专说助长之害。告子助长，亦是他以义为外，不知就自心上“集义”，在“必有事焉”上用功，是以如此。若时时刻刻就自心上“集义”，则良知之体洞然明白，自然是是非非纤毫莫遁，又焉“不得于言，勿求于心；不得于心，勿求于气”之弊乎？孟子“集义”、“养气”之说，固大有功于后学，然亦是因病立方，说得大段，不若《大学》格、致、诚、正之功，尤极精一简易，为彻上彻下，万世无弊者也。

圣贤论学，多是随时就事，虽言若人殊，而要其功夫头脑，若合符节。缘天地之间，原只有此性，只有此理，只有此良知，只有此一件事耳。故凡就古人论学处说功夫，更不必搀和兼搭而说，自然无不吻合贯通者。才须搀和兼搭而说，即是自己功夫未明彻也。

近时有谓集义之功，必须兼搭个致良知而后备者，则是集义之功尚未了彻也。集义之功尚未了彻，适足以为致良知之累而已矣。谓致良知之功，必须兼搭一个勿忘勿助而后明者，则是致良知之功尚未了彻也。致良知之功尚未了彻也，适足以为勿忘、勿助之累而已矣。若此者，皆是就文义上解释牵附，以求混融凑泊，而不曾就自己实功夫上体验，是以论之愈精，而去之愈远。

文蔚之论，其于“大本达道”既已沛然无疑，至于致知、穷理及忘助等说，时亦有搀和兼搭处，却是区区所谓康庄大道之中，或时横斜迂曲者，到得功夫熟后，自将释然矣。

文蔚谓“致知之说，求之事亲、从兄之间，便觉有所持循”者，此段最见近来真切笃实之功。但以此自为不妨，自有得力处。以此遂为定说教人，却未免又有因药发病之患，亦不可不一讲也。

盖良知只是一个天理。自然明觉发见处，只是一个真诚恻怛，便是他本体。故致此良知之真诚恻怛以事亲便是孝，致此良知之真诚恻怛以从兄便是弟，致此良知之真诚恻怛以事君使是忠，只是一个良知，一个真诚恻怛。若是从兄的良知不能致其真诚恻怛，即是事亲的良知不能致其真诚恻怛矣；事君的良知不能致其真诚恻怛，即是从兄的良知不能致其真诚恻怛矣。故致得事君的良知，便是致却从兄的良知。致得从兄的良知，便是致却事亲的良知。不是事君的良知不能致，却须又从事亲的良知上去扩充将来。如此，又是脱却本原，著在支节上求了。良知只是一个，随他发见流行处，当下具足，更无去来，不须假借。然其发见流行处，却自有轻重厚薄，毫发不容增减者，所谓天然自有之中也。虽则轻重厚薄，毫发不容增减，而原又只是一个。虽则只是一个，而其间轻重厚薄，又毫发不容增减。若可得增减，若须假借，即已非其真诚恻怛之本体矣。此良知之妙用所以无方体，无穷尽，“语大天下莫能载，语小天下莫能破”者也。

孟氏“尧舜之道，孝弟而已”者，是就人之良知发见得真切笃厚、不容蔽昧处提省人，使人于事君、处友、仁民、爱物、与凡动静语默间，皆只是致他那一念事亲从兄真诚恻怛的良知，即自然无不是道。盖天下之事，虽千变万化，至于不可穷诘。而但惟致此事亲从兄一念真诚恻怛之良知以应之，则更无有遗缺渗漏者，正谓其只有此一个良知故也是。事亲从兄一念良知之外，更无有良知可致得者。故曰：“尧舜之道，孝弟而已矣。”此所以为“惟精惟一”之学，放之四海而皆准，施诸后世而无朝夕者也。

文蔚云：“欲于事亲从兄之间，而求所谓良知之学。”就自己用功得力处如此说，亦无不可。若曰致其良知之真诚恻怛以求尽夫事亲从兄之道焉，亦无不可也。明道云：“行仁自孝弟始。孝弟是仁之一事，谓之行仁之本则可，谓是仁之本则不可。”其说是矣。

“臆”、“逆”、“先觉”之说，文蔚谓“诚则旁行曲防，皆良知之用”。甚善甚善。间有搀搭处，则前已言之矣。惟浚之言，亦未为不是。在文蔚须有取于惟浚之言而后尽，在惟浚又须有取于文蔚之言而后明。不然，则亦未免各有倚著之病也。舜察迩言而询刍荛，非是以迩言当察，刍荛当询，而后如此。乃良知之发见流行，光明圆莹，更无挂碍遮隔处，此所以谓之大知。才有执著意必，其知便小矣。讲学中自有去取分辨，然就心地上着实用功夫，却须如此方是。

“尽心”三节，区区曾有生知、学知、困知之说。颇已明白，无可疑者。盖尽心、知性、知天者，不必说存心、养性、事天，不必说“夭寿不二、修身以俟”。而存心、养性与“修身以俟”之功已在其中矣。存心、养性、事天者，虽未到得尽心、知天的地位，然已是在那里做个求到尽心、知天的功夫，更不必说“夭寿不二、修身以俟”之功已在其中矣。

譬之行路，尽心、知天者，如年力壮健之人，既能奔走往来于数千里之间者也。存心、事天者，如童稚之年，使之学习步趋于庭除之间者也。“夭寿不二、修身以俟”者，如襁褓之孩，方使之扶墙傍壁，而渐学起立移步者也。既已能奔走往来于千里之间者，则不必更使之于庭除之间而学步趋，而步趋于庭除之间，自无弗能矣。既已能步趋于庭除之间，则不必更使之扶墙傍壁而学起立移步，而起立移步自无弗能矣。然学起立移步，便是学步趋庭除之始，学步趋庭除，便是学奔走往来于数千里之基，固非有二事，但其功夫之难易，则相去悬绝矣。

心也，性也，天也，一也。故及其知之成功则一。然而三者人品力量，自有阶级，不可躐等而能也。细观文蔚之论，其意以恐尽心、知天者，废却存心、修身之功，而反为尽心、知天之病。是盖为圣人忧功夫之或间断，而不知为自己忧功夫之未真切也。吾侪用工，却须专心致志，在“夭寿不二、修身以俟”上做，只此便是做尽心、知天功夫始。正如学期起立移步，便是学奔走千里之始。吾方自虑其不能起立移步，而岂遽其不能奔走千里，又况为奔走千里者而虑其或遗忘于起立移步之习哉？

文蔚识见本自超绝迈往，而所论云然者，亦是未能脱去旧时解说文义之习，是为此三段书分疏比合，以求融合贯通，而自添许多意见缠绕，反使用功不专一也。近时悬空去做勿忘勿助者，其意见正有此病，最能耽误人，不可不涤除耳。

所谓"尊德性而道问学"一节，至当归一，更无可疑。此便是文蔚曾著实用功，然后能为此言。此本不是险僻难见的道理，人或意见不同者，还是良知尚有纤翳潜伏。若除去此纤翳，即自无不洞然矣。

已作书后，移卧檐间，偶遇无事，遂复答此。文蔚之学既已得其大者，此等处久当释然自解，本不必屑屑如此分疏。但承相爱之厚，千里差人远及，谆谆下问，而竟虚来意，又自不能已于言也。然直戆烦缕已甚，恃在信爱，当不为罪。惟浚处及谦之、崇一处，各得转录一通寄视之，尤承一体之好也。

右南大吉灵录。

训蒙大意示教读（刘伯颂等）

古之教者，教以人伦。后世记诵章之习起，而先王之教亡。今教童子，惟当以孝、弟、忠、信、礼、义、廉、耻为专务。其栽培涵养之方，则宜诱之歌诗以发其志意，导之习礼以肃其威仪，讽之读书以开其知觉。今人往往以歌诗、习礼为不切时务，此皆末俗庸鄙之见，乌足以知古人立教之意哉？

大抵童子之情，乐嬉游而惮拘检，如草木之始萌芽，舒畅之则条达，摧挠之则衰痿。今教童子必使其趋向鼓舞，中心喜悦，则其进自不能已。譬之时雨春风，沾被卉木，莫不萌动发越，自然日长月化。若冰霜剥落，则生意萧索，日就枯槁矣。故凡诱之歌诗者，非但发其志意而已，亦所以泄其跳号呼啸于泳歌，宣其幽抑结滞于音节也。导之习礼者，非但肃其威仪而已，亦所以周旋揖让而动荡其血脉，拜起屈伸而固束其筋骸也。讽之读书者，非但开其知觉而已，亦所以沉潜反复而存其心，抑扬讽诵以宣其志也。凡此皆所以顺导其志意，调理其性情，潜消其鄙吝，默化其麤顽。日使之渐于礼义而不苦其难，入于中和而不知其故，是盖先王立教之微意也。

若近世之训蒙稚者，日惟督以句读课仿，责其检束而不知导之以礼，求其聪明而不知养之以善，鞭挞绳缚，若待拘囚。彼视学舍如囹狱而不肯入，视师长如寇仇而不欲见，窥避掩覆以遂其嬉游，设诈饰诡以肆其顽鄙，偷薄庸劣，日趋下流。是盖驱之于恶而求其为善也，何可得乎？

凡吾所以教，其意实在于此。恐时俗不察，视以为迂，且吾亦将去，故特叮咛以告。尔诸教读其务体吾意，永以为训，毋辄因时俗之言，改废其绳墨，庶成“蒙以养正”之功矣。念之念之。

教约

每日清晨，诸生参揖毕，教读以次遍询诸生：在家所以爱亲敬长之心，得无懈忽未能真切否？温清定省之仪，得无亏缺未能实践否？往来街衢步趋礼节，得无放荡未能谨饬否？一应言行心术，得无欺妄非僻未能忠信笃敬否？诸童子务要各以实对，有则改之，无则加勉。教读复随时就事，曲加诲谕开发，然后各退就席肄业。

凡歌诗，须要整容定气，清朗其声音，均审其节调，毋躁而急，毋荡而嚣，毋馁而慑。久则精神宣畅，心气和平矣。每学量童生多寡分为四班。每日轮一班歌诗，其余皆就席敛容肃听。每五日则总四班递歌于本学。每朔望集各学会歌于书院。

凡习礼需要澄心肃虑，审其仪节，度其容止，毋忽而惰，毋沮而怍，毋径而野，从容而不失之迂缓，修谨而不失之拘局。久则礼貌习熟，德性坚定矣。童生班次皆如歌诗。每间一日则轮一班习礼，其余皆就席敛容肃观。习礼之日，免其课仿。每十日则总四班递习于本学，每朔望则集各学会习于书院。

凡授书不在徒多，但贵精熟。量其资禀，能二百字者止可授以一百字，常使精神力量有余，则无厌苦之患，而有自得之美。讽诵之际，务令专心一志，口诵心惟，字字句句，䌷绎反复。抑扬其音节，宽虚其心意。久则义礼浃洽，聪明日开矣。

每日功夫，先考德，次背书诵书，次习礼或作课仿，次复诵书讲书，次歌诗。凡习礼歌诗之数，皆所以常存童子之心，使其乐习不倦，而无暇及于邪僻。教者如此，则知所施矣。虽然，此其大略也。“神而明之，则存乎其人。”

传习录下 附朱子晚年定论

陈九川录

正德乙亥，九川初见先生于龙江。先生与甘泉先生论格物之说。甘泉持旧说。先生曰："是求之于外了。"甘泉曰："若以格物理为外，是自小其心也。"九川甚喜旧说之是。先生又论"尽心"一章，九川一闻却遂无疑。

后家居，复以格物遗质。先生答云："但能实地用功，久当自释。"山间乃自录《大学》旧本读之，觉朱子格物之说非是。然亦疑先生以意之所在为物，"物"字未明。

己卯，归自京师，再见先生于洪都。先生兵务倥偬，乘隙讲授，首问近年用功何如？

九川曰："近年体验得'明明德'功夫只是'诚意'。自'明明德于天下'，步步推入根源，到'诚意'上再去不得，如何以前又有格致功夫？后又体验，觉得意之诚伪必先知觉乃可，以颜子'有不善未尝知之，知之未尝复行'为证，豁然若无疑。却又多了格物功夫。又思来吾心之灵何有不知意之善恶？只是物欲蔽了。须格去物欲，始能如颜子未尝不知耳。又自疑功夫颠倒，与诚意不成片段。

后问希颜。希颜曰：‘先生谓格物致知是诚意功夫，极好。’九川曰：‘如何是诚意功夫？’希颜令再思体看。九川终不悟，请问。”

先生曰：“惜哉。此可一言而悟，惟浚所举颜子事便是了。只要知身、心、意、知、物是一件。”

九川疑曰：“物在外，如何与身、心、意、知是一件？”

先生曰：“耳、目、口、鼻、四肢，身也，非心安能视、听、言、动？心欲视、听、言、动，无耳、目、口、鼻、四肢亦不能。故无心则无身，无身则无心。但指其充塞处言之谓之身，指其主宰处言之谓之心，指心之发动处谓之意，指意之灵明处谓之知，指意之涉着处谓之物，只是一件。意未有悬空的，必着事物。故欲诚意，则随意所在其事而格之，去其人欲而归于天理，则良知之在此事者，无蔽而得致矣。此便是诚意的功夫。”

九川乃释然破数年之疑。

又问：“甘泉近亦信用《大学》古本，谓格物犹言造道，又谓穷理如穷其巢穴之穷，以身至之也，故格物亦只是随处体认天理。似与先生之说渐同。”

先生曰：“甘泉用功，所以转得来。当时与说‘亲民’字不须改，他亦不信。今论‘格物’亦近，但不须换‘物’字作‘理’字，只还他一‘物’字便是。”

后有人问九川曰：“今何不疑物字？”曰：“《中庸》曰：‘不诚无物。’程子曰：‘物来顺应。’又如‘物各付物’‘胸中无物’之类皆古人常用字也。”他日先生亦云然。

九川问：“近年因厌泛滥之学，每要静坐，求屏息念虑，非惟不能，愈觉扰扰，如何？”

先生曰："念如何可息，只是要正。"

曰："当自有无念时否？"

先生曰："实无无念时。"

曰："如此却如何言静？"

曰："静未尝不动，动未尝不静。戒谨恐惧即是念，何分动静？"

曰："周子何以言'定之以中正仁义而主静'？"

曰："'无欲故静'，是'静亦定，动亦定'的'定'字，主其本体也。戒惧之念，是活泼泼地，此是天机不息处，所谓'维天之命，于穆不已'。一息便是死，非本体之念即是私念。"

又问："用功收心时，有声色在前，如常闻见，恐不是专一。"

曰："如何欲不闻见？除是槁木死灰，耳聋目盲则可。只是虽闻见而不流去便是。"

曰："昔有人静坐，其子隔壁读书，不知其勤惰。程子称其甚敬。何如？"

曰："伊川恐亦是讥他。"

又问："静坐用功，颇觉此心收敛。遇事又断了，旋起个念头去事上省察。事过又寻旧功，还觉有内外，打不作一片。"

先生曰："此格物之说未透。心何尝有内外？即如惟浚今在此讲论，又岂有一心在内照管？这听讲说时专敬，即是那静坐时心。功夫一贯，何须更起念头？人须在事上磨炼做功夫乃有益。若只好静，遇事便乱，终无长进。那静时功夫亦差似收敛，而实放溺也。"

后在洪都，复与于中、国裳论内外之说，渠皆云物自有内外，但要内外并着，功夫不可有间耳。以质先生。

曰："功夫不离本体，本体原无内外；只为后来做功夫的分了内外，失其本体了。如今正要讲明功夫不要有内外，乃是本体功夫。”

是日俱有省。

又问：“陆子之学何如？”

先生曰：“濂溪、明道之后，还是象山。只是粗些。”

九川曰：“看他论学，篇篇说出骨髓，句句似针膏肓，却不见他粗。”

先生曰：“然，他心上用过功夫，与揣摹依仿、求之文义自不同，但细看有粗处。用功久，当见之。”

庚辰往虔州再见先生，问：“近来功夫虽若稍知头脑，然难寻个稳当快乐处。”

先生曰：“尔却去心上寻个天理，此正所谓理障。此间有个诀窍。”

曰：“请问如何？”

曰：“只是致知。”

曰：“如何致知？”

曰：“尔那一点良知，是尔自家底准则。尔意念著处，他是便知是，非便知非，更瞒他一些不得。尔只不要欺他，实实落落依看他做去，善便存，恶便去，他这里何等稳当快乐。此便是格物的真诀，致知的实功。若不靠着这些真机，如何去格物？我亦近年体贴出来如此分明，初犹疑只依他恐有不足，精细看，无些小欠阙。”

在虔与于中、谦之同侍。先生曰：“人胸中各有个圣人，只自信不及，都自埋倒了。”因顾于中曰：“尔胸中原是圣人。”

于中起不敢当。

先生曰：“此是尔自家有的，如何要推？”

于中又曰："不敢"。

先生曰："众人皆有之，况在于中，却何故谦起来？谦亦不得。"

于中乃笑受。

又论："良知在人，随你如何不能泯灭，虽盗贼亦自知不当为盗，唤他作贼，他还扭怩。"

于中曰："只是物欲遮蔽。良心在内，自不会失，如云自蔽日，日何尝失了。"

先生曰："于中如此聪明，他人见不及此。"

先生曰："这些子看得透彻，随他千言万语，是非诚伪，到前便明。合得的便是，合不得的便非，如佛家说心印相似，真是个试金石、指南针。"

先生曰："人若知这良知诀窍，随他多少邪思枉念，这里一觉，都自消融。真个是灵丹一粒，点铁成金。"

崇一曰："先生致知之旨发尽精蕴，看来这里再去不得。"

先生曰："何言之易也？再用功半年看如何，又用功一年看如何。功夫愈久，愈觉不同。此难口说。"

先生问："九川于致知之说体验如何？"

九川曰："自觉不同。往时操持常不得个恰好，此乃是恰好处。"

先生曰："可知是体来与听讲不同。我初与讲时，知尔只是忽易，未有滋味。只这个要妙再体到深处，日见不同，是无穷尽的。"

又曰："此'致知'二字，真是个千古圣传之秘，见到这里，'百世以俟圣人而不惑'。"

九川问曰："伊川说到'体用一原、显微无间'处，门人已说是泄天机。先天'致知'之说，莫亦泄天机太甚否？"

先生曰："圣人已指以示人，只为后人掩匿，我发现耳，何故说泄？此是人人自有的，觉来甚不打紧一般，然与不用实功人说，亦甚轻忽，可惜彼此无益。与实用功而不得其要者提撕之，甚沛然得力。"

又曰："知来本无知，觉来本无觉。然不知则遂沦埋。"

先生曰："大凡朋友须箴规指摘处少，诱掖奖劝意多，方是。"后又戒九川云："与朋友论学，须委曲谦下，宽以居之。"

九川卧病虔州。

先生云："病物亦难格，觉得如何？"

对曰："功夫甚难。"

先生曰："常快活便是功夫。"

九川问："自省念虑，或涉邪妄，或预料理天下事。思到极处，井井有味，便缱绻难屏。觉得早则易，觉迟则难。用力克治，愈觉捍格。惟稍迁念他事，则随两忘。如此廓清，亦似无害。"

先生曰："何须如此，只要在良知上着功夫。"

九川曰："正谓那一时不知。"

先生曰："我这里自有功夫，何缘得他来。只为尔功夫断了，便蔽其知。既断了，则继续旧功便是，何必如此？"

九川曰："真是难鏖，虽知，丢他不去。"

先生曰："须是勇。用功久，自有勇。故曰'是集义所生者'，胜得容易，便是大贤。"

九川问："此功夫却于心上体验明白，只解书不通。"

先生曰："只要解心。心明白，书自然融会。若心上不通，只要书上文义通，却自生意见。"

有一属官，因久听讲先生之学，曰：“此学甚好，只是簿书讼狱繁难，不得为学。”

先生闻之，曰：“我何尝教尔离了簿书讼狱悬空去讲学？尔既有官司之事，便从官司的事上为学，才是真格物。如问一词讼，不可因其应对无状，起个怒心；不可因他言语圆转，生个喜心；不可恶其嘱托，加意治之；不可因其请求，屈意从之；不可因自己事务烦冗，随意苟且断之；不可因旁人谮毁罗织，随人意思处之。有许多意思皆私，只尔自知，须精细省察克治，惟恐此心有一毫偏倚，杜人是非，这便是格物致知。簿书讼狱之间，无非实学。若离了事物为学，却是着空。”

虔州将归，有诗别先生云：“良知何事系多闻，妙合当时已种根，好恶从之为圣学，将迎无处是乾元。”

先生曰：“若未来讲此学，不知说‘好恶从之’从个甚么。”

敷英在座曰：“诚然。尝读先生《大学古本序》，不知所说何事。及来听讲许时，乃稍知大意。”

于中、国裳辈同侍食。

先生曰：“凡饮食只是要养我身，食了要消化。若徒蓄积在肚里，便成痞了，如何长得肌肤？后世学者博闻多识，留滞胸中，皆伤食之病也。”

先生曰：“圣人亦是学知，众人亦是生知。”

问曰：“何如？”

曰：“这良知人人皆有。圣人只是保全无些障蔽，兢兢业业，亹亹翼翼，自然不息，便也是学。只是生的分数多，所以谓之生知安行。众人自孩提之童，莫不完具此知，只是障蔽多，然本体之知难泯息，虽问学克治，也只凭他。只是学的分数多，所以谓之‘学知利行’。”

黄直录

黄以方问：“先生格致之说，随时格物以致其知，则知是一节之知，非全体之知也，何以到得‘溥博如天，渊泉如渊’地位？”

先生曰：“人心是天渊。心之本体，无所不该，原是一个天。只为私欲障碍，则天之本体失了。心之理无穷尽，原是一个渊。只为私欲窒塞，则渊之本体失了。如今念念致良知，将此障碍窒塞一齐去尽，则本体已复，便是天渊了。”乃指天以示之曰：“比如面前见天，是昭昭之天，四外见天，也只是昭昭之天。只为许多房子墙壁遮蔽，便不见天之全体，若撤去房子墙壁，总是一个天矣。不可道眼前天是昭昭之天，外面又不是昭昭之天也。于此便是一节之知即全体之知，全体之知即一节之知，总是一个本体。”

先生曰：“圣贤非无功业气节。但其循着这天理，则便是道。不可以事功气节名矣。”

“‘发愤忘食’，是圣人之志如此。真无有已时。‘乐以忘忧’，是圣人之道如此。真无有戚时。恐不必云得不得也。”

先生曰：“我辈致知，只是各随分限所及。今日良知见在如此，只随今日所知扩充到底。明日良知又有开悟，便从明日所知扩充到底。如此才是精一功夫。与人论学，亦须随人分限所及。如树有这些萌芽，只把这些水去灌溉。萌芽再长，便又加水。自拱把以至合抱，灌溉之功皆是随其分限所及。若些小萌芽，有一桶水在，尽相倾上，便浸坏他了。”

问知行合一。

先生曰："此须识我立言宗旨。今人学问，只因知行分作两件，故有一念发动，虽是不善，然却未曾行，便不去禁止。我今说个知行合一，正要人晓得一念发动处，便即是行了。发动处有不善，就将这不善的念克倒了，须要彻根彻底不使那一念不善潜伏在胸中。此是我立言宗旨。"

"圣人无所不知，只是知个天理；无所不能，只是能个天理。圣人本体明白，故事事知个天理所在，便去尽个天理。不是本体明后，却于天下事物都便知得，便做得来也。天下事物，如名物度数、草木鸟兽之类，不胜其烦。圣人须是本体明了，亦何缘能尽知得。但不必知的，圣人自不消求知，其所当知的，圣人自能问卜。如子入太庙，每事问之类。先儒谓'虽知亦问，敬谨之至'。此说不可通。圣人于礼乐名物，不必尽知。然他知得一个天理，便自有许多节文度数出来。不知能问，亦即是天理节文所在。"

问："先生尝谓'善恶只是一物'。善恶两端，如冰炭相反，如何谓只一物？"

先生曰："至善者，心之本体。本体上才过当些子，便是恶了。不是有一个善，却又有一个恶来相对也。故善恶只是一物。"

直因闻先生之说，则知程子所谓有"善固性也，恶亦不可不谓之性"。又曰："善恶皆天理，谓之恶者本非恶，但于本性上过与不及之间耳。"其说皆无可疑。

先生尝谓"人但得好善如好好色，恶恶如恶恶臭，便是圣人"。

直初闻之，觉甚易，后体验得来，此个功夫着实是难。如一念虽知好善恶恶，然不知不觉，又夹杂去了。才有夹杂，便不是好善如好好色、恶恶如恶恶臭的心。善能实实的好，是无念不善矣。恶能实实的恶，是无念及恶矣。如何不是圣人？故圣人之学，只是一诚而已。

问:“《修道说》言‘率性之谓道’属圣上分上事，‘修道之谓教’属贤人分上事。”

先生曰:“众人亦‘率性’也，但‘率性’在圣人分上较多，故‘率性之谓道’属圣人事。圣人亦‘修道’也，但‘修道’在贤人分上多，故‘修道之谓教’属贤人事。”

又曰:“《中庸》一书，大抵皆是说修道的事。故后面凡说君子，说颜渊、说子路，皆是能修道的。说小人，说贤、知、愚、不肖，说庶民，皆是不能修道的。其他言舜、文、周公、仲尼，至诚至圣之类，则又圣人之自能修道者也。”

问:“儒者到三更时分，扫荡胸中思虑，空空静静，与释氏之静只一般，两下皆不用，此时何所分别？”

先生曰:“动静只是一个。那三更时分，空空静静的，只是存天理，即是如今应事接物的心。如今应事接物的心，亦是循此理，便是那三更时分空空静静的心。故动静只是一个，分别不得。知得动静合一。释氏毫厘差处亦自莫掩矣。”

门人在座，有动止甚矜持者。先生曰:“人若矜持太过，终是有弊。”

曰:“矜得太过，如何有弊？”

曰:“人只有许多精神，若专在容貌上用功，则于中心照管不及者多矣。”

有太直率者。先生曰:“如今讲此学，却外面全不检束，又分心与事为二矣。”

门人作文送友行，问先生曰：“作文字不免费思，作了后又一二日常记在怀。”

曰：“文字思索亦无害。但作了常记在怀，则为文所累，心中有一物矣。此则未可也。”

又作诗送人。先生看诗毕，谓曰：“凡作文字要随我分限所及。若说得太过了，亦非‘修辞立诚’矣。”

“文公格物之说，只是少头脑。如所谓‘察之于念虑之微’，此一句不该与‘求之文字之中’，‘验之于事为之著’，‘索之讲论之际’混作一例看，是无轻重也。”

问“有所忿懥”一条。

先生曰:“忿懥几件，人心怎能无得，只是不可有耳。凡人忿懥，着了一分意思，便怒得过当，非廓然大公之体了。故有所忿懥，便不得其正也，如今于凡忿懥等件，只是个物来顺应，不要着一分意思，便心体廓然大公，得其本体之正了。且如出外见人相斗，其不是的，我心亦怒。然虽怒，却此心廓然，不曾动些子气。如今怒人亦得如此，方才是正。”

先生尝言:“佛氏不着相，其实着了相。吾儒着相，其实不着相。”

请问。

曰：“佛怕父子累，却逃了父子；怕君臣累，却逃了君臣；怕夫妇累，却逃了夫妇。都是为了个君臣、父子、夫妇着了相，便须逃避。如吾儒有个父子，还他以仁;有个君臣，还他以义;有个夫妇，还他以别。何曾着父子、君臣、夫妇的相？”

黄修易录

黄勉叔问："心无恶念时，此心空空荡荡的，不知亦须存个善念否？"

先生曰："既去恶念，便是善念，便复心之本体矣。譬如日光被云来遮蔽，云去光已复矣。若恶念既去，又要存个善念，即是日光之中添燃一灯。"

问："近来用功，亦颇觉妄念不生，但腔子里黑窣窣的，不知如何打得光明？"

先生曰："初下手用功，如何腔子里便得光明？譬如奔流浊水，才贮在缸里，初然虽定，也只是昏浊的。须俟澄定既久，自然渣滓尽去，复得清来，汝只要在良知上用功。良知存久，黑窣窣自能光明矣。今便要责效，却是助长，不成功夫。"

先生曰："吾教人致良知在格物上用功，却是有根本的学问。日长进一日，愈久愈觉精明。世儒教人事事物物上去寻讨，却是无根本的学问。方其壮时，虽暂能外面饰，不见有过，老则精神衰迈，终须放倒。譬如无根之树，移栽水边，虽暂时鲜好，终久要憔悴。"

问"志于道"一章。

先生曰："只是志道一句，便含下面数句功夫，自住不得。譬如做此屋，'志于道'是念念要去择地鸠材，经营成个区宅。'据德'却是经画已成，有可据矣。'依仁'却是常常住在区宅内，更不离去。'游艺'却是加些画采，美此区宅。艺者，理之所宜者也。如诵诗、读书、弹琴、习射之类，皆所以调习此心，使之熟于道也。苟不'志道'而'游艺'，却如无状小子，不先去置造区宅，只管要去买画挂，做门面，不知将挂在何处？"

问："读书所以调摄此心，不可缺的。但读之时，一种科目意思牵引而来。不知何以免此？"

先生曰："只要良知真切，虽做举业，不为心累。总有累，亦易觉克之而已。且如读书时，良知知得强记之心不是，即克去之；有欲速之心不是，即克去之；有夸多斗靡之心不是，即克去之。如此亦只是终日与圣贤印对，是个纯乎天理之心。任他读书，亦只是调摄此心而已，何累之有？"

曰："虽蒙开示，奈资质庸下，实难免累。窃闻穷通有命，上智之人，恐不屑此。不肖为声利牵缠，甘心为此，徒自苦耳。欲屏弃之，又制于亲，不能舍去，奈何？"

先生曰："此事归辞于亲者多矣。其实只是无志。志立得时，良知千事万事只是一事。读书作文，安能累人？人自累于得失耳。"因叹曰："此学不明，不知此处耽搁了几多英雄汉。"

问："'生之谓性'，告之亦说得是，孟子如何非之？"

先生曰："固是性，但告子认得一边去了，不晓得头脑。若晓得头脑，如此说亦是。孟子亦曰：'形色，天性也。'这也是指气说。"又曰："凡人信口说，任意行，皆说此是依我心性出来，此是所谓生之谓性。然却要有过差。若晓得头脑，依吾良知上说出来，行将去，便自是停当。然良知亦只是这口说，这身行。岂能外得气，别有个去行去说？故曰：'论性不论气不备，论气不论性不明。'气亦性也，性亦气也。但须认得头脑是当。"

又曰："诸君功夫，最不可助长。上智绝少，学者无超入圣人之理。一起一伏，一进一退，自是功夫节次。不可以我前日用得功夫了，今却不济，便要矫强做出一个没破绽的模样。这便是助长，连前些子功夫都坏了。此非小过。譬如行路的人蹶跌，起来便走，不要欺人做那不曾跌倒的样子出来。诸君只要常常怀个‘遁世无闷，不见是而无闷’之心，依此良知忍耐做去，不管人非笑，不管人毁谤，不管人荣辱，任他功夫有进有退，我只是这致良知的主宰不息，久久自然有得力处。一切外事亦自能不动。”

又曰：“人若着实用功，随人毁谤，随人欺慢，处处得益，处处是进德之资。若不用功，只是魔也，终被累倒。”

先生一日出游禹穴，顾田间禾曰：“能几何时，又如此长了。”

范兆期在旁曰：“此只是有根。学问能自植根，亦不患无长。”

先生曰：“人孰无根，良知即是天植灵根，自生生不息。但着了私累，把此根戕贼蔽塞，不得发生耳。”

一友常易动气责人，先生警之曰：“学须反己。若徒责人，只见得人不是，不见自己非。若能反己，方见自己有许多未尽处，奚暇责人？舜能化得象的傲，其机括只是不见象的不是。若舜只要正他的奸恶，就见得象的不是矣。象是傲人，必不肯相下，如何感化得他？”

是友感悔。

曰：“你今后只不要去论人之是非，凡当责辩人时，就把做一件大己私，克去方可。”

先生曰：“凡朋友问难，纵有浅近粗疏，或露才扬己，皆是病发。当因其病而药之可也，不可便怀鄙薄之心。非君子与人为善之心矣。”

问：“《易》，朱子主卜筮，《程传》主理，何如？”

先生曰：“占筮是理，理亦是卜筮。天下之理孰有大于卜筮者乎？只为后世将卜筮专主在占卦上看了，所以看得卜筮似小艺。不知今之师友问答，博学、审问、慎思、明辨、笃行之类，皆是卜筮。卜筮者，不过求决狐疑，神明吾心而已。《易》是问诸天，人有疑，自信不及，故以《易》问天。谓人心尚有所涉，惟天不容伪耳。”

黄省曾录

黄勉之问：“‘无适也，无莫也，义之与比。’事事要如此否？”

先生曰：“固是事事要如此，须是识得个头脑乃可。义即是良知，晓得良知是个头脑，方无执著。且如受人馈送，也有今日当受的，他日不当受的，也有今日不当受的，他日当受的。你若执著了今日当受的，便一切受去，执著了今日不当受的，便一切不受去，便是‘适’‘莫’，便不是良知的本体。如何唤得做义？”

问：“‘思无邪’一言，如何便盖得三百篇之义？”

先生曰：“岂特三百篇，《六经》只此一言便可该贯，以至穷古今天下圣贤的话，‘思无邪’一言也可该贯。此外更有何说？此是一了百当的功夫。”

问“道心”、“人心”。

先生曰：“‘率性之谓道’，便是道心。但着些人的意思在，便是人心。道心本是无声无臭，故曰‘微’；依着人心行去，便有许多不安稳处，故曰‘惟危’。”

问：“‘中人以下，不可以语上’，愚的人与之语上尚且不进，况不与之语可乎？”

先生曰：“不是圣人终不与语。圣人的心忧不得人人都做圣人，只是人的资质不同，施教不可躐等。中人以下的人，便与他说性、说命，他也不省得，也须慢慢琢磨他起来。”

一友问：“读书不记得，如何？”

先生曰：“只要晓得，如何要记得？要晓得已是落第二义了。只要明得自家本体。若徒要记得，便不晓得；若徒要晓得，便明不得自家的本体。”

问：“‘逝者如斯’是说自家心性活泼泼地否？”

先生曰：“然。须要时时用致良知的功夫，方才活泼泼地，方才与比水一般。若须臾间断，便与天地不相似。此是学问极至处。圣人也只如此。”

问“志士仁人”章。

先生曰：“只为世上人都把生身命子看得太重，不问当死不当死，定要宛转委曲保全，以此把天理却丢去了，忍心害理，何者不为。若违了天理，便与禽兽无异，便偷生在世上百千年，也不过做了千百年的禽兽。学者要于此等处看得明白。比干、龙逢，只为他看得分明，所以能成就得他的仁。”

问：“‘叔孙武叔毁仲尼’，大圣人如何犹不免于毁谤？”

先生曰：“毁谤自外来的。虽圣人如何免得？人只贵于自修，若自己实实落落是个圣贤，纵然人都毁他，也说他不着。却若浮云掩日，如何损得日的光明？若自己是个像恭色庄、不坚不介的，纵然没一个人说他，他的恶慝终须一日发露。所以孟子说‘有求全之毁，有不虞之誉’。毁誉在外的，安能避得？只要自修何如尔。”

刘君亮要在山中静坐。

先生曰：“汝若以厌外物之心去求之静，是反养成一个骄惰之气了。汝若不厌外物，复于静处涵养，却好。”

王汝中、省曾侍坐。

先生握扇命曰："你们用扇。"

省曾起对曰："不敢。"

先生曰："圣人之学不是这等捆缚苦楚的。不是装做道学的模样。"

汝中曰："观'仲尼与曾点言志'一章略见。"

先生曰："然。以此章观之，圣人何等宽洪包含气象。且为师者问志于群弟子，三子皆整顿以对。至于曾点，飘飘然不看那三子在眼，自去鼓起瑟来，何等狂态。及至言志，又不对师之问目，都是狂言。设在伊川，或斥骂起来了。圣人乃复称许他，何等气象。圣人教人，不是个束缚他通做一般。只如狂者便从狂处成就他，狷者便从狷处成就他，人之才气如何同得？"

先生语陆元静曰："元静少年亦要解《五经》，志亦好博。但圣人教人，只怕人不简易，他说的皆是简易之规。以今人好博之心观之，却似圣人教人差了。"

先生曰："孔子无不知而作；颜子有不善未尝不知。此是圣学真血脉路。"

钱德洪录

何廷仁、黄正之、李侯璧、汝中、德洪侍坐。先生顾而言曰："汝辈学问不得长进，只是未立志。"

侯璧起而对曰："洪亦愿立志。"

先生曰："难说不立，未是必为圣人之志耳。"

对曰："愿立必为圣人之志。"

先生曰：“你真有圣人之志，良知上更无不尽。良知上留得些子别念挂带，便非必为圣人之志矣。”

洪初闻时心若未服，听说到，不觉悚汗。

先生曰：“良知是造化的精灵。这些精灵，生天生地，成鬼成帝，皆从此出，真是与物无对。人若复得他完完全全，无少亏欠，自不觉手舞足蹈，不知天地间更有何乐可代？”

一友静坐有见，驰问先生。

答曰：“吾昔居滁时，见诸生多务知解，口耳异同，无益于得，姑教之静坐。一时窥见光景，颇收近效。久之，渐有喜静厌动，流入枯槁之病。或务为玄解妙觉，动人听闻。故迩来只说致良知。良知明白，随你去静处体悟也好，随你去事上磨炼也好，良知本体原是无动无静的。此便是学问头脑。我这个话头，自滁州到今，亦较过几番。只是‘致良知’三字无病。医经折肱，方能察人病理。”

一友问：“功夫欲得此知时时接续，一切应感处反觉照管不及，若去事上周旋，又觉不见了。如何则可。”

先生曰：“此只认良知未真，尚有内外之间。我这里功夫不由人急心，认得良知头脑是当，去朴实用功，自会透彻。到此便是内外两忘，又何心事不合一？”

又曰：“功夫不是透得这个真机，如何得他充实光辉？若能透得时，不由你聪明知解接得来。须胸中渣滓浑化，不使有毫发沾带始得。”

先生曰：“‘天命之谓性’，命即是性。‘率性之谓道’，性即是道。‘修道之谓教’，道即是教。”

问：“如何道即是教？”

曰:“道即是良知。良知原是完完全全，是的还他是，非的还他非，是非只依着他，更无有不是处，这良知还是你的明师。”

问:“‘不睹不闻’是说本体，‘戒慎恐惧’是说功夫否？”

先生曰:“此处须信得本体原是‘不睹不闻’的，亦原是‘戒慎恐惧’的。‘戒慎恐惧’不曾在‘不睹不闻’上加得些子。见得真时，便谓‘戒慎恐惧’是本体，‘不睹不闻’是功夫亦得。”

问:“通乎昼夜之道而知。”

先生曰:“良知原是知昼知夜的。”

又问:“人睡熟时，良知亦不知了。”

曰:“不知何以一叫便应？”

曰:“良知常知，如何有睡熟时？”

曰:“向晦宴息，此亦造化常理。夜来天地混沌，形色俱泯，人亦耳目无所睹闻，众窍俱翕，此即良知收敛凝一时。天地既开，庶物露生，人亦耳目有所睹闻，众窍俱辟，此即良知妙用发生时。可见人心与天地一体。故‘上下与天地同流’。今人不会宴息，夜来不是昏睡，即是妄思魇寐。”

曰:“睡时功夫如何用？”

先生曰:“知昼即知夜矣。日间良知是顺应无滞的，夜间良知即是收敛凝一的，有梦即先兆。”

又曰:“良知在夜气发的方是本体，以其无物欲之杂也。学者要使事物纷扰之时，常如夜气一般，就是‘通乎昼夜之道而知。’”

先生曰:“仙家说到虚，圣人岂能虚上加得一毫实？佛氏说到无，圣人岂能无上加得一毫有？但仙家说虚从养生上来，佛氏说无从出离生死苦海上来，却于本体上加却这些子意思在，便不是他虚无的本色了，便于本体有障碍。圣人只是还他良知的本色，更不着些子意在。良知之虚，便是天之太虚。良知之无，便是太虚之无形。日、月、风、雷、山、川、民、物，凡有貌象形色，皆在太虚无形中发用流行。未尝作得天的障碍。圣人只得顺其良知之发用，天地万物俱在我良知的发用流行中，何尝又有一物超于良知之外能作得障碍？”

或问："释氏亦务养心，然要之不可以治天下，何也？"

先生曰："吾儒养心，未尝离却事物，只顺其天则自然就是功夫。释氏却要尽绝事物，把心看到幻相，渐入虚寂去了，与世间若无些子交涉，所以不可治天下。"

或问异端。

先生曰："与愚夫愚妇同的，是谓同德；与愚夫愚妇异的，是谓异端。"

先生曰："孟子不动心与告子不动心，所异只在毫厘间。告子只在不动心上着功，孟子便直从此心原不动处分晓。心之本体，原是不动的。只为所行有不合义，便动了。孟子不论心之动与不动，只是'集义'。所行无不是义，此心自然无可动处。若告子只要此心不动，便是把捉此心，将他生生不息之根反阻挠了，此非徒无益，而又害之。孟子'集义'功夫，自是养得充满，并无馁歉，自是纵横自在，活泼泼地。此便是浩然之气。"

又曰："告子病源，从性无善无不善上见来。性无善无不善，虽如此说，亦无大差。但告子执定看了，便有个无善无不善的性在内。有善有恶，又在物感上看，便有个物在外。却做两边看了，便会差。无善无不善，性原是如此。悟得及时，只此一句便尽了，更无有内外之间。告子见一个性在内，见一个物在外，便见他于性有未透彻处。"

朱本思问："人有虚灵，方有良知。若草、木、瓦、石之类，亦有良知否？"

先生曰："人的良知，就是草木瓦石的良知。若草木瓦石无人的良知，不可以为草木瓦石矣。岂惟草木瓦石为然？天地无人的良知，亦不可为天地矣。盖天地万物与人原是一体，其发窍之最精处，是人心一点灵明，风雨露雷，日月星辰，禽兽草木，山川土石，与人原是一体。故五谷禽兽之类皆可以养人，药石之类皆可以疗疾。只为同此一气，故能相通耳。"

先生游南镇，一友指岩中花树问曰："天下无心外之物。如此花树，在深山中自开自落，于我心亦何相关？"

先生曰："你未看此花时，此花与汝心同归于寂。你来看此花时，则此花颜色一时明白起来。便知此花不在你的心外。"

问："大人与物同体，如何《大学》又说个厚薄？"

先生曰："惟是道理自有厚薄。比如身是一体，把手足捍头目，岂是偏要薄手足？其道理合如此。禽兽与草木同是爱的，把草木去养禽兽，又忍得？人与禽兽同是爱的，宰禽兽以养亲，与供祭祀，燕宾客，心又忍得？至亲与路人同是爱的，如箪食豆羹，得则生，不得则死，不能两全，宁救至亲，不救路人，心又忍得？这是道理合该如此。及至吾身与至亲，更不得分别彼此厚薄。盖以仁民爱物皆从此出，此处可忍，更无所不忍矣。《大学》所谓厚薄，是良知上自然的条理，不可逾越，此便谓之义；顺这个条理，便谓之礼；知此条理，便谓之智；终始是这个条理，便谓之信。"

又曰："目无体，以万物之色为体；耳无体，以万物之声为体；鼻无体，以万物之臭为体；口无体，以万物之味为体；心无体，以天地万物感应之是非为体。”

问“夭寿不二。”

先生曰：“学问功夫，于一切声利嗜好，俱能脱落殆尽，尚有一种生死念头毫发挂带，便于全体有未融释处。人于生死念头，本从生身命根上带来，故不易去，若于此处见得破，透得过，此心全体方是流行无碍，方是尽性至命之学。”

一友问：“欲于静坐时，将好名、好色、好货等根，逐一搜寻，扫除廓清，恐是剜肉做疮否？”

先生正色曰：“这是我医人的方子，真是去得人病根。更有大本事人，过了十数年，亦还用得着。你如不用，且放起，不要作坏我的方子。”

是友愧谢。

少间曰：“此量非你事，必吾门稍知意思者为此说以误汝。”

在坐者皆悚然。

一友问功夫不切。

先生曰：“学问功夫，我已曾一句道尽，如何今日转说转远，都不着根？”

对曰：“致良知盖闻教矣，然亦须讲明。”

先生曰：“既知致良知，又何可讲明？良知本是明白，实落用功便是。又不肯用功，只在语言上转说转糊涂。”

曰：“正求讲明致之之功。”

先生曰：“此亦须你自家求，我亦无别法可道。昔有禅师，人来问法，只把麈尾提起。一日，其徒将其麈尾藏过，试他如何设法。禅师寻尘尾不见，又只空手提起。我这个良知就是设法的尘尾，舍了这个，有何可提得？”

少间，又有一友请问功夫切要。

先生旁顾曰：“我麈尾安在？”

一时在坐者皆跃然。

或问“至诚”、“前知”。

先生曰：“诚是实理，只是一个良知。实理之妙用流行就是神，其萌动处就是几，诚神几曰圣人。圣人不贵前知。祸福之来，虽圣人有所不免。圣人只是知几，遇变而通耳。良知无前后，只知得见在的几，便是一了百了。若有个前知的心，就是私心，就有趋避利害的意。邵子必于前知，终是利害心未尽处。”

先生曰：“无知无不知，本体原是如此。譬如日未尝有心照物，而自无物不照。无照无不照，原是日的本体。良知本无知，今却要有知。本无不知，今却疑有不知。只是信不及耳。”

先生曰：“‘惟天下之圣为能聪明睿知’，旧看何等玄妙，今看来原是人人自有的。耳原是聪，目原是明，心思原是睿知。圣人只是一能之尔。能处正是良知。众人不能，只是个不致知。何等明白简易。”

问：“孔子所谓‘远虑’，周公‘夜以继日’，与将迎不同何如？”

先生曰：“远虑不是茫茫荡荡去思虑，只是要存这天理。天理在人心，亘古亘今，无有终始。天理即是良知，知思万虑，只是要致良知。良知愈思愈精明，若不精思，漫然随事应去，良知便粗了。若只着在事上茫茫荡荡去思，教做远虑，便不免有毁誉、得丧、人欲搀入其中，就是将迎了。周公终夜以思，只是‘戒慎不睹，恐惧不闻’的功夫。见得时，其气象与将迎自别。”

问："'一日克己复礼，天下归仁'，朱子作效验说，如何？"

先生曰："圣贤只是为己之学，重功夫不重效验。仁者以万物为体。不能一体，只是己私未忘。全得仁体，则天下皆归于吾仁，就是'八荒皆在我闼'意。天下皆与，其仁亦在其中。如'在邦无怨，在家无怨'，亦只是自家不怨。如'不怨天，不尤人'之意。然家邦无怨，于我亦在其中。但所重不在此。"

问："孟子'巧、力、圣、智'之说，朱子云：'三子力有余而巧不足。'何如？"

先生曰："三子固有力，亦有巧。巧、力实非两事，巧亦只在用力处，力而不巧，亦是徒力。三子譬如射，一能步箭，一能马箭，一能远箭。他射得到俱谓之力，中处俱可谓之巧。但步不能马，马不能远，各有所长，便是才力分限有不同处。孔子则三者皆长。然孔子之和只到得柳下惠而极，清只到得伯夷而极，任只到得伊尹而极，何曾加得些子。若谓'三子力有余而巧不足'，则其力反过孔子了。巧、力只是发明圣、知之义，若识得圣、知本体是何物，便自了然。"

先生曰："'先天而天弗违'，天即良知也。'后天而奉天时'，良知即天也。"

"良知只是个是非之心，是非只是个好恶。只好恶就尽了是非，只是非就尽了万事万变。"

又曰："是非两字是个大规矩，巧处则存乎其人。"

"圣人之知如青天之日，贤人如浮云天日，愚人如阴霾天日。虽有昏明不同，其能辨黑白则一。虽昏黑夜里，亦影影见得黑白，就是日之余光未尽处。困学功夫，亦是从这点明处精察去耳。"

问："知譬日，欲譬云。云虽能蔽日，亦是天之一气合有的，欲亦莫非人心合有否？"

先生曰："喜、怒、哀、惧、爱、恶、欲，谓之七情，七者俱是人心合有的。但要认得良知明白。比如日光，亦不可指着方所。一隙通明，皆是日光所在。虽云雾四塞，太虚中色象可辨，亦是日光不灭处。不可以云能蔽日，教天不要生云。七情顺其自然之流行，皆是良知之用，不可分别善恶。但不可有所着。七情有着，俱谓之欲，俱为良知之蔽。然才有着时，良知亦自会觉。觉即蔽去，复其体矣。此处能勘得破，方是简易透彻功夫。"

问："圣人生知安行是自然的，如何有甚功夫？"

先生曰："知行二字，即是功夫，但有浅深难易之殊耳。良知原是精精明明的。如欲孝亲，生知安行的，只是依此良知实落尽孝而已；学知利行者，只是时时省觉，务要依此良知尽孝而已；至于困知勉行者，蔽锢已深，虽要依此良知去孝，又为私欲所阻，是以不能，必须加人一己百、人十己千之功，方能依此良知以尽其孝。圣人虽是生知安行，然其心不敢自是，肯做困知勉行的功夫。困知勉行的却要思量做生知安行的事，怎生成得？"

问："乐是心之本体，不知遇大故，于哀哭时，此乐还在否？"

先生曰："须是大哭一番了方乐，不哭便不乐矣。虽哭，此心安处即是乐也。本体未尝有动。"

问："良知一而已。文王作彖，周公系爻，孔子赞《易》，何以各自看理不同？"

先生曰："圣何能拘得死格？大要出于良知同，便各为说何害？且如一园竹，只要同此枝节，便是大同。若拘定枝枝节节，都要高下大小一样，便非造化妙手矣。汝辈只要去培养良知。良知同，更不妨有异处。汝辈若不肯用功，连笋也不曾抽得，何处去论枝节？”

乡人有父子讼狱，请诉于先生。侍者欲阻之，先生听之，言不终辞，其父子相抱恸哭而去。

柴鸣治入问曰：“先生何言，致伊感悔之速？”

先生说：“我言舜是世间大不孝的子，瞽叟是世间大慈的爷。”

鸣治愕然请问。

先生曰：“舜常自以为大不孝，所以能孝；瞽叟常自以为大慈，所以不能慈。瞽叟只记得舜是我提孩长的，今何不曾豫悦我？不知自心已为后妻所移了，尚谓自家能慈，所以愈不能慈。舜只思父提孩我时如何爱我，今日不爱，只是我不能尽孝。日思所以不能尽孝处，所以愈能孝。及至瞽叟底豫时，又不过复得此心原慈的本体。所以后世称舜是个古今大孝的子，瞽叟亦做成个慈父。”

先生曰：“孔子有鄙夫来问，未尝先有知识以应之。其心只空空而已。但叩他自知的是非两端，与之一剖决，鄙夫之心便已了然，鄙夫自知的是非，便是他本来天则。虽圣人聪明，如何可与增减得一毫？他只不能自信。夫子与之一剖决，便已竭尽无余了。若夫子与鄙夫言时，留得些子知识在，便是不能竭他的良知，道体即有二了。”

先生曰：“‘烝烝乂，不格奸’，本注说象已进于义，不至大为奸恶。舜征庸后，象犹日以杀舜为事，何大奸恶如之？舜只是自进于乂，以乂薰烝，不去正他奸恶。凡文过掩慝，此是恶人常态。若要指摘他是非，反去激他恶性。舜初时致得象要杀己，亦是要象好的心太急，此就是舜之过处。经过来，乃知功夫只在自己，不去责人，所以致得克谐。此是舜动心忍性、增益不能处。古人言语，俱是自家经历过来，所以说的亲切，遗之后世，曲当人情。若非自家经过，如何得他许多苦心处。”

先生曰：“古乐不作久矣，今之戏子，尚与古乐意思相近。”

未达，请问。

先生曰：“《韶》之九成，便是舜的一本戏子；《武》之九变，便是武王的一本戏子。圣人一生实事，俱播在乐中，所以有德者闻之，便知他尽善尽美与尽美未尽善处。若后世作乐，只是做些词调，于民俗风化绝无关涉，何以化民善俗？今要民俗反朴还淳，取今之戏子，将妖淫词调俱去了，只取忠臣、孝子故事，使愚俗百姓人人易晓，无意中感激他良知起来，却与风化有益。然后古乐渐次可复矣。”

曰：“洪要求元声不可得，恐于古乐亦难复。”

先生曰：“你说元声在何处求？”

对曰：“古人制管候气，恐是求元声之法。”

先生曰：“若要去葭灰黍粒中求元声，却如水底捞月，如何可得？元声只在你心上求。”

曰：“心如何求？”

先生曰：“古人为治，先养得人心和平，然后作乐。比如在此歌诗，你的心气和平，听者自然悦怿兴起，只此便是元声之始。《书》云‘诗言志’，志便是乐的本；‘歌永言’，歌便是作乐的本；‘声依永，律和声’，律只要和声，和声便是制律的本。何尝求之于外？”

曰：“古人制候气法，是意何取？”

先生曰：“古人具中和之体以作乐。我的中和原与天地之气相应，候天地之气，协凤凰之音，不过去验我的气果和否。此是成律已后事，非必待此以成律也。今要候灰管，必须定至日。然至日子时，恐又不准，又何处取得准来？”

先生曰：“学问也要点化，但不如自家解化者，自一了百当。不然，亦点化许多不得。”

“孔子气魄极大，凡帝王事业，无不一一理会，也只从那心上来。譬如大树，有多少枝叶，也只是根本上用得培养功夫，故自然能如此，非是从枝叶上用功做得根本也。学者学孔子，不在心上用功，汲汲然去学那气魄，却倒做了。”

“人有过，多于过上用功，就是补甑，其流必归于文过。”

“今人于吃饭时，虽然一事在前，其心常役役不宁，只缘此心忙惯了，所以收摄不住。”

“琴瑟简编，学者不可无，盖有业以居之，心就不放。”

先生叹曰：“世间知学的人，只有这些病痛打不破，就不是善与人同。”

崇一曰：“这病痛只是个好高不能忘己尔。”

问：“良知原是中和的，如何却有过、不及？”

先生曰：“知得过、不及处，就是中和。”

“‘所恶于上’是良知，‘毋以使下’即是致知。”

先生曰：“苏秦、张仪之智，也是圣人之资。后世事业文章，许多豪杰名家，只是学得仪、秦故智。仪、秦学术善揣摸人情，无一些不中人肯綮，故其说不能穷。仪、秦亦是窥见得良知妙用处，但用之于不善尔。”

或问“未发”、“已发”。

先生曰："只缘后儒将'未发'、'已发'分说了，只得劈头说个无'未发'、'已发'，使人自思得之。若说有个'已发'、'未发'，听者依旧落在后儒见解。若真见得无'未发'、'已发'，说个有'未发'、'已发'原不妨，原有个'未发'、'已发'在。"

问曰："'未发'未尝不和，'已发'未尝不中。譬如钟声，未扣不可谓无，既扣不可谓有。毕竟有个扣与不扣，何如？"

先生曰："未扣时原是惊天动地，既扣时也只寂天寞地。"

问："古人论性，各有异同，何者乃为定论？"

先生曰："性无定体，论亦无定体。有自本体上说者，有自发用上说者，有自源头上说者，有自流弊处说者。总而言之，只是一个性。但所见有浅深尔。若执定一边，便不是了。性之本体，原是无善无恶的，发用上也原是可以为善、可以为不善的，其流弊也原是一定善、一定恶的。譬如眼，有喜时的眼，有怒时的眼，直视就是看的眼，微视就是觑的眼。总而言之，只是这个眼。若见得怒时眼，就说未尝有喜的眼；见得看时眼，就说未尝有觑的眼。皆是执定，就知是错。孟子说性，直从源头上说来，亦是说个大概如此。荀子性恶之说，是从流弊上说来，也未可尽说他不是。只是见得未精耳。众人则失了心之本体。"

问："孟子从源头上说性，要人用功在源头上明彻。荀子从流弊说性，功夫只在末流上救正，便费力了。"

先生曰："然。"

先生曰："用功到精处，愈着不得言语，说理愈难。若着意在精微上，全体功夫反蔽泥了。"

"杨慈湖不为无见，又着在无声无息上见了。"

“人一日间，古今世界，都经过一番，只是人不见耳。夜气清明时，无视无听，无思无作，淡然平怀，就是羲皇世界。平旦时，神清气朗，雍雍穆穆，就是尧舜世界。日中以前，礼仪交会，气象秩然，就是三代世界。日中以后，神气渐昏，往来杂扰，就是春秋、战国世界。渐渐昏夜，万物寝息，景象寂寥，就是人消物尽世界。学者信得良知过，不为气所乱，便常做个羲皇已上人。”

薛尚谦、邹谦之、马子莘、王汝止侍坐，因叹先生自征宁藩已来，天下谤议益众，请各言其故。有言先生功业势位日隆，天下忌之者日重；有言先生之学日明，故为宋儒争是非者亦日博；有言先生自南都以后，同志信从者日众，而四方排阻者日益力。

先生曰：“诸君之言，信皆有之。但吾一段自知处，诸君俱未道及耳。”

诸友请问。

先生曰：“我在南都以前，尚有些子乡愿的意思在。我今信得这良知真是真非，信手行去，更不着些覆藏。我今才做得个狂者的胸次，使天下之人都说我行不掩言也罢。”

尚谦出曰：“信得此过，方是圣人的真血脉。”

先生锻炼人处，一言之下，感人最深。

一日，王汝止出游归。先生问曰：“游何见？”

对曰：“见满街都是圣人。”

先生曰：“你看满街人是圣人，满街人到看你是圣人在。”

又一日，董萝石出游而归。见先生曰：“今日见一异事。”

先生曰：“何异？”对曰：“见满街人都是圣人。”

先生曰：“此亦常事耳，何足为异。”

盖汝止圭角未融，萝石恍见有悟，故问同答异，皆反其言而进之。

洪与黄正之、张叔谦、汝中丙戌会试归，为先生道途中讲学，有信有不信。先生曰："你们拿一个圣人去与人讲学，人见圣人来，都怕走了，如何讲得行？须做得个愚夫愚妇，方可与人讲学。"

洪又言今日要见人品高下最易。先生曰："何以见之？"对曰："先生譬如泰山在前，有不知仰者，须是无目人。"先生曰："泰山不如平地大，平地有何可见？"先生一言，翦裁剖破终年为外好高之病，在座者莫不悚惧。

癸未春，邹谦之来越问学，居数日，先生送别于浮峰。是夕与希渊诸友移舟宿延寿寺，秉烛夜坐，先生慨怅不已。曰："江涛烟柳，故人倏在百里外矣。"

一友问曰："先生何念谦之之深也？"

先生曰："曾子所谓'以能问于不能，以多问于寡，有若无，实若虚，犯而不校'，若谦之者良近之矣。"

丁亥年九月，先生起复，征思、田，将命行时，德洪与汝中论学。汝中举先生教言："无善无恶是心之体，有善有恶是意之动，知善知恶是良知，为善去恶是格物。"

德洪曰："此意如何？"

汝中曰："此恐未是究竟话头。若说心体是无善无恶，意亦是无善无恶的意，知亦是无善无恶的知，物是无善无恶的物矣。若说意有善恶，毕竟心体还有善恶在。"

德洪曰："心体是天命之性，原是无善无恶的。但人有习心，意念上见有善恶在。格、致、诚、正、修，此正是复那性体功夫。

若原无善恶。功夫亦不消说矣。”

是夕侍坐天泉桥，各举请正。

先生曰：“我今将行，正要你们来讲破此意。二君之见，正好相资为用，不可各执一边。我这里接人，原有此二种。利根之人，直从本原上悟入，人心本体原是明莹无滞的，原是个未发之中。利根之人，一悟本体，即是功夫。人己内外，一齐俱透了。其次不免有习心在，本体受蔽，故且教在意念上实落为善去恶，功夫熟后，渣滓去得尽时，本体亦明尽了。汝中之见，是我这里接利根人的；德洪之见，是我这里为其次立法的。二君相取为用，则中人上下皆可引入于道。若各执一边，眼前便有失人，便于道体各有未尽。”

既而曰：“已后与朋友讲学，切不可失了我的宗旨：‘无善无恶是心之体，有善有恶是意之动，知善知恶是良知，为善去恶是格物。’只依我这话头随人指点，自没病痛，此原是彻上彻下功夫。利根之人，世亦难过。本体功夫一悟尽透，此颜子、明道所不敢承当，岂可轻易望人？人有习心，不教他在良知上实用为善去恶功夫，只去悬空想个本体，一切事为俱不着实，不过养成一个虚寂。此个病痛不是小小，不可不早说破。”

是日德洪、汝中俱有省。

钱德洪附记

先生初归越时，朋友踪迹尚寥落。既后四方来游者日进。癸未年已后，环先生而居者比屋。如天妃、光相诸刹，每当一室，常合食者数十人，夜无卧处，更相就席，歌声彻昏旦。南镇、禹穴、阳明洞诸山远近寺刹，徙足所到，无非同志游寓所在。先生每临讲座，前后左右环坐而听者，常不下数百人。送往迎来，月无虚日。至有在侍更岁，不能遍记其姓名者。每临别，先生常叹曰："君等虽别，不出天地间，苟同此志，吾亦可以忘形似矣。"诸生每听讲出门，未尝不跳跃称快。尝闻之同门先辈曰："南都以前，朋友从游者虽众，未有如在越之盛者。此虽讲学日久，信孚渐博。要亦先生之学日进。感召之机，申变无方，亦自有不同也。"

黄以方录

黄以方问："'博学于文'为随事学存此天理，然则谓'行有余力，则以学文'，其说似不相合。"

先生曰："《诗》、《书》六艺皆是天理之发见，文字都包在其中。考之《诗》、《书》六艺，皆所以学存此天理也，不特发见于事为者方为文耳。'余力学文'亦只'博学于文'中事。"

或问"学而不思"二句。

曰："此亦有为而言，其实思即学也。学有所疑，便须思之。'思而不学'者，盖有此等人，只悬空去思，要想出一个道理，却不在身心上实用其力，以学存此天理。思学作两事做，故有'罔'与'殆'之病。其实思只是思其所学，原非两事也。"

先生曰："先儒解'格物'为格天下之物，天下之物如何格得？且谓'一草一木亦有理'，今如何去格？纵格得草木来，如何反来诚得自家意？我解'格'作'正'字义，'物'作'事'字义。《大学》之所谓身，即耳、目、口、鼻、四肢是也。欲修身便是要目非礼勿视，耳非礼勿听，口非礼勿言，四肢非礼勿动。要修这个身，身上如何用得功夫？心者身之主宰，目虽视，而所以视者心也；耳虽听，而所以听者心也；口与四肢虽言、动，而所以言、动者心也。故欲修身在于体当自家心体，常令廓然大公，无有些子不正处。主宰一正，则发窍于目，自无非礼之视；发窍于耳，自无非礼之所；发窍于口与四肢，自无非礼之言、动。此便是‘修身’在正其心。

“然至善者心之本体也。心之本体那有不善？如今要‘正心’，本体上何处用得功？必就心之发动处才可着力也。心之发动不能无不善，故须就此处着力，便是在‘诚意’。如一念发在好善上，便实实落落去好善；一念发在恶恶上，便实实落落去恶恶。意之所发，既无不诚，则其本体如何有不正的？故欲正其心在‘诚意’，功夫到，‘诚意’始有着落处。

“然‘诚意’之本，又在于‘致知’也。所谓‘人虽不知而己所独知者’，此正是吾心良知处。然知得善，却不依这个良知便做去；知得不善，却不依这个良知便不去做。则这个良知便遮蔽了，是不能致知也。吾心良知既不得扩充到底，则善虽知好，不能着实好了，恶虽知恶，不能着实恶了，如何得意诚？故‘致知’者，意诚之本也。

“然亦不是悬空的‘致知’，‘致知’在实事上格。如意在于为善，便就这件事上去为，意在于去恶，便就这件事上去不为。去恶，固是格不正以归于正。为善，则不善正了，亦是格不正以归于正也。如善此，则吾心良知无私欲蔽了，得以致其极，而意之所发，好善去恶，无有不诚矣。‘诚意’功夫实下手处在‘格物’也。若如此‘格物’，人人便做得。‘人皆可以为尧舜’，正在此也。”

先生曰：“众人只说‘格物’要依晦翁，何曾把他的说去用？我着实曾用来。初年与钱友同论做圣贤要格天下之物，如今安得这等大的力量？因指亭前竹子，令去格看。钱子早夜去穷格竹子的道理，竭其心思至于三日，便致劳神成疾。当初说他这是精力不足，某因自去穷格，早夜不得其理。到七日，亦以劳思致疾。遂相与叹圣贤是做不得的，无他大力量去格物了。及在夷中三年，颇见得此意思，乃知天下之物本无可格者。其格物之功，只在身心上做。决然以圣人为人人可到，便自有担当了。这里意思，却要说与诸公知道。”

门人有言，邵端峰论童子不能“格物”，只教以洒扫应对之说。

先生曰：“洒扫应对，就是一件物。童子良知只到此。便教去洒扫应对，就是致他这一点良知了，又如童子知畏先生长者，此亦是他良知处。故虽嬉戏中见了先生长者，便去作揖恭敬，是他能格物以致敬师长之良知了。童子自有童子的格物致知。”

又曰：“我这里言‘格物’，自童子以至圣人，皆是此等功夫。但圣人‘格物’，便更熟得些子，不消费力。如此‘格物’，虽卖柴人亦是做得，虽公卿大夫以至天子，皆是如此做。”

或疑知行不合一，以“知之匪艰”二句为问。

先生曰：“良知自知，原是容易的。只是不能致那良知，便是‘知之匪艰，行之惟艰’。”

门人问曰：“知行如何得合一？且如《中庸》言‘博学之’，又说个‘笃行之’，分明知行是两件。”

先生曰：“博学只是事事学存此天理，笃行只是学之不已之意。”

又问：“《易》‘学以聚之’，又言‘仁以行之’，此是如何？”

先生曰：“也是如此。事事去学存此天理，则此心更无放失时，故曰：‘学以聚之。’然常常学存此天理，更无私欲间断，此即是此心不息处，故曰‘仁以行之’。”

又问：“孔子言‘知及之，仁不能守之’，知行却是两个了。”

先生曰：“说‘及之’，已是行了。但不能常常行，已为私欲间断，便是‘仁不能守’。”

又问：“心即理之说，程子云‘在物为理’，如何谓心即理？”

先生曰：“‘在物为理’，‘在’字上当添一‘心’字。此心在物则为理。如此心在事父则为孝，在事君则为忠之类。”

先生因谓之曰：“诸君要识得我立言宗旨。我如今说个心即理是如何，只为世人分心与理为二，故便有许多病痛。如五伯攘夷狄，尊周室，都是一个私心，便不当理。人却说他做得当理。只心有未纯，往往悦慕其所为，要来外面做得好看，却与心全不相干。分心与理为二，其流至于伯道之伪而不自知。故我说个心即理，要使知心理是一个，便来心上做功夫，不去袭义于外，便是王道之真。此我立言宗旨。”

又问：“圣贤言语许多，如何却要打做一个？”

曰：“我不是要打做一个，如曰‘夫道，一而已矣’。又曰‘其为物不二，则其生物不测’。天地圣人皆是一个，如何二得？”

“心不是一块血肉，凡知觉处便是心。如耳目之知视听，手足之知痛痒。此知便是心也。”

以方问曰：“先生之说‘格物’，凡《中庸》之‘慎独’及‘集义’、‘博约’等说，皆为‘格物’之事？”

先生曰：“非也。‘格物’即‘慎独’，即‘戒惧’。至于‘集义’、‘博约’，功夫只一般。不是以那数件都做‘格物’底事。”

以方问“尊德性”一条。

先生曰："'道问学'即所以'尊德性'也。晦翁言'子静以尊德性诲人，某教人岂不是道问学处多了些子'，是分'尊德性''道问学'作两件。且如今讲习讨论，下许多功夫，无非只是存此心，不失其德性而已。岂有尊德性只空空去尊，更不去问学？问学只是空空去问学，更与德性无关涉？如此，则不知今之所以讲习讨论者，更学何事？"

问"致广大"二句。

曰："'尽精微'即所以'致广大'也，'道中庸'即所以'极高明'也。盖心之本体自是广大底，人不能'尽精微'，则便为私欲所蔽，有不胜其小者矣。故能细微曲折，无所不尽，则私意不足以蔽之，自无许多障碍遮隔处，如何广大不致？"

又问："精微还是念虑之精微，事理之精微？"

曰："念虑之精微，即事理之精微也。"

先生曰："今之论性者，纷纷异同。皆是说性，非见性也。见性者无异同之可言矣。"

问："声色货利，恐良知亦不能无？"

先生曰："固然。但初学用功，却须扫除荡涤，勿使留积，则适然来遇，始不为累，自然顺而应之。良知只在声色货利上用功。能致得良知精精明明，毫发无蔽，则声色货利之交，无非天则流行矣。"

先生曰："吾与诸公讲'致知'、'格物'，日日是此。讲一二十年，俱是如此。诸君听吾言，实去用功。见吾讲一番，自觉长进一番。否则只作一场话说，虽听之亦何用？"

先生曰："人之本体，常常是寂然不动的，常常是感而遂通的。

未应不是先，已应不是后。”

一友举佛家以手指显出问曰：“众曾见否？”众曰：“见之。”复以手指入袖，问曰：“众还见否？”众曰：“不见。”佛说还不见性。此义未明。

先生曰：“手指有见有不见，尔之见性常在。人之心神只在有睹有闻上驰骋，不在不睹不闻上着实用功。盖不睹不闻是良知本体，戒慎恐惧是致良知的功夫。学者时时刻刻学睹其所不睹，常闻其所不闻，功夫方有个实落处。久久成熟后，则不须着力，不待防检，而真性自不息矣。岂以在外者之闻见为累哉？”

问：“先儒谓‘鸢飞鱼跃’，与‘必有事焉’，同一活泼泼地？”

先生曰：“亦是。天地间活泼泼地，无非此理，便是吾良知的流行不息。致良知便是‘必有事’的功夫。此理非惟不可离，实亦不得而离也。无往而非道，无往而非功夫。”

先生曰：“诸公在此，务要立个必为圣人之心。时时刻刻须是一棒一条痕，一掴一掌血，方能听吾说话，句句得力。若茫茫荡荡度日，譬如一块死肉，打也不知得痛痒，恐终不济事，回家只寻得旧时伎俩而已。岂不惜哉？”

问：“近来妄念也觉少，亦觉不曾着想定要如何用功，不知此是功夫否？”

先生曰：“汝且去着实用功，便多这些着想也不妨。久久自会妥贴。若才下得些功，便说效验，何足为恃？”

一友自叹：“私意萌时，分明自心知得，只是不能使他即去。”

先生曰：“你萌时，这一知便是你的命根，当下即去消磨，便是立命功夫。”

“夫子说‘性相近’，即孟子说‘性善’，不可专在气质上说。若说气质，如刚与柔对，如何相近得，惟性善则同耳。人生初时，善原是同的。但刚的习于善则为刚善，习于恶则为刚恶。柔的习于善则为柔善，习于恶则为柔恶，便日相远了。”

先生尝语学者曰：“心体上着不得一念留滞，就如眼着不得些子尘沙。些子能得几多？满眼便昏天黑地了。”

又曰：“这一念不但是私念，便好的念头亦着不得些子。如眼中放些金玉屑，眼亦开不得了。”

问：“人心与物同体。如吾身原是血气流通的，所以谓之同体。若于人便异体了，禽兽草木益远矣。而何谓之同体？”

先生曰：“你只在感应之兆上看，岂但禽兽草木，虽天地也与我同体的，鬼神也与我同体的。”

请问。

先生曰：“你看这个天地中间，甚么是天地的心？”

对曰：“尝闻人是天地的心。”

曰：“人又甚么叫做心？”

对曰：“只是一个灵明。”

“可知充天塞地中间，只有这个灵明。人只为形体自间隔了。我的灵明，便是天地鬼神的主宰。天没有我的灵明，谁去仰他高？地没有我的灵明，谁去俯他深？鬼神没有我的灵明，谁去辨他吉凶灾祥？天地鬼神万物，离却我的灵明，便没有天地鬼神万物了。我的灵明，离却天地鬼神万物，亦没有我的灵明。如此，便是一气流通的，如何与他间隔得？”

又问：“天地鬼神万物，千古见在，何没了我的灵明，便俱无了？”

曰："今看死的人，他这些精灵游散了，他的天地鬼神万物尚在何处？"

先生起行征思、田，德洪与汝中追送严滩。汝中举佛家实相、幻相之说。

先生曰："有心俱是实，无心俱是幻。无心俱是实，有心俱是幻。"

汝中曰："有心俱是实，无心俱是幻，是本体上说功夫；无心俱是实，有心俱是幻，是功夫上说本体。"

先生然其言。洪于是时尚未了达。数年用功，始信本体功夫合一。但先生是时因问偶谈。若吾儒指点人处，不必借此立言耳。

尝见先生送二三耆宿出门，退坐于中轩，若有忧色。德洪趋进请问。先生曰："顷与诸老论及此学，真圆凿方枘。此道坦如道路，世儒往往自加荒塞，终身陷荆棘之场而不悔，吾不知其何说也？"

德洪退谓朋友曰："先生诲人，不择衰朽，仁人悯物之心也。"

先生曰："人生大病，只是一傲字。为子而傲必不孝，为臣而傲必不忠，为父而傲必不慈，为友而傲必不信。故象与丹朱俱不肖，亦只一傲字，便结果了此生。诸君常要体此。人心本是天然之理，精精明明，无纤介染着，只是一无我而已。胸中切不可有，有即傲也。古先圣人许多好处，也只是无我而已。无我自能谦，谦者众善之基，傲者从恶之魁。"

又曰："此道至简至易的，亦至精至微的。孔子曰：'其如示诸掌乎。'且人于掌何日不见，及至问他掌中多少文理，却便不知。即如我良知二字，一讲便明，谁不知得？若欲的见良知，却谁能见得？"

问曰："此知恐是无方体的，最难捉摸。"

先生曰:“良知即是《易》,‘其为道也屡迁,变动不居,周流六虚,上下无常,刚柔相易,不可为典要,惟变所适。’此知如何捉摸得?见得透时便是圣人。”

问:“孔子曰:‘回也,非助我者也。’是圣人果以相助望门弟子否?”

先生曰:“亦是实话。此道本无穷尽,问难愈多,则精微愈显。圣人之言本自周遍,但有问难的人胸中窒碍,圣人被他一难,发挥得愈加精神。若颜子闻一知十,胸中了然,如何得问难?故圣人亦寂然不动,无所发挥,故曰‘非助’。”

邹谦之尝语德洪曰:“舒国裳曾拿一张纸,请先生写‘拱把之桐梓’一章。先生悬笔为书到‘至于身而不知所以养之者’,顾而笑曰:‘国裳读书,中过状元来,岂诚不知身之所以当养?还须诵此以求警。’一时在侍诸友皆惕然。”

钱德洪跋

嘉靖戊子冬,德洪与王汝中奔师丧至广信,讣告同门,约三年收录遗言。

继后同门各以所记见遗。洪择其切于问正者,合所私录,得若干条。居吴时,将与《文寻》并刻矣。适以忧去,未遂。当是时也,四方讲学日众,师门宗旨既明,若无事于赘刻者。故不复萦念。

去年,同门曾子才汉得洪手抄,复傍为采辑,名曰《遗言》,以刻行于荆。洪读之,觉当时采录未精,乃为删其重复,削去芜蔓,存其三分之一,名曰《传习续录》,复刻于宁国之水西精舍。

今年夏,洪来游蕲,沈君思畏曰:“师门之教久行于四力,而独未及于蕲。蕲之士得读《遗言》，若亲炙去夫子之教。指见良知，若重睹日月之光。惟恐传习之个博，而未以重复之为繁也。请裒其所逸者增刻之。若何？”洪曰：“然。”师门致知格物之旨，开示来学，学者躬修默悟，不敢以知解承，而惟以实体得。故吾师终日言是而不惮其烦，学者终日听是而不厌其数。盖指示专一，则体悟日精，几迎于言前，神发于言外，感遇之诚也。

今吾师之没未及三纪，而格言微旨渐觉沦晦，岂非吾党身践之不力，多言有以病之耶？学者之趋不一，师门之教不宣也。乃复取逸稿，采其语之不背者，得一卷。其余影响不真，与《文录》既载者，皆削之。并易中卷为问答语，以付黄梅尹张君增刻之。庶几读者不以知解承而惟以实体得，则无疑于是录矣。

嘉靖丙辰夏四月，门人钱德洪拜书于蕲之崇正书院。

附：朱子晚年定论

朱子晚年定论

《定论》首刻于南、赣。朱子病目静久，忽悟圣学之渊薮，乃大悔中年注述误己误人，遍告同志。师阅之，喜己学与晦翁同，手录一卷，门人刻行之。自是为朱子论异同者寡矣。师曰：“无意中得此一助。”隆庆壬申，虬峰谢君廷杰刻师《全书》，命刻《定论》附《语录》后，见师之学与朱子无相谬戾，则千古正学同一源矣。并师首叙与袁庆麟跋凡若干条，洪僭引其说。

朱子晚年定论

阳明子序曰：

洙、泗之传，至孟氏而息；千五百余年，濂溪、明道始复追寻其绪；自从辨析日祥，然亦日就支离决裂，旋复湮晦。吾尝深求其故，大抵皆世儒之多言有以乱之。

守仁早岁业举，溺志词章之习，既乃稍知从事正学，而苦于众说之纷扰疲迩，茫无可入，因求诸老、释，欣然有会于心，以为圣人之学在此矣。然于孔子之教间相出入，而措之日用，往往缺漏无归；依违往返，且信且疑。其后谪官龙场，居夷处困，动心忍性之余，恍若有悟，体验探求，再更寒暑，证诸《五经》、《四子》，沛然若决江河而放诸海也。然后叹圣人之道坦如大路，而视之儒者妄开窦迳，蹈荆棘，堕坑堑，究其为说，反出二氏之下。宜乎世之高明之士厌此而趋彼也。此岂二氏之罪哉。间尝以语同志，而闻者竞相非议，目以为立异好奇；虽每痛反探抑，务自搜剔斑瑕，而愈益精明的确，洞然无复可疑；独于朱子之说有相牴牾，恒疚于心，切疑朱子之贤，而岂其于此尚有未察？及官留都，复取朱子之书而检求之，然后知其晚岁故已大悟旧说之非，痛悔极艾，至以为自诳诳人之罪，不可胜赎。世之所传《集注》、《或问》之类，乃其中年未定之说，自咎以为旧本之误，思改正而未及，而其诸《语类》之属，又其门人挟胜心以附己见，固于朱子平日之说犹有大相谬戾者，而世之学者局于见闻，不过持循讲习于此。其余悟后之论，概乎其未有闻，则亦何怪乎予言之不信、而朱子之心无以自暴于后事也乎？

予既自幸其说之不谬于朱子，又喜朱子之先得我心之同，然且慨夫世之学者徒守朱子中年未定之说，而不复知求其晚岁既悟之论，竞相呶呶，以乱正学，不自知其已入于异端；辄采录而裒集之，私以示夫同志，庶几无疑于吾说，而圣学之明可冀矣。

正德乙亥冬十一月朔，后学余姚王守仁序。

答黄直卿书

为学直是先要立本。文义却可且与说出正意，令其宽心玩味；未可便令考校同异，研究纤密，恐其意思促迫，难得是向来定本之误。今幸见得，却烦勇革。不可苟避讥笑，却误人也。

答吕子约

日用工夫，比复何如？文字虽不可废，然涵养本原而察于天理人欲之判，此是日用动静之间，不可顷刻间段底事。若于此处见得分明，自然不到得流入世俗功利权谋里去矣。熹亦近日方实见得向日支离之病，虽与彼中证候不同，然忘己逐物，贪外虚内之失，则一而已。程子说“不得以天下万物扰己，己立后自能了得天下万物”，今自家一个身心不知安顿去处，而谈王说伯，将经世事业别作一个伎俩商量讲究，不亦误乎。相去远，不得面论；书问终说不尽，临风叹息而已。

答何叔京

前此僭易拜禀博观之蔽，诚不自揆。乃蒙见是，何幸如此。然观来谕，似有未能遽舍之意，何邪？此理甚明，何疑之有？若使道可以多闻博观而得，则世之知道者为不少矣。熹近日因事方有少省发处，如“鸢飞鱼跃”，明道以为与“必有事焉勿正”之意同者，乃今晓然无疑。日用之间，观此流行之体，初无间段处，有下功夫处。乃知日前自诳诳人之罪，盖不可胜赎也。此与守书册，泥言语，全无交涉；幸于日用间察之，知此则知仁矣。

答潘叔昌

示喻“天上无不识字的神仙”，此论甚中一偏之弊。然亦恐只学得识字，却不曾学得上天，即不如且学上天耳。上得天了，却旋学上天人，亦不妨也。中年以后，气血精神能有几何？不是记故事时节。熹以目昏，不敢着力读书。闲中静坐，收敛身心，颇觉得力。间起看书，聊复遮眼，遇有会心处，时一喟然耳。

答潘叔度

熹衰病，今岁幸不至剧，但精力益衰，目力全短，看文字不得；冥目静坐，却得收拾放心，决得日前外面走作不少，颇恨盲废之不早也。看书鲜识之喻，诚然。然严霜大冻之中，岂无些小风和日暖意思？要是多者胜耳。

与吕子约

孟子言“学问之道，惟在求其放心”；而程子亦言“心要在腔子里”。今一向耽着文字，令此心全体都奔在册子上，更不知有己；便是个无知觉不识痛痒之人，虽读得书，亦何益于吾事邪？

与周叔谨

应之甚恨未得相见，其为学规模次第如何？近来吕、陆门人互相排斥，此由各徇所见之偏，而不能公天下之心以观天下之理，甚觉不满人意。应之盖尝学于两家，未知其于此看得果如何？因话扣之，因书谕及为幸也。熹近日亦觉向来说话有大支离处，反身以求，正坐自己用功亦未切耳。因此减去文字工夫，觉得闲中气象甚适。每劝学者且亦看《孟子》“道性善”、“求放心”两章，着实体察收拾为要；其余文字，且大概讽诵涵养，未须大段着力考索也。

答陆象山

熹衰病日侵，去年灾患亦不少，比来病躯方似略可支吾。然精神耗减，日甚一日，恐终非能久于世者。所幸迩来日用工夫颇觉有力，无复向来支离之病。甚恨未得从容面论。未知异时相见，尚复有异同否耳？

答符复仲

闻向道之意甚勤。向所喻义利之间，诚有难择者；但意所疑，以为近利者，即便舍去可也。向后见得亲切，却看旧事，又有见未尽舍未尽者，不解有过当也。见陆丈回书，其言明当，且就此持守，自见功效；不须多疑多问，却转迷惑也。

答吕子约

日用工夫，不敢以老病而自懈。觉得此心操存舍亡，只在反掌之间。向来诚是太涉支离。盖无本以自立，则事事皆病而。又闻讲授亦颇勤劳，此恐或有未便。今日正要清源正本，以察事变之几微，岂可一向汩溺于故纸堆中，使精神昏弊，失后忘前，而可以谓之学乎？

与吴茂实

近来自觉向时工夫，止是讲论文义，以为积集义理，久当自有得力处，却于日用工夫全少检点。诸朋友往往亦只如此做工夫，所以多不得力。今方深省而痛惩之，亦欲与诸同志勉焉。幸老兄遍以告之也。

答张敬夫

熹穷居如昨，无足言者。自远去师友之益，兀兀度日。读书反己，固不无警省处，终是旁无疆辅，因循汩没，寻复失之。近日一种向外走作，心悦之而不能自已者，皆准止酒例戒而绝之，似觉省事。此前辈所谓“下士晚闻道，聊以拙自修”者，若充扩不已，补复前非，庶其有日。旧读《中庸》“慎读”、《大学》“诚意”、“毋自欺”处，常苦求之太过，措词烦猥；近日乃觉其非，此正是最切近处，最分明处。乃舍之而谈空于冥漠之间，其亦误矣。方窃以此意痛自检勒，懔然度日，惟恐有怠而失之也。至于文字之间，亦觉向来病痛不少。盖平日解经最为守章句者，然亦多是推衍文义，自做一片文字；非惟屋下架屋，说得意味淡薄，且是使人看者将注与经作两项工夫，做了下梢，看得支离，至于本旨，全不相照。以此方知汉儒可谓善说经者，不过只说训诂，使人以此训诂玩索经文。训诂经文不相离异，只做一道看了，直是意味深长也。

答吕伯恭

道间与季通讲论，因悟向来函养工夫全少，而讲说又多，强探必取巡流逐末之弊；推类以求，众病非一，而其源皆在此，恍然自失，似有顿进之功。若保此不懈，庶有望于将来。然非如近日诸贤所谓顿悟之机也。向来所闻诲谕诸说之未契者，今日细思，吻合无疑。大抵前日之病，皆是气质躁妄之偏，不曾涵养克治，任意直前之弊耳。

答周纯仁

闲中无事，固宜谨出，然想亦不能一并读得许多。似此专人来往劳费，亦是未能省事随寓而安之病。又如多服燥热药，亦使人血气偏胜，不得和平，不但非所以卫生，亦非所闲退之意胜，而飞扬燥扰之气消，则治心养气、处事接物自然安稳，一时长进，无复前日内外之患矣。

答窦文卿

为学之要，只在着实操存，密切体认，自己身心上理会。切忌轻自表暴，引惹外人辩论，枉费酬应，分却向里工夫。

答吕子约

闻欲与二友俱来而复不果，深以为恨。年来觉得日前为学不得要领，自做身主不起，反为文字夺却精神，不是小病。每一念之，惕然自惧，且为朋友忧之。而每得子约书，辄复恍然，尤不知所以为贤者谋也。且如临事迟回，瞻前顾后，只此亦可见得心术影子。当时若得相聚一番，彼此极论，庶几或有剖决之助。今又失此机会，极令人怅恨也。训导后生，若说得是，当极有可自警省处，不会减人气力。若只如此支离，漫无绝纪，则虽不教后生，亦只见得展转迷惑，无出头处也。

答林择之

熹哀苦之余，无他外诱，日用之间，痛自敛饬，乃知敬费光阴，人欲横流，天理几灭。今而思之，怛然震悚，盖不知所以措其躬也。

又

此中见有朋友数人讲学，其间亦难得朴实头负荷得者。因思日前讲论，只是口说，不曾实体于身，故在己在人，都不得力。今方欲与朋友说日用之间，常切点检气习偏处、意欲萌处，与平日所讲相似与不相似，就此痛着工夫，庶几有益。陆子寿兄弟，近日议论，却肯向讲学上理会。其门人有相访者，气象皆好。但其间亦有旧病。此间学者却是与渠相反，初谓只如此讲学，渐涵自能入德。不谓末流之弊只成说话，至于人伦日用最切近处，亦都不得毫毛气力。此不可不深惩而痛警也。

答梁文叔

近看孟子见人即道性善，称尧、舜，此是第一义。若于此看得透，信得及，直下便是圣贤，便无一毫人欲之私做得病痛。若信不及孟子，又说个第二节工夫，又只引成覸、颜渊、公明仪三段说话教人如此，发愤勇猛向前，日用之间，不得存留一毫人欲之私在这里，此外更无别法。若于此有个奋迅兴起处，方有田地可下工夫。不然，即是画脂镂冰，无真实得力处也。近日见得如此，自觉颇得力，与前日不同，故此奉报。

答潘叔恭

学问根本在日用间，持敬集义工夫，直是要得念念省察。读书求义，乃其间之一事耳。旧来虽知此意，然于缓急之间，终是不觉有倒置处，误人不少。今方自悔耳。

答林充之

充之近读何书？恐更当于日用之间为人之本者，深加省察，而去其有害于此者为佳。不然，诵说虽精，而不践其实，君子盖深耻之。此固充之平日所讲闻也。

答何叔景

李先生教人，大抵令于静中体认大本未发时气象，分明即处事应物，自然中节。此乃龟山门下相传指决，然当时亲炙之时，贪听讲论，又方窃好章句训诂之习，不得尽心于此；至今若存若亡，无一的实见处，辜负教育之意。每一念此，未尝不愧汗沾衣也。

又

熹近来尤觉错愦无进步处。盖缘日前偷堕苟简，无深探力行之志，凡所论说，皆出入口耳之余，以故全不得力。今方觉悟，欲勇革旧习，而血气已衰，心志亦不复强，不知终能有所济否？

又

向来妄论“持敬”之说，亦不自记其云何。但因其良心发现之微，猛省提撕，使心不昧，则是做工夫的本领。本领既立，自然下学而上达矣。若不察良心发现处，即渺渺茫茫，恐无下手处也。中间所见亦是如此。近因反求未得个安稳处，却始知此未免支离，如所谓因诸公以求程氏，因程氏以求圣人，是隔几重公案，曷若默会诸心，以立其本，而其言之得失，自不能逃吾之鉴邪？钦夫之学所以超脱自在，见得分明，不为言句所桎梏，只为合下人处亲切。今日说话虽未能绝无渗漏，终是本领。是当非吾辈所及，但详观所论，自可见矣。

答林择之

所论颜、孟不同处，极善极善。正要见此曲折，始无窒碍耳。比来想亦只如此用功。熹近只就此处见得向来未见底意思，乃知存入自明，何待穷索之语，是真实不诳语。今未能久，已有此验，况真能久邪？但当益加勉励，不敢少弛其劳耳。

答杨子直

学者堕在语言，心实无得，固为大病；然于语言中，罕见有究竟得彻头彻尾者。盖资质已是不及古人，而工夫又草草，所以终身于此，若存若亡，未有卓然可恃之实。近因病后，不敢极力读书，闲中却觉有进步处。大抵孟子所论求其放心，是要诀尔。

与田侍郎子真

吾辈今日事事做不得，只有向里存心穷理，外人无交涉。然亦不免违条碍贯，看来无着力处，只有更攒近里面，安身立命尔。不审比日何所用心？因书及之，深所欲闻也。

答陈才卿

详来示，知日用工夫精进如此，尤以为喜。若知此心理端的在我，则参前倚衡，自有不容舍者，亦不待求而得，不待操而存矣。格物致知，亦是因其所已知者推之，以及其所未知，只是一本，原无两样工夫也。

与刘子澄

居官无修业之益，若以俗学言之，诚是如此；若论圣门所谓德业者，却初不在日用之外，只押文字，便是进德修业地头，不必编缀异闻，乃为修业也。近觉向来为学，实有向外浮泛之弊；不惟自误，而误人亦不少。方别寻得一头绪，似差简约端的，始知文字言语之外，真别有用心处，恨未得面论也。浙中后来事体，大段支离乖僻，恐不止似正似邪而已，极令人难说，只得惶恐，痛自警省。恐未可专执旧说以为取舍也。

与林择之

熹近觉向来乖谬处不可缕数，方惕然思所以自新者，而日用之间，悔吝潜积，又已甚多。朝夕惴惧，不知所以为计。若择之能一来辅此不逮，幸甚。然讲学之功，比旧却觉稍有寸进。以此知初学得些静中功夫，亦为助不小。

答吕子约

示喻日用工夫如此，甚善。然亦且要见一大头脑分明，便于操舍之间有用力处；如实有一物，把住放行在自家手里，不是谩说求其放心，实却茫茫无把捉处也。

子约复书云：“某盖尝深体之，此个大头脑本非外面物事，是我元初本有底。其曰‘人生而静’，其曰‘喜怒哀乐之未发’，其曰‘寂然不动’，人汩汩地过了日月，不曾存息，不曾实现此体段，如何会有用力处？程子谓‘这个义理，仁者又看做仁了，智者又看做智了，百姓日用不知，此所以君子之道鲜’。此个亦不少，亦不剩，只是人看他不见，不大段信得此话。及其言于勿忘勿助长间认取者，认乎此也。认得此，则一动一静皆不昧矣。恻隐羞恶辞让是非，四端之著也，操存久则发现多；忿懥忧患好乐恐惧，不得其正也，放舍甚则日滋长。记得南轩先生谓'验厥操舍，乃知出入'，乃是见得主脑，于操舍间有用力处之实话。盖苟知主脑不放下，虽是未能常常操存，然语默应酬间历历能自省验，虽其实有一物在我手里，然可欲者是我的物，不可放失；不可欲者非是我物，不可留藏；虽谓之实有一物在我手里，亦可也。若是谩说，既无归宿，亦无依据，纵使缠把捉得住，亦止是袭取，夫岂是我元有的邪？愚见哪些，敢望指教。"朱子答书云："此段大概，甚正当亲切。"

答吴德夫

承喻仁字之说，足见用力之深。熹意不欲如此坐谈，但直以孔子、程子所示求仁之方，择其一二切于吾身者，笃志而力行之，于动静语默间，勿令间断，则久久自当知味矣。去人欲，存天理，且据所见去之存之。工夫既深，则所谓似天理而实人欲者次第可见。今大体未正，而便察及细微，恐有放饭流歠，而问无齿决之讥也。如何如何？

答或人

中和二字，皆道之体用。旧闻李先生论此最详，后来所见不同，遂不复致思。今乃知其为人深切，然恨已不能尽记其曲折矣。如云"人固有无所喜怒哀乐之时，然谓之未发，则不可言无主也"，又如先言慎独，然后及中和，此亦尝言之。但当时既不领略，后来又不深思，遂成蹉过，孤负此翁耳。

答刘子澄

日前为学，缓于反己追思，凡多百可悔者。所论注文字，亦坐此病，多无着实处。回首茫然，计非岁月工夫所能救治，以此愈不自快。前时犹得敬夫、伯恭时惠规益，得以自警省；二友云亡，耳中绝不闻此等语。今乃深有望于吾子澄。自此惠书，痛加镌诲，乃君子爱人之意也。

朱子之后，如真西山、许鲁齐、吴草庐亦皆有见于此，而草庐见之尤真，悔之尤切。今不能备录，取草庐一说附于后。

临川吴氏曰："天之所以生人，人之所以为人，以此德性也。然自圣传不嗣，士学靡宗，汉、唐千余年间，董、韩二子依稀数语近之，而原本竟昧昧也。逮夫周、程、张、邵兴，始能上通孟氏而为一。程氏四传而至朱，文义之精密，又孟氏以来所未有者。其学徒往往滞于此而溺其心。夫既以世儒记诵词章为俗学矣，而其为学亦未离乎言语文字之末。此则嘉定以后朱门末学之敝，而未有能救之者也。夫所贵乎圣人之学，以能全天之所以与我者尔。天之与我，德性是也，是为仁义礼智之根株，是为形质血气之主宰。舍此而他求，所学何学哉？假而行如司马文正公，才如诸葛忠武侯，亦不免为习不著，行不察；亦不过为资器之超于人，而谓有得于圣学则未也。况止于训诂之精，讲说之密，如北溪之陈，双峰之饶，则与彼记诵词章之俗学，相去何能以寸哉？圣学大明于宋代，而踵其后者如此，可叹已。澄也钻研于文义，毫分缕析，每以陈为未精，饶为未密也。堕此科臼中垂四十年，而始觉其非。自今以往，一日之内而亥，一月之内朔而晦，一岁之内春而冬，常见吾德性之昭昭，如天之运转，如日月之往来，不使有须臾之间断，则于尊之之道殆庶几乎？于此有未能，则问于人，学于己，而必欲其至。若其用力之方，非言之可喻，亦味于《中庸》首章、《订顽》终篇而自悟可也。”

《朱子晚年定论》，我阳明先生在留都时所采集者也。揭阳薛君尚谦旧录一本，同志见之，至有不及抄写，袖之而去者。众皆惮于翻录，乃谋而寿诸梓。谓“子以齿，当志一言”。惟朱子一生勤苦，以惠来学，凡一言一字，皆所当守；而独表章是、尊崇乎此者，盖以为朱子之定见也。今学者不求诸此，而犹踵其所悔，是蹈舛也，岂善学朱子者哉？麟无似；从事于朱子之训余三十年，非不专且笃，而竟亦未有居安资深之地，则犹以为知之未详，而览之未博也。戊寅夏，持所著论若干卷来见先生。闻其言，如日中天，睹之即见；象五谷之艺地，种之即生；不假外求，而真切简易，恍然有悟。退求其故而不合，则又不免迟疑于其间。及读是编，始释然，尽投其所业，假馆而受学，盖三月而若将有闻焉。然后知乡之所学，乃朱子中年未定之论，是故三十年而无获。今赖天之灵，始克从事于其所谓定见者，故能三月而若将有闻也。非吾先生，几乎已矣。敢以告夫同志，使无若麟之晚而后悔也。若夫直求本原于言语之外，真有以验其必然而无疑者，则存乎其之自力，是编特为之指迷耳。正德戊寅六月望，门人零都袁庆麟谨识。

罗履素诗集序 壬戌

履素先生诗一帙，为篇二百有奇，浙大参罗公某以授阳明子某而告之曰：“是吾祖之作也。今诗文之传，皆其崇高显赫者也。吾祖隐于草野，其所存要无愧于古人，然世未有知之者，而所为诗文又皆沦落止是，某将梓而传焉。惧人之以我为僭也，吾子以为奚若？”某曰：“无伤也。孝子仁孙之于其父祖，虽其服玩嗜好之微，犹将谨守而弗忍废，况乎诗文，其精神心术之所寓，有足以发闻于后者哉。夫先祖有美而弗传，是弗仁也，夫孰得而议之。盖昔者夫子之取于诗也，非必其皆有闻于天下，彰彰然明著者而后取之；《沧浪之歌》采之孺子，《萍实》之谣得诸儿童，夫固若是其宽博也。然至于今，其传者不过数语而止，则亦岂必其多之贵哉？今诗文之传则诚富矣，使有删述者而去取之，其合于道也，能几？履素之作，吾诚不足以知之，顾亦岂无一言之合于道乎？夫有一言之合于道，是于其世也，亦有一言之训矣，又况其不止于是也，而又奚为其不可以传哉？吾观大参公之治吾浙，宽而不纵，仁而有勇，温文蕴籍；居然稠众之中，固疑其先必有以开之者。乃今观履素之作，而后知其所从来者之远也。世之君子，苟未知大参公之所自，吾请观于履素之作；苟未知履素之贤，吾请观于大参公之贤，无疑矣。然则是集也，固罗氏之文献系焉，其又可以无传乎哉？”大参公起拜曰：“某固将以为罗氏之书也，请遂以吾子之言序之。”大参公名鉴，字某，由进士累今官。有厚德长才，向用未艾。大参之父某，亦起家进士而以文学政事显。罗氏之文献，于此益为有证云。

两浙观风诗序 壬戌

《两浙观风诗》者，浙之士夫为佥宪陈公而作也。古者天子巡狩而至诸侯之国，则命太师陈诗，以观民风。其后巡狩废而陈诗亡。春秋之时，列国之君大夫相与盟会问遣，犹各赋诗以言己志而相祝颂。今观风之作，盖亦祝颂意也。王者之巡狩，不独陈诗观风而已。其始至方岳之下，则望秩于山川，朝见兹土之诸侯，同律历礼乐制度衣服纳价，以观民之好恶；就见百年者而问得失，赏有功，罚有罪。盖所以布王政而兴治功，其事亦大矣哉。汉之直指、循行，唐、宋之观察、廉访、采访之属，及今之按察，虽皆谓之观风，而其实代天子以行巡狩之事。故观风，王者事也。

陈公起家名进士，自秋官郎擢佥浙臬，执操纵予夺生死荣辱之柄，而代天子观风于一方，其亦荣且重哉。吁，亦难矣。公之始至吾浙，适岁之旱，民不聊生。饥者仰而待哺，悬者呼而望解；病者呻，郁者怨；不得其平者鸣；弱者、强者、蹶者、啮者，梗而孽者、狡而窃者，乘间投隙，沓至而环起。当是之时而公无以处之，吾见其危且殆也。赖公之才，明知神武，不震不激，抚柔摩剔，以克有济。期月之间，而饥者饱，悬者解，呻者歌，怨者乐，不平者申；蹶者起，啮者驯，孽者顺，窃者靖；涤荡剖刷而率以无事。于是乎修废举坠，问民之疾苦而休息之，劳农劝学，以兴教化。然后上会稽，登天姥，入雁荡，陟金娥，览观江山之形胜，慨然太息。吊子胥之忠谊，礼严光之高节；希遐躅于隆庞，把流风于仿佛；固亦大丈夫得志行道之一乐哉。然公之始，其忧民之忧也，亦既无所不至矣。公唯忧民之忧，是以民亦乐公之乐，而相与欢欣鼓舞以颂公德。然则今日观风之作，岂独见吾人之厚公，抑以见公之厚于吾人也。虽然，公之忧民之忧，其惠泽则既无日而可忘矣；民之乐公之乐，其爱慕亦既与日而俱深矣。以公之才器，天子其能久容于外乎？则公固有时而去也。然则其可乐者能几？而可忧者终谁任之？则夫今日观风之作，又不徒以颂公之厚于吾人，将遂因公而致望于继公者亦如公焉。则公虽去，而所以忧其民者，尚亦永有所托而因以不坠也。

山东乡试录序 甲子

山东，古齐、鲁、宋、卫之地，而吾夫子之乡也。尝读夫子《家语》，其门人高弟，大抵皆出于齐、鲁、宋、卫之叶，固愿一至其地，以观其山川之灵秀奇特，将必有如古人者生其间，而吾无从得之也。今年为弘治甲子，天下当复大比。山东巡按监察御史陆偁辈以礼与币来请守仁为考试官。故事，司考校者惟务得人，初不限以职任；其后三四十年来，始皆一用学职，遂致应名取具，事归外帘，而糊名易书之意微。自顷言者颇以为不便，大臣上其议。天子曰：“然，其如故事。”于是聘礼考校，尽如国初之旧，而守仁得以部属来典试事于兹土，虽非其人，宁不自庆其遭际。又况夫子之乡，固其平日所愿一至焉者；而乃得以尽观其所谓贤士者之文而考校之，岂非平生之大幸欤。虽然，亦窃有大惧焉。夫委重于考校，将以求才也。求才而心有不尽，是不忠也；心之尽矣，而真才之弗得，是弗明也。不忠之责，吾知尽吾心尔矣；不明之罪，吾终且奈何哉。盖昔者夫子之时，及门之士尝三千矣，身通六艺者七十余人；其尤卓然而显者，德行言语则有颜、闵、予、赐之徒，政事文学则有由、求、游、夏之属。今所取士，其始拔自提学副使陈某者盖三千有奇，而得千有四百，既而试之，得七十有五人焉。呜呼。是三千有奇者，皆其夫子乡人之后进而获游于门墙者乎？是七十有五人者，其皆身通六艺者乎？夫今之山东，犹古之山东也，虽今之不逮于古，顾亦宁无一二人如昔贤者？而今之所取苟不与焉，岂非司考校者不明之罪欤？虽然，某于诸士亦愿有言者。夫有其人而弗取，是诚司考校者不明之罪矣。司考校者以是求之，以是取之，而诸士之中苟无其人焉以应其求，以不负其所取，是亦诸士者之耻也。虽然，予岂敢谓果无其人哉。夫子尝曰："鲁无君子者，斯焉取斯。"颜渊曰："舜何？人也；予何？人也；有为者亦若是。"夫为夫子之乡人，苟未能如昔人焉，而不耻不若，又不知所以自勉，是自暴自弃也，其名曰不肖。夫不肖之与不明，其相去何远乎，然则司考校者之与诸士，亦均有责焉耳矣。嗟夫。司考校者之责，自今不能以无惧，而不可以有为矣。若夫诸士之责，其不听者犹可以自勉，而又惧其或以自画也。诸士无亦曰吾其勖哉，无使司考校者终不免于不明也。斯无愧于是举，无愧于夫子之乡人也矣。是举也，某某同事于考校，而御史偁实司监临，某某司提调，某某司监试，某某某又相与翊赞防范于外，皆与有劳焉，不可以不书。自余百执事，则已具列于录矣。

气候图序 戊辰

天地一元之运为十二万九千六百年，分而为十二会；会分而为三十运；运分而为十二世；世分而为三十年；年分而为十二月；月分而为二气；气分而为三候；候分为五日；日分为十二时；积四千三百二十时三百六十日而为七十二候。会者，元之候也；世者，运之候也；月者，岁之候也；候者，月之候也。天地之运，日月之明，寒暑之代谢，气化人物之生息终始，尽于此矣。月，证于月者也；气，证于气者也；候，证于物者也。若孟春之月，其气为立春，为雨水；其候为东风解冻，为蛰虫始振，为鱼负冰，獭祭鱼之类；《月令》诸书可考也。气候之运行，虽出于天时，而实有关于人事。是以古之君臣，必谨修其政令，以奉若夫天道；致察乎气运，以警惕夫人为。故至治之世，天无疾风盲雨之愆，而地无昆虫草木之孽。孔子之作《春秋》也，大雨、震电、大雨雪则书，大水则书，无冰则书，无麦苗则书，多麋则书，蜮蜚雨、螽蝝生则书，六鹢退飞则书，陨霜不杀草李梅实则书，春无水则书，鸜鹆来巢则书。凡以见气候之愆变失常，而世道之兴衰治乱，人事之汙隆得失，皆于是乎有证焉；所以示世之君臣者恐惧修省之道也。

大总兵怀柔伯施公命绘工为《七十二候图》，遣使以币走龙场，属守仁叙一言于其间。守仁谓使者曰：“此公临政之本也，善端之发也，戒心之萌也。”使者曰：“何以知之？”守仁曰：“人之情必有所不敢忽也，而后著于其念；必有所不敢忘也，而后存于其心。著于其念，存于其心，而后见之于颜色言论，志之于弓矢几杖盘盂剑席，绘之于图书，而日省之其心。是故思驰骋者，爱观夫射猎游田之物；甘逸乐者，喜亲夫博局燕饮之具。公之见于图绘者，不于彼而于此，吾是以知其为善端之发也；吾是以知其为戒心之萌也。其殆警惕夫人为，而谨修其政令也欤。其殆致察乎气运，而奉若夫天道也欤。夫警惕者，万善之本，而众美之基也。公克念于是，其可以为贤乎。由是因人事以达于天道，因一月之候以观夫世运会元，以探万物之幽赜，而穷天地之始终，皆于是乎始。吾是以喜闻而乐道之，为之叙而不辞也。”

送毛宪副致仕归桐江书院序 戊辰

正德己巳夏四月，贵州按察司副使毛公承上之命，得致其仕而归。先是，公尝卜桐江书院于子陵钓台之侧者几年矣，至是将归老焉，谓其志之始获遂也，甚喜。而同僚之良惜公之去，乃相与咨嗟不忍，集而饯之南门之外。酒既行，有起而言于公者，曰：“君子之道，出与处而已。其出也有所为，其处也有所乐。公始以名进士从政南部，理繁治剧，倾然已有公辅之望。及为方面于云、贵之间者十余年，内厘其军民，外抚诸戎蛮夷，政务举而德威著。虽或以是召嫉取谤，而名称亦用是益显建立，暴于天下。斯不谓之有为乎？今兹之归，脱屣声利，垂竿读书，乐泉石之清幽，就烟霞而屏迹；宠辱无所与，而世累无所加。斯不谓之有所乐乎？公于出处之际，其亦无憾焉耳已。”公起拜谢。复有言者曰：“虽然，公之出而仕也，太夫人老矣，先大夫忠襄公又遗未尽之志，欲仕则违其母，欲养则违其父，不得已权二者之轻重，出而自奋于功业。人徒见公之忧劳为国而忘其家，不知凡以成忠襄公之志，而未尝一日不在于太夫人之养也。今而归，告成于忠襄之庙，拜太夫人于膝下，旦夕承欢，伸色养之孝，公之愿遂矣。而其劳国勤民，拳拳不舍之念，又何能释然而忘之。则公虽欲一日遂归休之乐，盖亦有所未能也。”公复起拜谢。又有言者曰：“虽然，君子之道，用之则行，舍之则藏。用之而不行者，往而不返者也；舍之而不藏者，溺而不止者也。公之用也，既有以行之；其舍之也，有弗能藏者乎？吾未见夫有其用而无其体者也。”公又起拜，遂行。

阳明山人闻其言而论之曰：“始之言，道其事也，而未及于其心；次之言者，得公之心矣，而未尽于道；终之言者，尽于道矣，不可以有加矣。斯公之所允蹈者乎。”诸大夫皆曰：“然。子盍书之以赠从者？”

恩寿双庆诗后序 戊辰

正德丙寅，丹徒沙隐王公寿七十，配孺人严六十有九。其年，天子以厥子侍御君贵，封公监察御史，配为孺人。在朝之彦，咸为歌诗侈上之德，以祝公寿，美侍御君之贤。又明年，侍御君奉命巡按贵阳，以王事之靡盐，将厥父母之弗遑也，载是册以俱。每陟屺岵，望飞云，徘徊瞻恋，喟然而兴欢，黯然而长思，则取是册而披之，而微讽之，而长歌咏叹之，以舒其怀，见其志。虽身在万里，固若称觞膝下，闻《诗》、《礼》而趋于庭也。大夫士之有事于贵阳者，自都宪王公而下，复相与歌而和之，联为巨帙，属守仁叙于其后。

夫孝子之于亲，固有不必捧觞戏彩以为寿，不必柔滑旨甘以为养，不必候起居奔走扶携以为劳者。非子之心谓不必如是也，子之心愿如是，而亲以为不必如是，必如彼而后吾之心始乐也。子必为是不为彼以拂其情，而曰"吾以为孝，其得为养志乎？孝莫大乎养志"。亲之愿于其子者曰："弘乃德，远乃犹。嘻嘻旦夕，孰与名垂简册，以显我于无尽？饮食口体，孰与泽被生民，以张我之能施？服劳奔走，孰与比迹夔、皋，以明我之能教？"非必亲之愿于其子者咸若是也，亲以是愿其子，而子弗能焉，弗可得而愿也。子能之，而亲弗以愿其子焉，弗可得而能也。以是愿其子者，贤父母也；以是承于其父母者，贤子也；二者恒百不一遇焉，其庸可冀乎？侍御君之在朝，则忠爱达于上；其巡按于兹也，则德威敷于下。凡其宣布恩惠，摩赤子，起其疾而乳哺之者，孰非公与孺人之慈。凡其慑大奸使不得肆，祛大弊使不复作，爬梳调服，抚诸夷而纳之夏，以免天子一方之顾虑者，孰非侍御君之孝。而凡若此者，亦孰非侍御君之所以寿于公与孺人之寿哉。公孺人之贤，靳太史之《序》详矣。其所以修其身，教其家，诚可谓有是父有是子。是诗之作，不为虚与谀，故为序之云尔。

重刊文章轨范序 戊辰

宋谢枋得氏取古文之有资于场屋者，自汉迄宋，凡六十有九篇，标揭其篇章句字之法，名之曰《文章轨范》。盖古文之奥不止于是，是独为举业者设耳。世之学者传习已久，而贵阳之士独未之多见。侍御王君汝楫于按历之暇，手录其所记忆，求善本而校是之；谋诸方伯郭公辈，相与捐俸廪之资，锓之梓，将以嘉惠贵阳之士。曰："枋得为宋忠臣，固以举业进者，是吾微有训焉。"属守仁叙一言于简首。

夫自百家之言兴，而后有《六经》；自举业之习起，而后有所谓古文。古文之去《六经》远矣；由古文而举业，又加远焉。士君子有志圣贤之学，而专求之于举业，何啻千里。然中世以是取士，士虽有圣贤之学，尧舜其君之志，不以是进，终不大行于天下。盖士之始相见也必以贽，故举业者，士君子求见于君之羔雉耳。羔雉之弗饰，是谓无礼；无礼，无所庸于交际矣。故夫求工于举业而不事于古，作弗可工也；弗工于举业而求于幸进，是伪饰羔雉以罔其君也。虽然，羔雉饰矣，而无恭敬之实焉，其如羔雉何哉。是故饰羔雉者，非以求媚于主，致吾诚焉耳；工举业者，非以要利于君，致吾诚焉耳。世徒见夫由科第而进者，类多徇私媒利，无事君之实，而遂归咎于举业。不知方其业举之时，惟欲钓声利，弋身家之腴，以苟一旦之得，而初未尝有其诚也。邹孟氏曰："恭敬者，币之未将者也。"伊川曰："自洒扫应对，可以至圣人。"夫知恭敬之实在于饰羔雉之前，则知尧舜其君之心，不在于习举业之后矣；知洒扫应对之可以进于圣人，则知举业之可以达于伊、傅、周、召矣。吾惧贵阳之士谓二公之为是举，徒以资其希宠禄之筌蹄也，则二公之志荒矣，于是乎言。

五经臆说序 戊辰

得鱼而忘筌，醪尽而糟粕弃之。鱼醪之未得，而曰是筌与糟粕也，鱼与醪终不可得矣。《五经》，圣人之学具焉。然自其已闻者而言之，其于道也，亦筌与糟粕耳。窃尝怪夫世之儒者求鱼于筌，而谓糟粕之为醪也。夫谓糟粕之为醪，犹近也，糟粕之中而醪存。求鱼于筌，则筌与鱼远矣。

龙场居南夷万山中，书卷不可携，日坐石穴，默记旧所读书而录之。意有所得，轧为之训释。期有七月而《五经》之旨略遍，名之曰《臆说》。盖不必尽合于先贤，聊写其胸臆之见，而因以娱情养性焉耳。则吾之为是，固又忘鱼而钓，寄兴于曲蘖，而非诚旨于味者矣。呜呼。观吾之说而不得其心，以为是亦筌与糟粕也，从而求鱼与醪焉，则失之矣。

夫说凡四十六卷，《经》各十，而《礼》之说尚多缺，仅六卷云。

潘氏四封录序 辛未

歙潘氏之仕于朝者，户部主事君选、大理寺副君珍、户部员外君旦、南大理评事君鉴，凡四人。正德五年冬，珍、旦以上三载最，选、鉴，以两宫徽号，旬月之间，皆得推恩，封其亲如其官焉。于是叙八制为录，侈上之赐以光其族裔。而来谓某曰：“德下宠浮，若之何其可？请一言以永我潘氏。”某曰：“一族而四显，来者相望也，其盛哉。夫一月之间而均被荣渥，则又何难也。盖吾闻之，大山之木千仞而四干垂，而四峰之巅，飞鸟之鸣声不相及也。春气至而四干之杪花叶若一，则其所出之根，同有不期致焉。潘氏之在婺，闻望自宋、元而来，其培本则厚。四子者，固亦潘氏之四干矣。是惟否塞闭晦，苟际明期而谐景会，其轩竦条达孰御。则夫宠命之沾，暨不约而同也，其又足异哉？虽然，木之生，风霆之鼓舞，炎暑之酷烈，阴寒冰雪之严沍剥落，俾坚其质而完其气，非独雨露之沾濡生成之也。夫恩宠爵禄，雨露也；号令宣播，风霆也；法度政事之苛密烦困，炎暑也；时之险厄患难颠沛，阴寒冰雪之严沍剥落也；何莫而非生成？四子盖亦略尝历之。其材中楹柱而任梁栋矣，吾愿潘氏之益培其根也。”四子拜而起曰：“吾其益培之以忠孝乎。溉之以诚敬乎。植之以义而防之以礼乎。”某曰：“然则潘氏之轩竦条达，其益无穷尔已矣。”某不为应酬诗文余四年矣。寺副君之为暨阳也，予尝许之文，未及为而有南北之别。今兹复见于京师，而以是责偿焉，故不得而辞也。

送章达德归东雁序 辛未

章达德将归东雁，石龙山人为之请，于是甘泉子托以《考槃》，阳明子为之赋《衡门》。客有在坐者，哑然曰：“异哉。二夫子之言，吾不能知之。夫闷尔形，无莹尔精也，其可矣。今兹将惟职业之弗遑，而顾雁荡之怀乎？彼章子者，雁荡之产矣，则又可以居而弗居，依依于京师者数年而未返，是二者交相慕乎其外也。夫苟游心恬淡，而栖神于流俗尘嚣之外，环堵之间，其无屏霞、天柱乎？雁荡又奚必造而后至？不然，托踪泉石，而利禄狃其中，虽庐常云之顶，其得而居诸？”于是阳明子仰而喟，俯而默，卒无以应之也。志其言以遗章子曰：“客见吾杜权焉行矣。子毋忘客之言，亦无以客之言而忘甘泉子之托。”

寿汤云谷序 甲戌

弘治壬戌春，某西寻句曲与丹阳，汤云谷偕。当是时，云谷方为行人，留意神仙之学，为予谈呼吸屈伸之术，凝神化气之道，盖无所不至。及与之登三茅之巅，下探叶阳，休玉宸，感陶隐君之遗迹，慨叹秽浊，飘然有脱屣人间之志。予时皆未之许也，云谷意不然之，曰："子岂有见于吾乎？"予曰："然。子之眉间惨然，犹有怛世之色。是道也，迟之十年，庶几矣。"云谷曰："子见吾之貌，而吾信吾之心。"既别，云谷寻入为给事中，又迁为右给事。殚心职务，驱逐瘁劳，竟以直道抵权奸斥外。而予亦以言事得罪，奔走谪乡，不相见者十余年。

至是正德癸酉某月，予自吏部徙官南太仆；再过丹阳，而云谷已家居三年矣。访之，迎谓予曰："尚忆'眉间'之说乎？吾信吾之心，而不若子之见吾貌，何也？今果十年而始出于泥涂，是则信矣。然谓古之庶几也，则貌益衰，年益逝，去道益远；独是若未之尽然耳。"予曰："乃今则几矣。今吾又闻子之言，见子之貌矣；又见子之庐矣；又见子之乡人矣。"云谷曰："异哉。言貌既远矣，庐与乡人亦可以见我乎？"曰："古之有道之士，外槁而中泽，处隘而心广；累释而无所挠其精，机忘而无所忤于俗。是故其色愉愉，其居于于；其所遭若清风之披物，而莫知其所从往也。今子之步徐发改，而貌若益惫，然而其精藏矣；言下意恳，而气若益衰，然而其神守矣；室庐无所增益于旧，而志意扩然，其累释矣；乡之人相忘于贤愚贵贱，且以为慈母，且以为婴儿，其机忘矣。夫精藏则太和流，神守则天光发，累释则怡愉而静，机忘则心纯而一：四者道之证也。夫道无在而神无方，安常处顺，其至矣。而又何人间之脱屣乎？”云谷曰：“有是哉。吾信吾之心，乃不若子之见吾庐与吾乡人也。”

于是云谷年七十矣。是月，值其悬弧，乡人方谋所以祝寿者，闻予至，皆来请言。予曰：“嘻，子之乡先生既几于道，而尚以寿为贺乎？夫寿不足以为子之乡先生贺。子之乡而有有道之士若子之乡先生者，使尔乡人之子弟皆有所矜式视效，出而事君，则师其道以用世；入而家居，则师其道以善身，若射之有的，各中乃所向。则是先生之寿，乃于尔乡之人复有足贺也已。”明年三月，予再官鸿胪，而乡之人复以书来请，遂追书之。

文山别集序 甲戌

《文山别集》者，宋丞相文山先生自述其勤王之所经历，后人因而采集之以成者也。其间所值险阻艰难，颠沛万状，非先生之述，固无从而尽知者。先生忠节盖宇宙，皆于是而有据。后之人因词考迹，感先生之大义，油然兴起其忠君爱国之心，固有泫然泣下，裂眦扼腕，思丧元首之无地者。是集之有益于臣道，岂小小哉。

古之君子之忠于其君，求尽吾心焉以自慊而已，亦岂屑屑言之，以蕲知于世？然而仁人之心忠于其君，亦欲夫人之忠于其君也。忠于其君，则尽心焉已。欲夫人忠于其君，而思以吾之忠于其君者启其良心，固有人弗及知之者，非自言之，何由以及人乎？斯先生之所为自述，将以教世之忠也。当其时，仗节死义之士无不备载，亦因是以有传，是又与人为善者也。是集也，在先生之自尽，若嫌于蕲世之知；以先生之教人，则吾惟恐其知之不尽也。在先生之自尽，若可以无传；以先生之与人为善，则吾惟恐其传之不远也。

先生之裔孙，今太仆少卿公宗严，复刻是集而属某为之序。某之为庐陵也，公之族弟某尝以序谋，兹故不可得而辞。呜呼。当颠沛之心而不忘乎与人为善者，节之裕也；致自尽之心而欲人同归于善者，忠之推也；不以薪知为嫌而行其教人之诚者，仁之笃也。象贤崇德，以章其先世之美之谓孝；明训述事，以广其及人之教之谓义。吾于是集之序，无愧辞耳矣。

金坛县志序 乙亥

麻城刘君天和之尹金坛也，三月而政成。考邑之故而创志焉，曰："于乎艰哉。吾欲观风气之所宜，民俗之所向，而无所证也，以诹于乡老，有遗听焉；吾欲观往昔之得失，民俗之急缓弛张，先后之无所稽也，以询于闾野，有遁情焉；吾欲观山川之条理，疆域之所际，道路井邑之往来聚散，制其经，适其变，而无所裁也；则以之僻荒秽，入林麓，有遗历焉。亦惟文献之未足也而尔已矣。呜呼。古君子之忠也，旧政以告于新尹，吾何以尽吾心哉？夫政，有时而或息焉；告，有时而或穷焉。书之册而世守之，斯其为告也，不亦远乎。"志成，使来请序。

吾观之，秩然其有伦也，错然其有章也。天也，物之祖也；地也，物之妣也。故先之以天文，而次之以地理。地必有所产，故次之以食货；物产而事兴，故次之以官政；政行而齐之以礼，则教立，故次之以学校；学以兴贤，故次之以选举；贤兴而后才可论也，故次之以人物；人物必有所居，故次之以宫室；居必有所事，事穷则变，变则通，故次之以杂志终焉。呜呼。此岂独以志其邑之故，君子可以观政矣。

夫经之天文，所以立其本也；纪之地理，所以顺其利也；参之食货，所以遂其养也；综之官政，所以均其施也；节之典礼，所以成其俗也；达之学校，所以新其德也；作之选举，所以用其才也；考之人物，所以辨其等也；修之宫室，所以安其居也；通之杂志，所以尽其变也。故本立而天道可睹矣；利顺而地道可因矣；养遂而民生可厚矣；施均而民政可平矣；俗成而民志可立矣；德新而民性可复矣；才用等辨而民治可久矣；居安尽变而民义不匮矣。修此十者以治，达之邦国天下可也，而况于邑乎？故曰：君子可以观政矣。

送南元善入觐序 乙酉

渭南南侯之守越也，越之敝数十年矣。巨奸元憝，窟据根盘，良牧相寻，未之能去；政积事隳，俗因隳靡。至是乃斩然剪剔而一新之，凶恶贪残，禁不得行；而狡伪淫侈，游惰苟安之徒，亦皆拂戾失常，有所不便。相与斐斐缉缉，构谗腾诽；城狐社鼠之奸，又从而党比翕张之，谤遂大行。士夫之为元善危者沮之，曰：“谤甚矣，盍已诸？”元善如不闻也，而持之弥坚，行之弥决。且曰：“民亦非无是非之心，而蔽昧若是，固学之不讲而教之不明也。吾宁无责而独以咎归于民？”则日至学宫，进诸生而作之以圣贤之志，启之以身心之学。士亦蔽于习染，哄然疑怪以骇，曰：“是迂阔之谈，将废吾事。”则又相与斐斐缉缉，訾毁而诋议之。士夫之为元善危者沮之，曰：“民之谤若火之始炎，士又从而膏之，孰能以无烬乎？盍遂已诸？”元善如不闻也，而持之弥坚，行之弥决。则及缉稽山书院，萃其秀颖，而日与之谆谆焉，亹亹焉，越月逾时，诚感而意乎。三学洎各邑之士亦渐以动，日有所觉而月有所悟矣。于是争相奋曰："吾乃今知圣贤之必可为矣。非侯之至，吾其已夫。侯真吾师也。"于是民之谤者亦渐消沮。其始犹曰："侯之于我，利害半；我之于侯，恩爱半。"至是惠洽泽流而政益便，相与悔曰："吾始不知侯之爱我也，而反以为殃我也；吾始不知侯之拯我也，而反以为劳我也；吾其无人之心乎。侯真吾之严父也，慈母也。"于是侯且入觐，百姓惶惶请留，不得，相与谋之多士曰："吾去慈母，吾将安哺乎？吾去严父，吾将安恃乎？"士曰："吁嗟。维父与母，则生尔身；维侯我师，实生我心。吾宁可以一日而无吾师之临乎。"则相与假重于阳明子而乞留焉。阳明子曰："三年之观，大典也。侯焉可留乎？虽然，此在尔士尔民之心。夫承志而无违，子之善养也；离师友而不背，弟子之善学也。不然，虽居膝下而侍几杖，犹为不善养而操戈入室者也。奚必以留侯为哉。"众皆默然，良久，曰："公之言是也。"相顾逡巡而退。明日，复师生相率而来请曰："无以输吾之情，愿以公言致之于侯。庶侯之遄其来旋，而有以速诸生之化，慰吾民之延颈也。"

送闻人邦允序

闻人言邦允者，阳明子之表弟也，将之官闽之苍峡而请言。阳明子谓之曰："重矣，勿以进非科第而自轻；荣矣，勿以官卑而自慢。夫进非科第，则人之待之也易以轻，从而自轻者有矣；官卑，则人之待之也易以慢，从而自慢者有矣。夫科第以致身，而恃以为暴，是厉阶也；高位以行道，而遽以媒利，是盗资也，于吾何有哉？吾所谓重，吾有良贵焉耳，非矜与敖之谓也，吾所谓荣，吾职易举焉耳，非显与耀之谓也。夫以良贵为重，举职为荣，则夫人之轻与慢之也，亦于吾何有哉。行矣，吾何言。”

送别省吾林都宪序 戊子

嘉靖丁亥冬，守仁奉命视师思、田，省吾林君以广西右辖，实与有司。既思、田来格，谋所以缉绥之道，咸以为非得宽厚仁恕，德威素为诸夷所信服者父临而母鞠之，殆未可以强力诡计劫制于一时而能久于无变者也，则莫有逾于省吾者。遂以省吾之名上请，乞加宪职，委之重权，以留抚于兹土，盖一年二年而化洽心革，朝廷永可以无一方顾也乎。则又以为圣天子方侧席励精，求卓越之才，须更化善治，则如省吾之成德夙望，大臣且交章论荐，或者请未及上，而先已有隆委峻擢，恐未肯为区区两府之遗黎，淹岁月而借之以重也。疏去未逾月，而巡抚郧阳之命果下矣。当是时，八寨之瑶积祸千里且数十年，方议进兵讨罪。省吾将率思、田报效之民以先之。报闻，众咸为省吾贺，且谓得免兵革驱驰之劳也。省吾曰：“不然。当事而中辍之，仁者忍之乎？遇难而苟避之，义者为之乎？吾既身任其责，幸有改命，而亟去之，以为吾心，吾能如是哉？”遂弗停驱而往。冒暑雨，犯瘴毒，乘危破险，竟成八寨之伐而出。

嗟乎。今世士夫计逐功名甚于市井刀锥之较，稍有患害可相连及，辄设机阱，立党援，以巧脱幸免；一不遂其私，瞋目攘臂以相抵捍钩摘，公然为之，曾不以为耻，而人亦莫有非之者。盖士风之衰薄，至于此而亦极矣。而省吾所存，独与时俗相反若是。古所谓托孤寄命，临大节而不可夺者，省吾有焉。

正德初，某以武选郎抵逆瑾，逮锦衣狱；而省吾亦以大理评触时讳在系，相与讲《易》于桎梏之间者弥月，盖昼夜不怠，忘其身之为拘囚也。至是别已余二十年，而始复会于此。省吾貌益充，气益粹，议论益平实。而其孜孜讲学之心，则固如昔加恳切焉。公事之余，相与订旧闻而考新得。予自近年偶有见于良知之学，遂具以告于省吾；而省吾闻之，沛然若决江河，可谓平生之一快。无负于二十年之别也矣。今夫天下之不治，由于士风之衰薄；而士风之衰薄，由于学术之不明；学术之不明，由于无豪杰之士者为之倡焉耳。省吾忠信仁厚之质，得之于天者既与人殊，而其好学之心，又能老而不倦若此，其德之日以新而业之日以广也，何疑乎。自此而明学术，变士风，以成天下治，将不自省吾为之倡也乎。于省吾之别，庸书此以致切磋之意。若夫期望于声位之间，而奚情于去留之际，是系足为省吾道之哉。

卷二　文集

大学问

吾师接初见之士，必借《学》、《庸》首章以指示圣学之全功，使知从入之路。师征思、田将发，先授《大学问》，德洪受而录之。

“《大学》者，昔儒以为大人之学矣。敢问大人之学何以在于‘明明德’乎？”

阳明子曰:“大人者，以天地万物为一体者也，其视天下犹一家，中国犹一人焉。若夫间形骸而分尔我者，小人矣。大人之能以天地万物为一体也，非意之也，其心之仁本若是，其与天地万物而为一也。岂惟大人，虽小人之心亦莫不然，彼顾自小之耳。是故见孺子之入井，而必有怵惕恻隐之心焉，是其仁之与孺子而为一体也；孺子犹同类者也，见鸟兽之哀鸣觳觫，而必有不忍之心焉，是其仁之与鸟兽而为一体也；鸟兽犹有知觉者也，见草木之摧折而必有悯恤之心焉，是其仁之与草木而为一体也；草木犹有生意者也，见瓦石之毁坏而必有顾惜之心焉，是其仁之与瓦石而为一体也；是其一体之仁也，虽小人之心亦必有之。是乃根于天命之性，而自然灵昭不昧者也，是故谓之‘明德’。小人之心既已分隔隘陋矣，而其一体之仁犹能不昧若此者，是其未动于欲，而未蔽于私之时也。及其动于欲，蔽于私，而利害相攻，忿怒相激，则将戕物圮类，无所不为，其甚至有骨肉相残者，而一体之仁亡矣。是故苟无私欲之蔽，则虽小人之心，而其一体之仁犹大人也；一有私欲之蔽，则虽大人之心，而其分隔隘陋犹小人矣。故夫为大人之学者，亦惟去其私欲之蔽，以自明其明德，复其天地万物一体之本然而已耳；非能于本体之外而有所增益之也。”

曰：“然则何以在‘亲民’乎？”

曰：“明明德者，立其天地万物一体之体也。亲民者，达其天地万物一体之用也。故明明德必在于亲民，而亲民乃所以明其明德也。是故亲吾之父，以及人之父，以及天下人之父，而后吾之仁实与吾之父、人之父与天下人之父而为一体矣；实与之为一体，而后孝之明德始明矣。亲吾之兄，以及人之兄，以及天下人之兄，而后吾之仁实与吾之兄、人之兄与天下人之兄而为一体矣；实与之为一体，而后弟之明德始明矣。君臣也，夫妇也，朋友也，以至于山川鬼神鸟兽草木也，莫不实有以亲之，以达吾一体之仁，然后吾之明德始无不明，而真能以天地万物为一体矣。夫是之谓明明德于天下，是之谓家齐国治而天下平，是之谓尽性。”

曰：“然则又乌在其为‘止至善’乎？”

曰：“至善者，明德、亲民之极则也。天命之性，粹然至善，其灵昭不昧者，此其至善之发现，是乃明德之本体，而即所谓良知也。至善之发现，是而是焉，非而非焉，轻重厚薄，随感随应，变动不居，而亦莫不自有天然之中，是乃民彝物则之极，而不容少有议拟增损于其间也。少有拟议增损于其间，则是私意小智，而非至善之谓矣。自非慎独之至，惟精惟一者，其孰能与于此乎？后之人惟其不知至善之在吾心，而用其私智以揣摸测度于其外，以为事事物物各有定理也，是以昧其是非之则，支离决裂，人欲肆而天理亡，明德、亲民之学遂大乱于天下。盖昔之人固有欲明其明德者矣，然惟不知止于至善，而骛其私心于过高，是以失之虚罔空寂，而无有乎家国天下之施，则二氏之流是矣。固有欲亲其民者矣，然惟不知止于至善，而溺其私心于卑琐，是以失之权谋智术，而无有乎仁爱恻怛之诚，则五伯功利之徒是矣。是皆不知止于至善之过也。故止至善之于明德、亲民也，犹之规矩之于方圆也，尺度之于长短也，权衡之于轻重也。故方圆而不止于规矩，爽其则矣；长短而不止于尺度，乘其剂矣；轻重而不止于权衡，失其准矣；明明德、亲民而不止于至善，亡其本矣。故止于至善以亲民，而明其明德，是之谓大人之学。”

曰：“‘知止而后有定，定而后能静，静而后能安，安而后能虑，虑而后能得’，其说何也？”

曰：“人惟不知至善之在吾心，而求之于其外，以为事事物物皆有定理也，而求至善于事事物物之中，是以支离决裂，错杂纷纭，而莫知有一定之向。今焉既知至善之在吾心，而不假于外求，则志有定向，而无支离决裂、错杂纷纭之患矣。无支离决裂、错杂纷纭之患，则心不妄动而能静矣。心不妄动而能静，则其日用之间，从容闲暇而能安矣。能安，则凡念之发，一事之感，其为至善乎？其非至善乎？吾心之良知自有以详审精察之，而能虑矣。能虑则择之无不精，处之无不当，而至善于是乎可得矣。”

曰：“物有本末：先儒以明德为本，新民为末，两物而内外相对也。事有终始：先儒以知止为始，能得为终，一事而首尾相因也。如子之说，以新民为亲民，则本末之说亦有所未然欤？”

曰：“终始之说，大略是矣。即以新民为亲民，而曰明德为本，亲民为末，其说亦未为不可，但不当分本末为两物耳。夫木之干，谓之本，木之梢，谓之末，惟其一物也，是以谓之本末。若曰两物，则既为两物矣，又何可以言本末乎？新民之意，既与亲民不同，则明德之功，自与新民为二。若知明明德以亲其民，而亲民以明其明德，则民德亲民焉可析而为两乎？先儒之说，是盖不知明德亲民之本为一事，而认以为两事，是以虽知本末之当为一物，而亦不得不分为两物也。”

曰：“古之欲明明德于天下者，以至于先修其身，以吾子明德亲民之说通之，亦既可得而知矣。敢问欲修其身，以至于致知在格物，其工夫次第又何如其用力欤？”

曰：“此正详言明德、亲民、止至善之功也。盖身、心、意、知、物者，是其工夫所用之条理，虽亦各有其所，而其实只是一物。格、致、诚、正、修者，是其条理所用之工夫，虽亦皆有其名，而其实只是一事。何谓身心之形体？运用之谓也。何谓心？身之灵明主宰之谓也。何谓修身？为善而去恶之谓也。吾身自能为善而去恶乎？必其灵明主宰者欲为善而去恶，然后其形体运用者始能为善而去恶也。故欲修其身者，必在于先正其心也。然心之本体则性也。性无不善，则心之本体本无不正也。何从而用其正之之功乎？盖心之本体本无不正，自其意念发动，而后有不正。故欲正其心者，必就其意念之所发而正之，凡其发一念而善也，好之真如好好色；发一念而恶也，恶之真如恶恶臭；则意无不诚，而心可正矣。然意之所发，有善有恶，不有以明其善恶之分，亦将真妄错杂，虽欲诚之，不可得而诚矣。故欲诚其意者，必在于致知焉。致者，至也，如云‘丧致乎哀’之‘致’。《易》言‘知至至之’，‘知至’者，知也；‘至之’者，致也。‘致知’云者，非若后儒所谓充广其知识之谓也，致吾心之良知焉耳。良知者，孟子所谓‘是非之心，人皆有之’者也。是非之心，不待虑而知，不待学而能，是故谓之良知。是乃天命之性，吾心之本体，自然灵昭明觉者也。凡意念之发，吾心之良知无有不自知者。其善欤，惟吾心之良知自知之；其不善欤，亦惟吾心之良知自知之；是皆无所与于他人者也。故虽小人之为不善，既已无所不至，然其见君子，则必厌然掩其不善，而著其善者，是亦可以见其良知之有不容于自昧者也。今欲别善恶以诚其意，惟在致其良知之所知焉尔。何则？意念之发，吾心之良知既知其为善矣，使其不能诚有以好之，而复背而去之，则是以善为恶，而自昧其知善之良知矣。意念之所发，吾之良知既知其为不善矣，使其不能诚有以恶之，而覆蹈而为之，则是以恶为善，而自昧其知恶之良知矣。若是，则虽曰知之，犹不知也，意其可得而诚乎。今于良知之善恶者，无不诚好而诚恶之，则不自欺其良知而意可诚也已。然欲致其良知，亦岂影响恍惚而悬空无实之谓乎？是必实有其事矣。故致知必在于格物。物者，事也，凡意之所发必有其事，意所在之事谓之物。格者，正也，正其不正以归于正之谓也。正其不正者，去恶之谓也。归于正者，为善之谓也。夫是之谓格。《书》言‘格于上下’，‘格于文祖’，‘格其非心’，格物之格实兼其义也。良知所知之善，虽诚欲好之矣，苟不即其意之所在之物而实有以为之，则是物有未格，而好之之意犹为未诚也。良知所知之恶，虽诚欲恶之矣，苟不即其意之所在之物而实有以去之，则是物有未格，而恶之之意犹为未诚也。今焉于其良知所知之善者，即其意之所在之物而实为之，无有乎不尽。于其良知所知之恶者，即其意之所在之物而实去之，无有乎不尽。然后物无不格，而吾良知之所知者无有亏缺障蔽，而得以极其至矣。夫然后吾心快然无复余憾而自谦矣，夫然后意之所发者，始无自欺而可以谓之诚矣。故曰：‘物格而后知至，知至而后意诚，意诚而后心正，心正而后身修。’盖其功夫条理虽有先后次序之可言，而其体之惟一，实无先后次序之可分。其条理功夫虽无先后次序之可分，而其用之惟精，固有纤毫不可得而缺焉者。此格致诚正之说，所以阐尧舜之正传而为孔氏之心印也。”

德洪曰：《大学问》者，师门之教典也。学者初及门，必先以此意授，使人闻言之下，即得此心之知，无出于民彝物则之中，致知之功，不外乎修齐治平之内。学者果能实地用功，一番听受，一番亲切。师常曰：“吾此意思有能直下承当，只此修为，直造圣域。参之经典，无不吻合，不必求之多闻多识之中也。”门人有请录成书者。曰：“此须诸君口口相传，若笔之于书，使人作一文字看过，无益矣。”嘉靖丁亥八月，师起征思、田，将发，门人复请。师许之。录既就，以书贻洪曰：“《大学或问》数条，非不顾共学之士尽闻斯义，顾恐藉寇兵而赍盗粮，是以未欲轻出。”盖当时尚有持异说以混正学者，师故云然。师既没，音容日远，吾党各以己见立说。学者稍见本体，即好为径超顿悟之说，无复有省身克己之功。谓“一见本体，超圣可以跂足”，视师门诚意格物、为善去恶之旨，皆相鄙以为第二义。简略事为，言行无顾，甚者荡灭礼教，犹自以为得圣门之最上乘。噫。亦已过矣。自便径约，而不知已沦入佛氏寂灭之教，莫之觉也。古人立言，不过为学者示下学之功，而上达之机，待人自悟而有得，言语知解，非所及也。《大学》之教，自孟氏而后，不得其传者几千年矣。赖良知之明，千载一日，复大明于今日。兹未及一传，而纷错若此，又何望于后世耶？是篇邹子谦之尝附刻于《大学》古本，兹收录《续编》之首。使学者开卷读之，思吾师之教平易切实，而圣智神化之机固已跃然，不必更为别说，匪徒惑人，只以自误，无益也。

教条示龙场诸生

诸生相从，于此甚盛。恐无能为助也，以四事相规，聊以答诸生之意：一曰立志；二曰勤学；三曰改过；四曰责善。其慎听毋忽。

立志

志不立，天下无可成之事，虽百工技艺，未有不本于志者。今学者旷废隳惰，玩岁愒时，而百无所成，皆由于志之未立耳。故立志而圣，则圣矣；立志而贤，则贤矣。志不立，如无舵之舟，无衔之马，漂荡奔逸，终亦何所底乎？昔人有言，使为善而父母怒之，兄弟怨之，宗族乡党贱恶之，如此而不为善可也；为善则父母爱之，兄弟悦之，宗族乡党敬信之，何苦而不为善为君子？使为恶而父母爱之，兄弟悦之，宗族乡党敬信之，如此而为恶可也；为恶则父母怒之，兄弟怨之，宗族乡党贱恶之，何苦而必为恶为小人？诸生念此，亦可以知所立志矣。

勤学

已立志为君子，自当从事于学。凡学之不勤，必其志之尚未笃也。从吾游者，不以聪慧警捷为高，而以勤确谦抑为上。诸生试观侪辈之中，苟有虚而为盈，无而为有，讳己之不能，忌人之有善，自矜自是，大言欺人者，使其人资禀虽甚超迈，侪辈之中，有弗疾恶之者乎？有弗鄙贱之者乎？彼固将以欺人，人果遂为所欺，有弗窃笑之者乎？苟有谦默自持，无能自处，笃志力行，勤学好问，称人之善，而咎己之失，从人之长，而明己之短，忠信乐易，表里一致者，使其人资禀虽甚鲁钝，侪辈之中，有弗称慕之者乎？彼固以无能自处，而不求上人，人果遂以彼为无能，有弗敬尚之者乎？诸生观此，亦可以知所从事于学矣。

改过

夫过者，自大贤所不免，然不害其卒为大贤者，为其能改也。故不贵于无过，而贵于能改过。诸生自思平日亦有缺于廉耻忠信之行者乎？亦有薄于孝友之道，陷于狡诈偷刻之习者乎？诸生殆不至于此。不幸或有之，皆其不知而误蹈，素无师友之讲习规饬也。诸生试内省，万一有近于是者，固亦不可以不痛自悔咎。然亦不当以此自歉，遂馁于改过从善之心。但能一旦脱然洗涤旧染，虽昔为寇盗，今日不害为君子矣。若曰吾昔已如此，今虽改过而从善，将人不信我，且无赎于前过，反怀羞涩凝沮，而甘心于污浊终焉，则吾亦绝望尔矣。

责善

责善，朋友之道，然须忠告而善道之。悉其忠爱，致其婉曲，使彼闻之而可从，绎之而可改，有所感而无所怒，乃为善耳。若先暴白其过恶，痛毁极诋，使无所容，彼将发其愧耻愤恨之心，虽欲降以相从，而势有所不能，是激之而使为恶矣。故凡讦人之短，攻发人之阴私，以沽直者，皆不可以言责善。虽然，我以是而施于人不可也。人以是而加诸我，凡攻我之失者，皆我师也，安可以不乐受而心感之乎？某于道未有所得，其学卤莽耳。谬为诸生相从于此，每终夜以思，恶且未免，况于过乎？人谓事师无犯无隐，而遂谓师无可谏，非也。谏师之道，直不至于犯，而婉不至于隐耳。使吾而是也，因得以明其是；吾而非也，因得以去其非：盖教学相长也。诸生责善，当自吾始。

五经臆说十三条

师居龙场，学得所悟，证诸《五经》，觉先儒训释未尽，乃随所记忆，为之疏解。阅十有九月，《五经》略遍，命曰《臆说》。既后自觉学益精，工夫益简易，故不复出以示人。洪尝乘间以请。师笑曰："付秦火久矣。"洪请问。师曰："只致良知，虽千经万典，异端曲学，如执权衡，天下轻重莫逃焉，更不必支分句析，以知解接人也。"后执师丧，偶于废稿中得此数条。洪窃录而读之，乃叹曰："吾师之学，于一处融彻，终日言之不离是矣。即此以例全经，可知也。"

元年春王正月□人君即位之一年，必书元年。元者，始也，无始则无以为终。故书元年者，正始也。大哉乾元，天之始也。至哉坤元，地之始也。成位乎其中，则有人元焉。故天下之元在于王；一国之元在于君；君之元在于心。"元"也者，在天为生物之仁，而在人则为心。心生而有者也，曷为为君而始乎？曰："心生而有者也。未为君，而其用止于一身；既为君，而其用关于一国。故元年者，人君为国之始也。当是时也，群臣百姓，悉意明目以观维新之始。则人君者，尤当洗心涤虑以为维新之始。故元年者，人君正心之始也。”曰：“前此可无正乎？”曰：“正也，有未尽焉，此又其一始也。改元年者，人君改过迁善，修身立德之始也，端本澄源，三纲五常之始也；立政治民，休戚安危之始也。呜呼。其可以不慎乎？”

“元年”者，鲁隐公之元年。“春”者，天之春。“王”，周王也。王次春，示王者之上承天道也。“正月”者，周王之正月。周人以建子为天统，则夏正之十一月也。夫子以天下之诸侯不复知有周也，于是乎作《春秋》以尊王室，故书“王正月”，以大一统也。书“王正月”以大一统，不以王年，而以鲁年者，《春秋》鲁史，而书“王正月”，斯所以为大一统也。隐公未尝即位也，何以有元年乎？曰：“隐公即位矣。不即位，何以有元年？夫子削之不书，欲使后人之求其实也。”曰：“隐公即位矣，而不书，何也？”曰：“隐公以桓之幼而摄焉，其以摄告，故不即位也。然而天下知隐公让国之善，而争夺觊觎者知所愧矣。”曰：“以摄告，则宜以摄书，而不书何也？”曰：“隐公，兄也，桓公，弟也，庶均以长，隐公君也，奚摄焉？然而天下知嫡庶长幼之分，而乱常失序者知所定也。”曰：“隐公君也，非摄也，则宜即位矣，而不即位焉，何也？”曰：“诸侯之立国也，承之先君，而命之天子，隐无所承命也。然而天下知父子君臣之伦，而无父无君者知所惧矣。一不书即位，而隐公让国之善见焉，嫡庶长幼之分明焉，父子君臣之伦正焉，善恶兼著，而是非不相掩。呜呼。此所以为化工之妙也欤。”

郑伯克段于鄢□书“郑伯”，原杀段者惟郑伯也。段以弟篡兄，以臣伐君，王法之所必诛，国人之所共讨也。而专罪郑伯。盖授之大邑，而不为之所，纵使失道，以至于败者，伯之心也。段之恶既已暴著于天下，《春秋》无所庸诛矣。书“克”，原伯之心素视段为寇敌，至是而始克之也。段居于京，而书于鄢，见郑伯之既伐诸京，而复伐诸鄢，必杀之而后已也。郑伯之于叔段，始焉授之大邑，而听其收鄙，若爱弟之过而过于厚也。既其畔也，王法所不赦，郑伯虽欲已焉，若不容已矣。天下之人皆以为段之恶在所必诛，而郑伯讨之宜也。是其迹之近似，亦何以异于周公之诛管、蔡。故《春秋》特诛其意而书曰“郑伯克段于鄢”，辨似是之非，以正人心，而险谲无所容其奸矣。

天地感而万物化生，实理流行也。圣人感人心而天下和平，至诚发见也。皆所谓“贞”也。观天地交感之理，圣人感人心之道，不过于一贞，而万物生，天下和平焉，则天地万物之情可见矣。

《恒》，所以亨而无咎，而必利于贞者，非《恒》之外复有所谓贞也，久于其道而已。贞即常久之道也。天地之道，亦惟常久而不已耳，天地之道，无不贞也。“利有攸往”者，常之道，非滞而不通，止而不动之谓也。是乃始而终，终而复始，循环无端，周流而不已者也。使其滞而不通，止而不动，是乃泥常之名，而不知常之实者也，岂能常久而不已乎？故“利有攸往”者，示人以常道之用也。以常道而行，何所往而不利。无所往而不利，乃所以为常久不已之道也。天地之道，一常久不已而已。日月之所以能昼而夜，夜而复昼，而照临不穷者，一天道之常久而不已也。四时之所以能春而冬，冬而复春，而生运不穷者，一天道之常久不已也。圣人之所以能成而化，化而复成，而妙用不穷者，一天道之常久不已也。夫天地、日月、四时，圣人之所以能常久而不已者，亦贞而已耳。观夫天地、日月、四时，圣人之所以能常久而不已者，不外乎一贞，则天地万物之情，其亦不外乎一贞也，亦可见矣。《恒》之为卦，上震为雷，下巽为风，雷动风行，簸扬奋厉，翕张而交作，若天下之至变也。而所以为风为雷者，则有一定而不可易之理，是乃天下之至恒也。君子体夫雷风为《恒》之象，则虽酬酢万变，妙用无方，而其所立，必有卓然而不可易之体，是乃体常尽变。非天地之至恒，其孰能与于此？

《遁》，阴渐长而阳退遁也。《彖》言得此卦者，能遁而退避则亨。当此之时，苟有所为，但利小贞而不可大贞也。夫子释之以为《遁》之所以为亨者，以其时阴渐长，阳渐消，故能自全其道而退遁，则身虽退而道亨，是道以遁而亨也。虽当阳消之时，然四阳尚盛，而九五居尊得位；虽当阴长之时，然二阴尚微，而六二处下应五。盖君子犹在于位，而其朋尚盛，小人新进，势犹不敌，尚知顺应于君子，而未敢肆其恶，故几微。君子虽已知其可遁之时，然势尚可为，则又未忍决然舍去，而必于遁，且欲与时消息，尽力匡扶，以行其道。则虽当遁之时，而亦有可亨之道也。虽有可亨之道，然终从阴长之时，小人之朋日渐以盛。苟一裁之以正，则小人将无所容，而大肆其恶，是将以救敝而反速之乱矣。故君子又当委曲周旋，修败补罅，积小防微，以阴扶正道，使不至于速乱。程子所谓“致力于未极之间，强此之衰，艰彼之进，图其暂安”者，是乃小利贞之谓矣。夫当遁之时，道在于遁，则遁其身以亨其道。道犹可亨，则亨其遁以行于时。非时中之圣与时消息者，不能与于此也。故曰：“《遁》之时义大矣哉。”

“明出地上，《晋》，君子以自昭明德。”日之体本无不明也，故谓之大明。有时而不明者，入于地，则不明矣。心之德本无不明也，故谓之明德。有时而不明者，蔽于私也。去其私，无不明矣。日之出地，日自出也，天无与焉。君子之明明德，自明之也，人无所与焉。自昭也者，自去其私欲之蔽而已。初阴居下，当进之始，上与四应，有晋如之象。然四意方自求进，不暇与初为援，故又有见摧之象。当此之时，苟能以正自守，则可以获吉。盖当进身之始，德业未著，忠诚未显，上之人岂能遽相孚信。使其以上之未信，而遂汲汲于求知，则将有失身枉道之耻，怀愤用智之非，而悔咎之来必矣。故当宽裕雍容，安处于正，则德久而自孚，诚积而自感，又何咎之有乎？盖初虽晋如，而终不失其吉者，以能独行其正也。虽不见信于上，然以宽裕自处，则可以无咎者，以其始进在下，而未尝受命当职任也。使其已当职任，不信于上，而优裕废弛，将不免于旷官之责，其能以无咎乎？

《时迈》十五句，武王初克商，巡守诸侯，朝会祭告之乐歌。言我不敢自逸，而以时巡行诸侯之邦。我勤民如此，天其以我为子乎？今以我巡行之事占之，是天之实有以右序夫我有周矣。何者？我之巡行诸侯，所以兴废举坠，削有罪，黜不职者，亦聊以警动震发其委靡颓惰者耳。而四方诸侯莫不警惧修者，敦薄立懦，而兴起夫维新之政，至于怀柔百神，而河之深广，岳之崇高，莫不感格焉。则信乎天之以我为王，而于以君临夫天下矣。于是我其宣明昭布我有周之典章，于以式序在位之诸侯；我其戢敛夫干戈弓矢，以偃夫武功；我其旁求懿德之士，陈布于中国，以敷夫文德。则亦信乎可以为王，而能保有上天右序我有周之命矣。

《执竞》十四句，言武王持其自强不息之心，其功烈之盛，天下既莫得而强之矣。成、康继之，其德亦若是其显，而复为上帝之所皇焉。夫继武王之后，盖难乎其为德也，然自成、康之相继为君，而其德愈益彰明，则于武王无竞之烈为有光，而成、康诚可谓善继矣。今我以三王之功德，作之于乐，以祈感格，而果能降福之多且大若此，我其可不反身修德，而思有以成之乎？我能反身修德，而威仪之反，则可享神之福，既醉既饱，而三王之所福我者，益将反覆而无穷矣。此盖祭武王、成王、康王之诗也。

《思文》八句，言思文后稷，其德真可以配上天矣。盖凡使我烝民之得以粒食者，莫非尔后稷之德之所建也。斯固后稷之德矣，然来牟之种，非天不生，则是来牟之贻我者，实由上帝以此命之后稷，而使之遍养夫天下，是以天下之民皆有所养，而得以复其常道，则后稷之德，固亦莫非上天之德也。此盖郊祀后稷以配天之诗，故颂后稷之德而卒归之于天云。

《臣工》十五句，戒农官之诗。言嗟尔司农之臣工，当各敬尔在公之事。今王以治农之成法赐汝，汝宜来咨来度，而敬承毋怠也。因并呼农官之属而总诏之曰：“嗟尔保介，当兹暮春之月，牟麦在田，而百谷未播，盖农工之暇也，汝亦何所为乎？”因问：“汝所治之新田，其牟麦亦如何哉？”夫牟麦之茂盛，皆上帝之明赐也。牟麦渐熟，则行将受上帝之明赐矣。上帝有是明赐，尔苟惰农自安，是不克灵承而泯上帝之赐矣。尔尚永力尔田，以昭明上帝之赐，务底于丰年有成可也。然则尔亦乌可谓兹农工之尚远，而遂一无所事乎？汝当命尔众农，乘兹闲暇，预修播种之事，以具乃田器。奄忽之间，又将艾麦而与东作矣。“暮春”，周正建寅之月，夏之正月也。

《有瞽》十三句，言“有瞽有瞽，在周之廷”，而乐工就列矣。

“设业设虡，崇牙树羽，应田县鼓，鞉磬柷圉”，而乐器具陈矣。乐器既以备陈，于是众乐乃奏，而箫管之属亦皆备举矣。由是乐声之喤喤，其整密丽肃者，莫非至敬之所寓，而雍容畅达者，莫非至和之所宣，其肃雍和鸣如此，是以幽有以感乎神，而先祖是听，明有以感乎人，而我客来观厥成者。盖武王功成作乐，使非继述之孝，真无愧于文考，固无以致先祖之格，而非其盛德之至，伐纣救民之举，真有以顺乎天，应乎人，而于汤有光焉。其亦何以能使亡国者之子孙永观厥成，而略无忌嫉之心乎？此盖始作乐而合于祖庙之诗。

与滁阳诸生书并问答语

诸生之在滁者，吾心未尝一日而忘之。然而阔焉无一字之往，非简也，不欲以世俗无益之谈徒往复为也。有志者，虽吾无一字，固朝夕如面也。其无志者，盖对面千里，况千里之外盈尺之牍乎。孟生归，聊寓此于有志者，然不尽列名，且为无志者讳，其因是而尚能兴起也。

或患思虑纷杂，不能强禁绝。阳明子曰：“纷杂思虑，亦强禁绝不得，只就思虑萌动处省察克治，到天理精明后，有个物各付物的意思，自然静专，无纷杂之念。《大学》所谓‘知止而后有定’也。”

德洪曰：“滁阳为师讲学首地，四方弟子，从游日众。嘉靖癸丑秋，太仆少卿吕子怀复聚徒于师祠。洪往游焉，见同门高年有能道师遗事者。当时师惩末俗卑污，引接学者多就高明一路，以救时弊。既后渐有流入空虚，为脱落新奇之论。在金陵时，已心切忧焉。故居赣则教学者存天理，去人欲，致省察克治实功。而征宁藩之后，专发致良知宗旨，则益明切简易矣。兹见滁中子弟尚多能道静坐中光景。洪与吕子相论致良知之学无间于动静，则相庆以为新得。是书孟源、伯生得之金陵。时闻滁士有身背斯学者，故书中多愤激之辞。后附问答语，岂亦因静坐顽空而不修省察克治之功者发耶？”

别三子序 丁卯

自程、朱诸大儒没而师友之道遂亡。《六经》分裂于训诂，支离无蔓于辞章业举之习，圣学几于息矣。有志之士思起而兴之，然卒徘徊咨嗟，逡巡而不振；因弛然自废者，亦志之弗立，弗讲于师友之道也。夫一人为之，二人从而翼之，已而翼之者益众焉，虽有难为之事，其弗成者鲜矣。一人为之，二人从而危之，已而危之者益众焉，虽有易成之功，其克济者亦鲜矣。故凡有志之士，必求助于师友。无师友之助者，志之弗立弗求者也。自予始知学，即求师于天下，而莫予诲也；求友于天下，而与予者寡矣；又求同志之士，二三子之外，邈乎其寥寥也。殆予之志有未立邪？盖自近年而又得蔡希颜、朱守忠于山阴之白洋，得徐曰仁于余姚之马堰。曰仁，予妹壻也。希颜之深潜，守忠之明敏，曰仁之温恭，皆予所不逮。三子者，徒以一日之长视予以先辈，予亦居之而弗辞。非能有加也，姑欲假三子者而为之证，遂忘其非有也。而三子者，亦姑欲假予而存师友之饩羊，不谓其不可也。当是之时，其相与也，亦渺乎难哉。予有归隐之图，方将与三子就云霞，依泉石，追濂、洛之遗风，求孔、颜之真趣；洒然而乐，超然而游，忽焉而忘吾之老也。

今年三子者为有司所选，一举而尽之。何予得之之难，而有司者袭取之之易也。予未暇以得举为三子喜，而先以失助为予憾；

三子亦无喜于其得举，而方且憾于其去予也。漆雕开有言“吾斯之未能信”，斯三子之心欤？曾点志于咏歌浴沂，而夫子喟然与之，斯予与三子之冥然而契，不言而得之者欤？三子行矣，遂使举进士，任职就列，吾知其能也，然而非所欲也。使遂不进而归，咏歌优游有日，吾知其乐也，然而未可必也。天将降大任于是人，必先违其所乐而投之于其所不欲，所以衡心拂虑而增其所不能。是玉之成也，其在兹行欤。三子则焉往而非学矣，而予终寡于同志之助也。三子行矣。“深潜刚克，高明柔克”，非箕子之言乎？温恭亦沉潜也，三子识之，焉往而非学矣。苟三子之学成，虽不吾迩，其为同志之助也，不多乎哉。

增城湛原明宦于京师，吾之同道友也，三子往见焉，犹吾见也已。

赠林以吉归省序 辛未

阳明子曰，求圣人之学而弗成者，殆以志之弗立欤。天下之人，志轮而轮焉，志裘而裘焉，志巫医而巫医焉，志其事而弗成者，吾未之见也。轮、裘、巫医遍天下，求圣人之学者间数百年而弗一二见，为其事之难欤？亦其志之难欤？弗志其事而能有成者，吾亦未之见也。

林以吉将求圣人之事，过予而论学。予曰：“子盖论子之志乎？志定矣，而后学可得而论。子闽也，将闽是求；而予言子以越之道路，弗之听也。予越也，将越是求；而子言予以闽之道路，弗之听也。夫久溺于流俗，而骤语以求圣人之事，其始也必将有自馁而不敢当；已而旧习牵焉，又必有自眩而不能决；已而外议夺焉，又必有自沮而或以懈。夫馁而求有以胜之，眩而求有以信之，沮而求有以进之，吾见立志之难能也已。志立而学半，四子之言，圣人之学备矣。苟志立而于是乎求焉，其切磋讲明之益，以吉自取之，尚其有穷也哉？见素先生，子诸父也；子归而以予言正之，且以为何如？”

送宗伯乔白岩序 辛未

大宗伯白岩乔先生将之南都，过阳明子而论学。阳明子曰：“学贵专。”先生曰：“然。予少而好弈，食忘味，寝忘寐，目无改观，耳无改听。盖一年而诎乡之人，三年而国中莫有予当者。学贵专哉。”阳明子曰：“学贵精。”先生曰：“然。予长而好文词，字字而求焉，句句而鸠焉，研众史，核百氏。盖始而希迹于宋、唐，终焉浸入于汉、魏。学贵精哉。”阳明子曰：“学贵正。”先生曰：“然。予中年而好圣贤之道。弈吾悔焉，文词吾愧焉，吾无所容心矣。子以为奚若？”阳明子曰：“可哉。学弈则谓之学，学文词则谓之学，学道则谓之学，然而其归远也。道，大路也。外是，荆棘之蹊，鲜克达矣。是故专于道，斯谓之专；精于道，斯谓之精。专于弈而不专于道，其专溺也；精于文词而不精于道，其精僻也。夫道广矣大矣，文词技能于是乎出。而以文词技能为者，去道远矣。是故非专则不能以精；非精则不能以明；非明则不能以诚。故曰‘惟精惟一’。精，精也；专，一也。精则明矣，明则诚矣。是故明精之为也，诚一之基也。一，天下之大本也；精，天下之大用也。知天地之化育，而况于文词技能之末乎？”先生曰：“然哉。予将终身焉，而悔其晚也。”阳明子曰：“岂易哉？公卿之不讲学也，久矣。昔者卫武公年九十而犹诏于国人曰：‘毋以老耄而弃予。’先生之年半于武公，而功可倍之也。先生其不愧于武公哉？某也敢忘国士之交警。”

赠王尧卿序 辛未

终南王尧卿为谏官三月，以病致其事而去，交游之赠言者以十数，而犹乞言于予。甚哉，吾党之多言也。夫言日茂而行益荒，吾欲无言也久矣。自学术之不明，世之君子以名为实。凡今之所谓务乎其实，皆其务乎其名者也，可无察乎。尧卿之行，人皆以为高矣；才，人皆以为美矣；学，人皆以为博矣。是可以无察乎。自喜于一节者，不足与进于全德之地；求免于乡人者，不可以语于圣贤之途。气浮者，其志不确；心粗者，其造不深；外夸者，其中日陋。已矣，吾恶夫言之多也。虎谷有君子，类无言者。尧卿过焉，其以予言质之。

别张常甫序 辛未

太史张常甫将归省，告别于司封王某曰："期之别也，何以赠我乎？"某曰："处九月矣，未尝有言焉；期之别，又多乎哉？"常甫曰："斯邦期之过也。虽然，必有以赠我。"某曰："工文词，多论说，广探极览，以为博也；可以为学乎？"常甫曰："知之。""辩名物，考度数，释经正史，以为密也；可以为学乎？"常甫曰："知之。""整容色，修辞气，言必信，动必果，谈说仁义，以为行也；可以为学乎？"常甫曰："知之。"曰："去是三者而恬淡其心，专一其气，廓然而虚，湛然而定，以为静也；可以为学乎？"常甫默然良久，曰："亦知之。"某曰："然，知之。古之君子惟有所不知也，而后能知之；后之君子惟无所不知，是以容有不知也。夫道有本而学有要。是非之辩精矣，义利之间微矣，斯吾未之能信焉。曷亦姑无以为知之也，而姑疑之，而姑思之乎？"常甫曰：

"唯。吾姑无以为知之，而姑疑之，而姑思之。期而见，吾有以复于子。"

别湛甘泉序 壬申

颜子没而圣人之学亡。曾子唯一贯之旨传之孟轲，终又二千余年而周、程续。自是而后，言益详，道益晦；析理益精，学益支离无本，而事于外者益繁以难。盖孟氏患杨、墨；周、程之际，释、老大行。今世学者，皆知宗孔、孟，贱杨、墨，摈释、老，圣人之道，若大明于世。然吾从而求之，圣人不得而见之矣。其能有若墨氏之兼爱者乎？其能有若杨氏之为我者乎？其能有若老氏之清净自守、释氏之究心性命者乎？吾何以杨、墨、老、释之思哉？彼于圣人之道异，然犹有自得也。而世之学者，章绘句琢以夸俗，诡心色取，相饰以伪，谓圣人之道劳苦无功，非复人之所可为，而徒取辩于言词之间；古之人有终身不能究者，今吾皆能言其略，自以为若是亦足矣，而圣人之学遂废。则今之所大患者，岂非记诵词章之习。而弊之所从来，无亦言之太详、析之太精者之过欤。夫杨、墨、老、释，学仁义，求性命，不得其道而偏焉，固非若今之学者以仁义为不可学，性命之为无益也。居今之时而有学仁义，求性命，外记诵辞章而不为者，虽其陷于杨、墨、老、释之偏，吾独且以为贤，彼其心犹求以自得也。夫求以自得，而后可与之言学圣人之道。某幼不问学，陷溺于邪僻者二十年，而始究心于老、释。赖天之灵，因有所觉，始乃沿周、程之说求之，而若有得焉。顾一二同志之外，莫予翼也，岌岌乎仆而后兴。晚得友于甘泉湛子，而后吾之志益坚，毅然若不可遏，则予之资于甘泉多矣。甘泉之学，务求自得者也。世未之能知其知者，且疑其为禅。诚禅也，吾犹未得而见，而况其所志卓尔若此。则如甘泉者，非圣人之徒欤。多言又乌足病也。夫多言不足以病甘泉，与甘泉之不为多言病也，吾信之。吾与甘泉友，意之所在，不言而会；论之所及，不约而同；期于斯道，毙而后已者。今日之别，吾容无言。夫惟圣人之学难明而易惑，习俗之降愈下而益不可回，任重道远，虽已无俟于言，顾复于吾心，若有不容已也。则甘泉亦岂以予言为缀乎？

别方叔贤序 辛未

予与叔贤处二年，见叔贤之学凡三变：始而尚辞，再变而讲说，又再变而慨然有志圣人之道。方其辞章之尚，于予若冰炭焉；讲说矣，则违合者半；及其有志圣人之道，而沛然于予同趣。将遂去之西樵山中，以成其志，叔贤亦可谓善变矣。圣人之学，以无我为本，而勇以成之。予始与叔贤为僚，叔贤以郎中故，事位吾上。及其学之每变，而礼予日恭，卒乃自称门生而待予以先觉。此非脱去世俗之见，超然于无我者，不能也。虽横渠子之勇撤皋比，亦何以加于此。独愧予之非其人，而何以当之。夫以叔贤之善变，而进之以无我之勇，其于圣人之道也何有。斯道也，绝响于世余三百年矣。叔贤之美有若是，是以乐为吾党道之。

别王纯甫序 辛未

王纯甫之掌教应天也，阳明子既勉之以孟氏之言。纯甫谓“未尽也”，请益曰：“道未之尝学，而以教为职，鳏官其罪矣。敢问教何以哉？”阳明子曰：“其学乎。尽吾之所以学者而教行焉耳。”

曰："学何以哉？"曰："其教乎。尽吾之所以教者而学成焉耳。古子君之，有诸己而后求诸人也。"曰："刚柔淳漓之异质矣，而尽之我教，其可一乎？"曰："不一，所以一之也。天之于物也，巨微修短之殊位，而生成之，一也。惟技也亦然，弓冶不相为能，而其足于用，亦一也。匠斩也，陶埴也，圬墁也，其足以成室，亦一也。是故立法而考之，技也。各诣其巧矣，而同足于用。因人而施之，教也。各成其材矣，而同归于善。仲尼之答仁孝也，孟氏之论货色也，可以观教矣。"曰："然则教无定法乎？昔之辩者则何严也？"曰："无定矣。而以之必天下，则弓焉而冶废，匠焉而陶圬废。圣人不欲人人而圣之乎？然而质人人殊。故辩之严者，曲之致也。是故或失则隘，或失则支，或失则流矣。是故因人而施者，定法矣；同归于善者，定法矣。因人而施，质异也；同归于善，性同也。夫教，以复其性而已。自尧、舜而来未之有改，而谓无定乎？"

别黄宗贤归天台序 壬申

君子之学以明其心。其心本无昧也，而欲为之蔽，习为之害。故去蔽与害而明复，匪自外得也。心犹水也，污入之而流浊，犹鉴也，垢积之而光昧。孔子告颜渊"克己复礼为仁"，孟轲氏谓"万物皆备于我"、"反身而诚"。夫己克而诚，固无待乎其外也。世儒既叛孔、孟之说，昧于《大学》"格致"之训，而徒务博乎其外，以求益乎其内，皆入污以求清，积垢以求明者也，弗可得已。守仁幼不知学，陷溺于邪僻者二十年。疾疢之余，求诸孔子、子思、孟轲之言，而恍若有见，其非守仁之能也。宗贤于我，自为童子，即知弃去举业，励志圣贤之学。循世儒之说而穷之，愈勤而益难，非宗贤之罪也。学之难易失得也有原，吾尝为宗贤言之。宗贤于吾言，犹渴而饮，无弗入也，每见其溢于面。今既豁然，吾党之良，莫有及者。谢病去，不忍予别而需予言。夫言之而莫予听，倡之而莫予和，自今失吾助矣。吾则忍于宗贤之别而容无言乎？宗贤归矣，为我结庐天台雁荡之间，吾将老焉。终不使宗贤之独往也。

赠周莹归省序 乙亥

永康周莹德纯尝学于应子元忠，既乃复见阳明子而请益。阳明子曰："子从应子之所来乎？"曰："然。""应子则何以教子？"曰："无他言也，惟日诲之以希圣希贤之学，毋溺于流俗。且曰：'斯吾所尝就正于阳明子者也。子而不吾信，则盍亲往焉？'莹是以不远千里而来谒。"曰："子之来也，犹有所未信乎？"曰："信之。"曰："信之而又来，何也？"曰："未得其方也。"阳明子曰："子既得其方矣。无所事于吾。"周生悚然有间，曰："先生以应子之故，望卒赐之教。"阳明子曰："子既得之矣。无所事于吾。"周生悚然而起，茫然有间，曰："莹愚，不得其方。先生毋乃以莹为戏，幸卒赐之教。"阳明子曰："子之自永康而来也，程几何？"曰："千里而遥。"曰："远矣。从舟乎？"曰："从舟，而又登陆也。"曰："劳矣。当兹六月，亦暑乎？"曰："途之暑特甚也。"曰："难矣。具资粮、从童仆乎？"曰："中途而仆病，乃舍贷而行。"曰："兹益难矣。"曰："子之来既远且劳，其难若此也，何不遂返而必来乎？将亦无有强子者乎？"曰："莹至于夫子之门，劳苦艰难，诚乐之。宁以是而遂返，又俟乎人之强之也乎？"曰："斯吾之所谓子之既得其方也。子之志，欲至于吾门也，则遂至于吾门，无假于人。子而志于圣贤之学，有不至于圣贤者乎？而假于人乎？子之舍舟从陆，捐仆贷粮，冒毒暑而来也，则又安所从受之方也？”生跃然起拜曰:“兹乃命之方也已。抑莹由于其方而迷于其说，必俟夫子之言而后跃如也，则何居？”阳明子曰:“子未睹乎爇石以求灰者乎？火力具足矣，乃得水而遂化。子归，就应子而足其火力焉，吾将储担石之水以俟子之再见。”

赠林典卿归省序 乙亥

林典卿与其弟游于大学，且归，辞于阳明子曰：“元叙尝闻立诚于夫子矣。今兹归，敢请益。”阳明子曰：“立诚。”典卿曰：“学固此乎？天地之大也，而星辰丽焉，日月明焉，四时行焉；引类而言之，不可穷也。人物之富也，而草木蕃焉，禽兽群焉，中国夷狄分焉；引类而言之，不可尽也。夫古之学者，殚智虑，弊精力，而莫究其绪焉；靡昼夜，极年岁，而莫竟其说焉；析蚕丝，擢牛尾，而莫既其奥焉。而曰立诚，立诚尽之矣乎？”阳明子曰：“立诚尽之矣。夫诚，实理也。其在天地，则其丽焉者，则其明焉者，则其行焉者，则其引类而言之不可穷焉者，皆诚也；其在人物，则其蕃焉者，则其群焉者，则其分焉者，则其引类而言之不可尽焉者，皆诚也。是故殚智虑，弊精力，而莫究其绪也；靡昼夜，极年岁，而莫竟其说也；析蚕丝，擢牛尾，而莫既其奥也。夫诚，一而已矣，故不可复有所益。益之是为二也，二则伪，故诚不可益。不可益，故至诚无息。”典卿起拜曰：“吾今乃知夫子之教若是其要也。请终身事之，不敢复有所疑。”阳明子曰：“子归，有黄宗贤氏者、应元忠氏者、方与讲学于天台、雁荡之间，倘遇焉，其遂以吾言谂之。”

赠陆清伯归省序 乙亥

陆清伯澄归归安，与其友二三子论绎所学，赠处焉。二三子或曰："清伯之学日进矣。始吾见清伯，其气扬扬然若浮云，其言滔滔然若流波；今而日默默尔，日慊慊尔，日雍雍尔，日休休尔；有大径庭焉。以是知其进也。"或曰："清伯始见夫子，一月一至；既而旬一至；又既而五六日三四日而一至；又既而迁居于夫子之傍；后乃请于夫子扫庋下之室而旦暮侍焉。 夫德莫淑于尊贤，学莫遄于亲师。故趋权门者日进于势，游市肆者日进于利。清伯于夫子之道日加亲附焉。吾未遑其他，即是，可以知其学之进也矣。"清伯曰："有是哉？澄则以为日退也。澄闻夫子之教而茫然，已而歆然，忽耿然而疑，已而大疑焉，又闪然大骇，乃忽闯然若有睹也。当是时，则亦几有所益焉。自是且数月，盖悠焉游焉，业不加修焉，反而求焉，伥伥然，颓颓然，昏蔽扩而愈进，私累息而愈兴，众妄攻而愈固，如上滩之舟，屡失屡下，力挽而不能前，以为日退也。"明日，又辞于阳明子，二三子偕焉，各言其所以。阳明子曰："其然乎。其然乎。谓己为日退者，进修之励，善日进矣。谓人为日进者，与人为善者，其善亦日进矣。虽然，谓己为日退也，而意阻焉，能无日退乎？谓人为日进也，而气歉焉，亦能无日退乎？斯又进退之机，吉凶之所由分也，可无慎乎。"

赠周以善归省序 乙亥

江山周以善究心格物致知之学有年矣，苦其难而不能有所进也。闻阳明子之说而异之，意其或有见也，就而问之。闻其说，戚然若有所省；归，求其故而不合，则迟疑旬日。又往闻其说，则又戚然若有所省；归，求其故而不合，则又迟疑者旬日，如是往复数月，求之既无所获，去之又弗能也，乃往告之以其故。阳明子曰："子未闻昔人之论弈乎？'弈之为数，小数也，不专心致志，则亦不可以得也。'今子入而闻吾之说，出而有鸿鹄之思焉，亦何怪乎勤而弗获矣？"于是退而斋洁，而以弟子之礼请。阳明子与之坐。盖默然良久，乃告之以立诚之说，耸然若仆而兴也。明日，又言之加密焉，证之以《大学》；明日，又言之加密焉，证之以《论》、《孟》；明日，又言之加密焉，证之以《中庸》。乃跃然喜，避席而言曰："积今而后无疑于夫子之言；而后知圣贤之教若是其深切简易也；而后知所以格物致知以诚吾之身。吾喜焉，吾悔焉，十年之攻，徒以毙精神而乱吾之心术也，悲夫。积将以夫子之言告同志，俾及时从事于此，无若积之底于悔也。庶以报夫子之德，而无负于夫子之教。"居月余，告归。阳明子叙其言以遗之，使无忘于得之之难也。

赠郭善甫归省序 乙亥

郭子自黄来学，逾年而告归，曰："庆闻夫子立志之说，亦既知所从事矣。今兹将远去，敢请一言以为夙夜勖。"阳明子曰："君子之于学也，犹农夫之于田也，既善其嘉种矣，又深耕易耨，去其蝥莠，时其灌溉，早作而夜思，皇皇惟嘉种之是忧也，而后可望于有秋。夫志犹种也，学问思辩而笃行之，是耕耨灌溉以求于有秋也。志之弗端，是荑稗也。志端矣，而功之弗继，是五谷之弗熟，弗如荑稗也。吾尝见子之求嘉种矣，然犹惧其或荑稗也；见子之勤耕耨矣，然犹惧其荑稗之弗如也。夫农，春种而秋成，时也。由志学而至于立，自春而徂夏也；由立而至于不惑，去夏而秋矣。已过其时，犹种之未定，不亦大可惧乎？过时之学，非人一己百，未之敢望，而犹或作辍焉，不亦大可哀乎？从吾游者众矣，虽开说之多，未有出于立志者。故吾于子之行，卒不能舍是而别有所说。子亦可以无疑于用力之方矣。”

赠郑德夫归省序 乙亥

西安郑德夫将学于阳明子，闻士大夫之议者以为禅学也，复已之。则与江山周以善者，姑就阳明子之门人而考其说，若非禅者也。则又姑与就阳明子，亲听其说焉。盖旬有九日，而后释然于阳明子之学非禅也，始具弟子之礼师事之。问于阳明子曰：“释与儒孰异乎？”阳明子曰：“子无求其异同于儒、释，求其是者而学焉可矣。”曰：“是与非孰辨乎？”曰：“子无求其是非于讲说，求诸心而安焉者是矣。”曰：“心又何以能定是非乎？”曰：“无是非之心，非人也。口之于甘苦也，与易牙同；目之于妍媸也，与离娄同；心之于是非也，与圣人同。其有昧焉者，其心之于道，不能如口之于味、目之于色之诚切也，然后私得而蔽之。子务立其诚而已。子惟虑夫心之于道，不能如口之于味、目之于色之诚切也，而何虑夫甘苦妍媸之无辩也乎？”曰：“然则《五经》之所载、《四书》之所传，其皆无所用乎？”曰：“孰为而无所用乎？是甘苦妍媸之所在也。使无诚心以求之，是谈味论色而已也，又孰从而得甘苦妍媸之真乎？”既而告归，请阳明子为书其说，遂书之。

紫阳书院集序 乙亥

豫章熊侯世芳之守徽也，既敷政其境内，乃大新紫阳书院以明朱子之学，萃七校之秀而躬教之。于是校士程曾氏采摭书院之兴废为集，而弁以白鹿之规，明政教也。来请予言以谂多士。夫为学之方，白鹿之规尽矣；警劝之道，熊侯之意勤矣；兴废之故，程生之集备矣。又奚以予言为乎？然予闻之：德有本而学有要，不于其本而泛焉以从事，高之而虚无，卑之而支离，终亦流荡失宗，劳而无得矣。是故君子之学，惟求得其心。虽至于位天地，育万物，未有出于吾心之外也。孟氏所谓“学问之道无他，求其放心而已矣”者，一言以蔽之。故博学者，学此者也；审问者，问此者也；慎思者，思此者也；明辩者，辩此者也；笃行者，行此者也。心外无事，心外无理，故心外无学。是故于父，子尽吾心之仁；于君，臣尽吾心之义，言吾心之忠信，行吾心之笃敬；惩心忿，窒心欲，迁心善，改心过；处事接物，无所往而非求尽吾心以自慊也。譬之植焉，心其根也，学也者，其培拥之者也，灌溉之者也，扶植而删锄之者也，无非有事于根焉耳矣。朱子白鹿之规，首之以五教之目，次之以为学之方，又次之以处事接物之要，若各为一事而不相蒙者。斯殆朱子平日之意，所谓“随事精察而力行之，庶几一旦贯通之妙也”欤？然而世之学者，往往遂失之支离琐屑，色庄外驰，而流入于口耳声利之习。岂朱子之教使然哉？故吾因诸士之请，而特原其本以相勖。庶几乎操存讲习之有要，亦所以发明朱子未尽之意也。

朱子晚年定论序 戊寅

洙泗之传，至孟子而息。千五百余年，濂溪、明道始复追寻其绪。自后辩析日详，然亦日就支离决裂，旋复湮晦。吾尝深求其故，大抵皆世儒之多言有以乱之。守仁蚤岁业举，溺志辞章之习，既乃稍知从事正学，而苦于众说之纷挠疲薾，茫无可入，因求诸老、释，欣然有会于心，以为圣人之学在此矣。然于孔子之教间相出入，而措之日用，往往阙漏无归。依违往返，且信且疑。其后谪官龙场，居夷处困，动心忍性之余，恍若有悟。体验探求，再更寒暑，证诸《六经》四子，沛然若决江河而放之海也。然后叹圣人之道坦如大路，而世之儒者妄开窦径，蹈荆棘，堕坑堑，究其为说，反出二氏之下。宜乎世之高明之士厌此而超彼也。此岂二氏之罪哉？间尝以此语同志，而闻者竞相非议，目以为立异好奇，虽每痛反深抑，务自搜剔斑瑕，而愈益精明的确，洞然无复可疑；独于朱子之说有相牴牾，恒疚于心。切疑朱子之贤，而岂其于此尚有未察？及官留都，复取朱子之书而检求之，然后知其晚岁固已大悟旧说之非，痛悔极艾，至以为自诳诳人之罪不可胜赎。世之所传《集注》、《或问》之类，乃其中年未定之说，自咎以为旧本之误，思改正而未及。而其诸《语类》之属，又其门人挟胜心以附己见，固于朱子平日之说犹有大相缪戾者。而世之学者局于见闻，不过持循讲习于此，其于悟后之论，概乎其未有闻。则亦何怪乎予言之不信，而朱子之心无以自暴于后世也乎？予既自幸其说之不缪于朱子，又喜朱子之先得我心之同然，且慨夫世之学者徒守朱子中年未定之说，而不复知求其晚岁既悟之论，竞相呶呶以乱正学，不自知其已入于异端。辄采录而裒集之，私以示夫同志。庶几无疑于吾说，而圣学之明可冀矣。

别梁日孚序 戊寅

圣人之道若大路，虽有跛躄，行而不已，未有不至。而世之君子顾以为圣人之异于人，若彼其甚远也，其为功亦必若彼其甚难也；

而浅易若此，岂其可及乎。则从而求之艰深恍惚，溺于支离，骛于虚高，率以为圣人之道必不可至，而甘于其质之所便，日以沦于污下。有从而求之者，竞相嗤讪，曰狂诞不自量者也。呜呼。其弊也亦岂一朝一夕之故哉。孟子云："徐行后长者谓之弟，疾行先长者谓之不弟。"夫徐行者，岂人所不能哉？所不为也。世之人不知咎其不为，而归咎其不能，其亦不思而已矣。

进士梁日孚携家谒选于京，过赣，停舟见予。始与之语，移时而别。明日又来，与之语，日昃而别。又明日又来，日入而未忍去。又明日，则假馆而请受业焉。同舟之人强之北者开譬百端，日孚皆笑而不应。莫不嚣且异。其最亲爱者曰："子有万里之行，戒僮仆，聚资斧，具舟楫，又挈其家室，经营阅岁而始就道。行未数百里而中止，此不有大苦，必有大乐者乎？子亦可以语我乎？"日孚笑曰："吾今则有大苦，亦诚有大乐者，然未易以语子也。子见病狂丧心者乎？方其昏逸瞶乱，赴汤火，蹈荆棘，莫不恬然自信，以为是也。比遇良医，沃之以清泠之浆，而投之以神明之剂，始苏然以醒。告之以其向之所为，又始骇然以苦；示之以其所从归之途，又始欣然以喜，且恨遇斯人之晚也。彼病狂不复者反从而哂喧之，以为是变其常。今吾与子之事，亦何以异于此矣。"居无何，予以军旅之役出，而远日孚者且两月；谓日孚既去矣。及旋，而日孚居然以待。既以委其资斧于逆旅，归其家室于故乡，泊然而乐，若将终身焉。扣其学，日有所明而月有所异矣。然后益叹圣人之学，非夫自暴自弃，未有不可由之而至。而日孚出于流俗，殆孟子所谓"豪杰之士"者矣。复留余三月，其母使人来谓曰:"姑北行，以毕吾愿，然后从尔所好。"知日孚者亦交以是劝。日孚请曰："焯焉能一日而去夫子。将复赴汤火，蹈荆棘矣。”予曰：“其然哉？子以圣人之道为有方体乎？为可拘之以时，限之以地乎？世未有即醒之人而复赴汤火，蹈荆棘者。子务醒其心，毋徒汤火荆棘之为惧。”日孚良久曰：“焯近之矣。圣人之道，求之于心，故不滞于事；出之以理，故不泥于物；根之以性，故不拘以时；动之以神，故不限以地。苟知此矣，焉往而非学也。奚必恒于夫子之门乎？焯请暂辞而北，疑而复求正。”予莞尔而笑曰：“近之矣。近之矣。”

大学古本序 戊寅

《大学》之要，诚意而已矣。诚意之功，格物而已矣。诚意之极，止至善而已矣。止至善之则，致知而已矣。正心，复其体也；修身，著其用也。以言乎已，谓之明德；以言乎人，谓之亲民；以言乎天地之间，则备矣。是故至善也者，心之本体也。动而后有不善，而本体之知，未尝不知也。意者，其动也。物者，其事也。至其本体之知，而动无不善。然非即其事而格之，则亦无以致其知。故致知者，诚意之本也。格物者，致知之实也。物格则知致意诚，而有以复其本体，是之谓止至善。圣人惧人之求之于外也，而反覆其辞。旧本析而圣人之意亡矣。是故不务于诚意而徒以格物者，谓之支；不事于格物而徒以诚意者，谓之虚；不本于致知而徒以格物诚意者，谓之妄。支与虚与妄，其于至善也远矣。合之以敬而益缀，补之以传而益离。吾惧学之日远于至善也，去分章而复旧本，傍为之什，以引其义。庶几复见圣人之心，而求之者有其要。噫。乃若致知，则存乎心；悟致知焉，尽矣。

礼记纂言序 庚辰

礼也者，理也；理也者，性也；性也者；命也。“维天之命，于穆不已”，而其在于人也谓之性；其粲然而条理也谓之礼；其纯然而粹善也谓之仁；其截然而裁制也谓之义；其昭然而明觉也谓之知；其浑然于其性也，则理一而已矣。故仁也者，礼之体也；义也者，礼之宜也；知也者，礼之通也。经礼三百，曲礼三千，无一而非仁也，无一而非性也。天叙天秩，圣人何心焉，盖无一而非命也。故克己复礼则谓之仁，穷理则尽性以至于命，尽性则动容周旋中礼矣。后之言礼者，吾惑矣。纷纭器数之争，而牵制刑名之末；穷年矻矻，弊精于祝史之糟粕，而忘其所谓“经纶天下之大经，立天下之大本”者。“礼云礼云，玉帛云乎。”而人之不仁也，其如礼何哉？故老庄之徒，外礼以言性，而谓礼为道德之衰，仁义之失，既已堕于空虚漭荡。而世儒之说，复外性以求礼，遂谓礼止于器数制度之间，而议拟仿像于影响形迹，以为天下之礼尽在是矣。故凡先王之礼，烟蒙灰散而卒以煨烬于天下，要亦未可专委罪于秦火者。僭不自度，尝欲取《礼记》之所载，揭其大经大本而疏其条理节目，庶几器道本末之一致。又惧其德之弗任，而时亦有所未及也。间尝为之说，曰:“礼之于节文也，犹规矩之于方圆也。非方圆无以见规矩之所出，而不可遂以方圆为规矩。故执规矩以为方圆，则方圆不可胜用。舍规矩以为方圆，而遂以方圆为之规矩，则规矩之用息矣。故规矩者，无一定之方圆；而方圆者，有一定之规矩。此学礼之要，盛德者之所以动容周旋而中也。”

宋儒朱仲晦氏慨《礼经》之芜乱，尝欲考正而删定之，以《仪礼》为之经，《礼记》为之传，而其志竟亦弗就。其后吴幼清氏因而为

《纂言》，亦不数数于朱说，而于先后轻重之间，固已多所发明。二子之见，其规条指画则即出于汉儒矣，其所谓“观其会通，以行其典礼之原”，则尚恨吾生之晚，而未及与闻之也。虽然，后圣而有作，则无所容言矣；后圣而未有作也，则如《纂言》者，固学礼者之箕裘筌蹄，而可以少之乎？姻友胡汝登忠信而好礼，其为宁国也，将以是而施之。刻《纂言》以敷其说，而属序于予。予将进汝登之道而推之于其本也，故为序之若此云。

象山文集序 庚辰

圣人之学，心学也。尧、舜、禹之相授受曰：“人心惟危，道心惟微，惟精惟一，允执厥中。”此心学之源也。中也者，道心之谓也；道心精一之谓仁，所谓中也。孔孟之学，惟务求仁，盖精一之传也。而当时之弊，固已有外求之者，故子贡致疑于多学而识，而以博施济众为仁。夫子告之以一贯，而教以能近取譬，盖使之求诸其心也。迨于孟氏之时，墨氏之言仁至于摩顶放踵，而告子之徒又有“仁内义外”之说，心学大坏。孟子辟义外之说，而曰：“仁，人心也。学问之道无他，求其放心而已矣。”又曰：“仁义礼智，非由外铄我也，我固有之，弗思耳矣。”盖王道息而伯术行，功利之徒外假天理之近似以济其私，而以欺于人，曰：天理固如是，不知既无其心矣，而尚何有所谓天理者乎？自是而后，析心与理而为二，而精一之学亡。世儒之支离，外索于刑名器数之末，以求明其所谓物理者。而不知吾心即物理，初无假于外也。佛、老之空虚，遗弃其人伦事物之常，以求明其所谓吾心者。而不知物理即吾心，不可得而遗也。至宋周、程二子，始复追寻孔、颜之宗，而有“无极而太极”，“定之以仁义中正而主静”之说；“动亦定，静亦定，无内外，无将迎”之论，庶几精一之旨矣。自是而后，有象山陆氏，虽其纯粹和平若不逮于二子，而简易直截，真有以接孟子之传。其议论开阖，时有异者，乃其气质意见之殊，而要其学之必求诸心，则一而已。故吾尝断以陆氏之学，孟氏之学也。而世之议者，以其尝与晦翁之有同异，而遂诋以为禅。夫禅之说，弃人伦，遗物理，而要其归极，不可以为天下国家。苟陆氏之学而果若是也，乃所以为禅也。今禅之说与陆氏之说，其书具存，学者苟取而观之，其是非同异，当有不待于辩说者。而顾一倡群和，剿说雷同，如矮人之观场，莫知悲笑之所自，岂非贵耳贱目，不得于言而勿求诸心者之过欤。夫是非同异，每起于人持胜心、便旧习而是己见。故胜心旧习之为患，贤者不免焉。

抚守李茂元氏将重刊象山之文集，而请一言为之序，予何所容言哉？惟读先生之文者，务求诸心而无以旧习己见先焉，则糠粃精凿之美恶，入口而知之矣。

观德亭记 戊寅

君子之于射也，内志正，外体直，持弓矢审固，而后可以言中。故古者射以观德。德也者，得之于其心也。君子之学，求以得之于其心，故君子之于射以存其心也。是故懆于其心者其动妄；荡于其心者其视浮；歉于其心者其气馁；忽于其心者其貌惰；傲于其心者其色矜；五者，心之不存也。不存也者，不学也。君子之学于射，以存其心也。是故心端则体正；心敬则容肃；心平则气舒；心专则视审；心通故时而理；心纯故让而恪；心宏故胜而不张，负而不驰；

七者备而君子之德成。君子无所不用其学也，于射见之矣。故曰："为人君者以为君鹄；为人臣者以为臣鹄；为人父者以为父鹄；为人子者以为子鹄。"射也者，射己之鹄也；鹄也者，心也；各射己之心也，各得其心而已。故曰：可以观德矣。作《观德亭记》。

重修文山祠记 戊寅

宋丞相文山文公之祠，旧在庐陵之富田。今螺川之有祠，实肇于我孝皇之朝，然亦因废为新，多缺陋而未称。正德戊寅，县令邵德容始恢其议于郡守伍文定，相与白诸巡抚、巡按、守巡诸司，皆以是为风化之所系也，争措财鸠工，图拓而新之。协守令之力，不再逾月而工萃。圮者完，隘者辟，遗者举，巍然焕然，不独庙貌之改观。而吉之人士奔走瞻叹，翕然益起其忠孝之心，则是举之有益于名教也诚大矣。使来请记。

呜呼。公之忠，天下之达忠也。结椎异类，犹知敬慕，而况其乡之人乎。逆旅经行，犹存尸祝，而况其乡之士乎。凡有职守，皆知尊尚，而况其士之官乎。然而乡人之慕之也，三有司之崇尚之也，文公之没，今且三百年矣。吉士之以气节行义，后先炳耀，谓非闻公之风而兴不可也。然忠义之降，激而为气节；气节之弊，流而为客气。其上焉者，无所为而为，固公所谓成仁取义者矣。其次有所为矣，然犹其气之近于正者也。迨其弊也，遂有凭其愤戾粗鄙之气，以行其媢嫉褊骜之私；士流于矫拂，民入于健讼；人欲炽而天理灭，而犹自视以为气节。若是者容有之乎？则于公之道，非所谓操戈入室者欤？吾故备而论之，以勖夫兹乡之后进，使之去其偏以归于全，克其私以反于正，不愧于公而已矣。

今巡抚暨诸有司之表励崇饰，固将以行其好德之心，振扬风教，《诗》所谓“民之秉彝，好是懿德”者也。人亦孰无是心？苟能充之，公之忠义在我矣，而又何羡乎。然而时之表励崇饰，有好其实而崇之者，有慕其名而崇之者，有假其迹而崇之者。忠义有诸己，思以喻诸人，因而表其祠宇，树之风声，是好其实者也。知其美而未能诚诸身，姑以修其祠宇，彰其事迹，是慕其名者也。饰之祠宇而坏之于其身，矫之文具而败之于其行；奸以掩其外，而袭以阱其中，是假其迹者也。若是者容有之乎？则于公之道，非所谓毁瓦画墁者欤？吾故备而论之，以勖夫后之官兹土者，使无徒慕其名而务求其实，毋徒修公之祠而务修公之行，不愧于公而已矣。

某尝令兹邑，睹公祠之圮陋而未能恢，既有愧于诸有司；慨其风声习气之或弊，而未能讲去其偏，复有愧于诸人士。乐兹举之有成也，推其愧心之言而为之记。

从吾道人记 乙酉

海宁董萝石者，年六十有八矣，以能诗闻江湖间。与其乡之业诗者十数辈为诗社，旦夕操纸吟呜，相与求句字之工，至废寝食，遗生业。时俗共非笑之，不顾，以为是天下之至乐矣。嘉靖甲申春，萝石来游会稽，闻阳明子方与其徒讲学山中，以杖肩其瓢笠诗卷来访。入门，长揖上坐。阳明子异其气貌，且年老矣，礼敬之。又询知其为董萝石也，与之语连日夜。萝石辞弥谦，礼弥下，不觉其席之弥侧也。退，谓阳明子之徒何生秦曰：“吾见世之儒者支离琐屑，修饰边幅，为偶人之状；其下者贪饕争夺于富贵利欲之场；而尝不屑其所为，以为世岂真有所谓圣贤之学乎，直假道于是以求济其私耳。故遂笃志于诗，而放浪于山水。今吾闻夫子良知之说，而忽若大寐之得醒，然后知吾向之所为，日夜弊精劳力者，其与世之营营利禄之徒，特清浊之分，而其间不能以寸也。幸哉。吾非至于夫子之门，则几于虚此生矣。吾将北面夫子而终身焉，得无既老而有所不可乎？”秦起拜贺曰：“先生之年则老矣，先生之志何壮哉。”入以请于阳明子。阳明子喟然叹曰：“有是哉？吾未或见此翁也。虽然，齿长于我矣。师友一也，苟吾言之见信，奚必北面而后为礼乎？”萝石闻之，曰：“夫子殆以予诚之未积欤？”辞归两月，弃其瓢笠，持一缣而来。谓秦曰：“此吾老妻之所织也。吾之诚积，若此缕矣。夫子其许我乎？”秦入以请。阳明子曰：“有是哉？吾未或见此翁也。今之后生晚进，苟知执笔为文辞，稍记习训诂，则已侈然自大，不复知有纵师学问之事。见有或纵师问学者，则哄然共非笑，指斥若怪物。翁以能诗训后进，从之游者遍于江湖，盖居然先辈矣。一旦闻予言，而弃去其数十年之成业如敝屣，遂求北面而屈礼焉，岂独今之时而未见，若人将古之记传所载，亦未多数也。夫君子之学，求以变化其气质焉尔。气质之难变者，以客气之为患，而不能以屈下于人，遂至自是自欺，饰非长敖，卒归于凶顽鄙倍。故凡世之为子而不能孝，为弟而不能敬，为臣而不能忠者，其始皆起于不能屈下，而客气之为患耳。敬惟理是从，而不难于屈下，则客气消而天理行。非天下之大勇，不足以与于此。则如萝石，固吾之师也，而吾岂足以师萝石乎？”萝石曰：“甚哉。夫子之拒我也。吾不能以俟请矣。”入而强纳拜焉。阳明子固辞不获，则许之以师友之间。与之探禹穴，登炉峰，陟秦望，寻兰亭之遗迹，倘徉于云门、若耶、鉴湖、剡曲。萝石日有所闻，益充然有得，欣然乐而忘归也。其乡党之子弟亲友与其平日之为社者，或笑而非，或为诗而招之返，且曰：“翁老矣，何乃自苦若是耶？”萝石笑曰：“吾方幸逃于苦海，方知悯若之自苦也，顾以吾为苦耶？吾方扬鬐于渤澥，而振羽于云霄之上，安能复投网罟而入樊笼乎？去矣，吾将从吾之所好。”遂自号曰“从吾道人”。阳明子闻之，叹曰：“卓哉萝石。‘血气既衰，戒之在得’矣，孰能挺特奋发，而复若少年英锐者之为乎？真可谓之能‘从吾所好’矣。世之人从其名之好也，而竞以相高；从其利之好也，而贪以相取；从其心意耳目之好也，而诈以相欺；亦皆自以为从吾所好矣。而岂知吾之所谓真吾者乎。夫吾之所谓真吾者，良知之谓也。父而慈焉，子而孝焉，吾良知所好也；不慈不孝焉，斯恶之矣。言而忠信焉，行而笃敬焉，吾良知所好也；不忠信焉，不笃敬焉，斯恶之矣。故夫名利物欲之好，私吾之好也，天下之所恶也；良知之好，真吾之好也，天下之所同好也。是故从私吾之好，则天下之人皆恶之矣，将心劳日拙而忧苦终身，是之谓物之役。从真吾之好，则天下之人皆好之矣，将家、国、天下，无所处而不当；富贵、贫贱、患难、夷狄，无入而不自得；斯之谓能从吾之所好也矣。夫子尝曰：‘吾十有五而志于学’，是从吾之始也。‘七十而从心所欲，不逾矩’，则从吾而化矣。萝石逾耳顺而始知从吾之学，毋自以为既晚也。充萝石之勇，其进于化也何有哉？呜呼。世之营营于物欲者，闻萝石之风，亦可以知所适从也乎。”

亲民堂记 乙酉

南子元善之治越也，过阳明子而问政焉。阳明子曰：“政在亲民。”曰：“亲民何以乎？”曰：“在明明德。”曰：“明明德何以乎？”曰：

“在亲民。”曰：“明德、亲民，一乎？”曰：“一也。明德者，天命之性，灵昭不昧，而万理之所从出也。人之于其父也，而莫不知孝焉；于其兄也，而莫不知弟焉；于凡事物之感，莫不有自然之明焉；是其灵昭之在人心，亘万古而无不同，无或昧者也，是故谓之明德。其或蔽焉，物欲也。明之者，去其物欲之蔽，以全其本体之明焉耳，非能有以增益之也。”曰:“何以在亲民乎？”曰:“德不可以徒明也。人之欲明其孝之德也，则必亲于其父，而后孝之德明矣；欲明其弟之德也，则必亲于其兄，而后弟之德明矣。君臣也，夫妇也，朋友也，皆然也。故明明德必在于亲民，而亲民乃所以明其明德也。故曰一也。”曰：“亲民以明其明德，修身焉可矣，而何家、国、天下之有乎？”曰：“人者，天地之心也；民者，对己之称也；曰民焉，则三才之道举矣。是故亲吾之父以及人之父，而天下之父子莫不亲矣；亲吾之兄以及人之兄，而天下之兄弟莫不亲矣。君臣也，夫妇也，朋友也，推而至于鸟兽草木也，而皆有以亲之，无非求尽吾心焉以自明其明德也。是之谓明明德于天下，是之谓家齐国治天下平。”曰：“然则乌在其为止至善者乎？”“昔之人固有欲明其明德矣，然或失之虚罔空寂，而无有乎家国天下之施者，是不知明明德之在于亲民，而二氏之流是矣；固有欲亲其民者矣，然或失之知谋权术，而无有乎仁爱恻怛之诚者，是不知亲民之所以明其明德，而五伯功利之徒是矣；是皆不知止于至善之过也。是故至善也者，明德亲民之极则也。天命之性，粹然至善。其灵昭不昧者，皆其至善之发见，是皆明德之本体，而所谓良知者也。至善之发见，是而是焉，非而非焉，固吾心天然自有之则，而不容有所拟议加损于其间也。有所拟议加损于其间，则是私意小智，而非至善之谓矣。人惟不知至善之在吾心，而用其私智以求之于外，是以昧其是非之则，至于横骛决裂，人欲肆而天理亡，明德亲民之学大乱于天下。故止至善之于明德亲民也，犹之规矩之于方圆也，尺度之于长短也，权衡之于轻重也。方圆而不止于规矩，爽其度矣；长短而不止于尺度，乖其制矣；轻重而不止于权衡，失其准矣；明德亲民而不止于至善，亡其则矣。夫是之谓大人之学。大人者，以天地万物为一体也。夫然后能以天地万物为一体。"元善喟然而叹曰："甚哉。大人之学若是其简易也。吾乃今知天地万物之一体矣。吾乃今知天下之为一家、中国之为一人矣。'一夫不被其泽，若己推而内诸沟中'，伊尹其先得我心之同然乎。"于是名其莅政之堂曰"亲民"，而曰："吾以亲民为职者也，吾务亲吾之民以求明吾之明德也夫。"爰书其言于壁而为之记。

万松书院记 乙酉

万松书院在浙省南门外，当湖山之间。弘治初，参政周君近仁因废寺之址而改为之，庙貌规制略如学宫，延孔氏之裔以奉祀事。近年以来，有司相继缉理，地益以胜，然亦止为游观之所，而讲诵之道未备也。嘉靖乙酉，侍御潘君景哲奉命来巡，宪度丕肃，文风聿新。既简乡闱，收一省之贤而上之南宫矣，又以遗才之不能尽取为憾，思有以大成之。乃增修书院，益广楼居斋舍为三十六楹；具其器用，置赡田若干顷；揭白鹿之规，抡彦选俊，肄习其间，以倡列郡之士，而以属之提学佥事万君汝信。汝信曰："是固潮之责也。"藩臬诸君咸赞厥成，使知事严纲董其役，知府陈力、推官陈篪辈相协经理。阅月逾旬，工讫事举，乃来请言以记其事。

惟我皇明，自国都至于郡邑咸建庙学，群士之秀，专官列职而教育之。其于学校之制，可谓详且备矣。而名区胜地，往往复有书院之设，何哉？所以匡翼夫学校之不逮也。夫三代之学，皆所以明人伦；今之学宫皆以“明伦”名堂，则其所以立学者，固未尝非三代意也。然自科举之业盛，士皆驰骛于记诵辞章，而功利得丧分惑其心，于是师之所教，弟子之所学者，遂不复知有明伦之意矣。怀世道之忧者思挽而复之，则亦未知所措其力。譬之兵事，当玩弛偷惰之余，则必选将阅伍，更其号令旌旗，悬非格之赏以倡敢勇，然后士气可得而振也。今书院之设，固亦此类也欤？士之来集于此者，其必相与思之曰：“既进我于学校矣，而复优我于是，何为乎？宁独以精吾之举业而已乎？便吾之进取而已乎？则学校之中，未尝不可以精吾之业。而进取之心，自吾所汲汲，非有待于人之从而趋之也。是必有进于是者矣。是固期我以古圣贤之学也。”古圣贤之学，明伦而已。尧、舜之相授受曰：“人心惟危，道心惟微，惟精惟一，允执厥中。”斯明伦之学矣。道心也者，率性之谓也，人心则伪矣。不杂于人伪，率是道心而发之于用也，以言其情则为喜怒哀乐；以言其事则为中节之和，为三千三百经曲之礼；以言其伦则为父子之亲，君臣之义，夫妇之别，长幼之序，朋友之信；而三才之道尽此矣。舜使契为司徒以教天下者，教之以此也。是固天下古今圣愚之所同具，其或昧焉者，物欲蔽之。非其中之所有不备，而假求之于外者也。是固所谓不虑而知，其良知也；不学而能，其良能也。孩提之童，无不知爱其亲者也。孔子之圣，则曰所求乎子，以事父未能也。是明伦之学，孩提之童亦无不能，而及其至也，虽圣人有所不能尽也。人伦明于上，小民亲于下，家齐国治而天下平矣。是故明伦之外无学矣。外此而学者，谓之异端；非此而论者，谓之邪说；假此而行者，谓之伯术；饰此而言者，谓之文辞；背此而驰者，谓之功利之徒，乱世之政。虽今之举业，必自此而精之，而谓不愧于敷奏明试；虽今之仕进，必由此而施之，而后无忝于行义达道。斯固国家建学之初意，诸君缉书院以兴多士之盛心也，故为多士诵之。

稽山书院尊经阁记 乙酉

经，常道也。其在于天谓之命，其赋于人谓之性，其主于身谓之心。心也，性也，命也，一也。通人物，达四海，塞天地，亘古今，无有乎弗具，无有乎弗同，无有乎或变者也。是常道也，其应乎感也，则为恻隐，为羞恶，为辞让，为是非；其见于事也，则为父子之亲，为君臣之义，为夫妇之别，为长幼之序，为朋友之信。是恻隐也，羞恶也，辞让也，是非也；是亲也，义也，序也，别也，信也；一也。皆所谓心也，性也，命也。通人物，达四海，塞天地，亘古今，无有乎弗具，无有乎弗同，无有乎或变者也，是常道也。是常道也，以言其阴阳消息之行焉，则谓之《易》；以言其纪纲政事之施焉，则谓之《书》；以言其歌咏性情之发焉，则谓之《诗》；以言其条理节文之著焉，则谓之《礼》；以言其欣喜和平之生焉，则谓之《乐》；以言其诚伪邪正之辩焉，则谓之《春秋》。是阴阳消息之行也，以至于诚伪邪正之辩也，一也。皆所谓心也，性也，命也。通人物，达四海，塞天地，亘古今，无有乎弗具，无有乎弗同，无有乎或变者也，夫是之谓《六经》。《六经》者非他，吾心之常道也。故《易》也者，志吾心之阴阳消息者也；《书》也者，志吾心之纪纲政事者也；《诗》也者，志吾心之歌咏性情者也；《礼》也者，志吾心之条理节文者也；《乐》也者，志吾心之欣喜和平者也；《春秋》也者，志吾心之诚伪邪正者也。君子之于《六经》也，求之吾心之阴阳消息而时行焉，所以尊《易》也；求之吾心之纪纲政事而时施焉，所以尊《书》也；求之吾心之歌咏性情而时发焉，所以尊《诗》也；求之吾心之条理节文而时著焉，所以尊《礼》也；求之吾心之欣喜和平而时生焉，所以尊《乐》也；求之吾心之诚伪邪正而时辩焉，所以尊《春秋》也。

盖昔者圣人之扶人极，忧后世，而述《六经》也，犹之富家者之父祖虑其产业库藏之积，其子孙者或至于遗忘散失，卒困穷而无以自全也，而记籍其家之所有以贻之，使之世守其产业库藏之积而享用焉，以免于困穷之患。故《六经》者，吾心之记籍也，而《六经》之实则具于吾心；犹之产业库藏之实积，种种色色，具存于其家。其记籍者，特名状数目而已。而世之学者，不知求《六经》之实于吾心，而徒考索于影响之间，牵制于文义之末，硁硁然以为是《六经》矣。是犹富家之子孙不务守视享用其产业库藏之实积，日遗忘散失，至于窭人匄夫，而犹嚣嚣然指其记籍曰"斯吾产业库藏之积也"，何以异于是。呜呼。《六经》之学，其不明于世，非一朝一夕之故矣。尚功利，崇邪说，是谓乱经；习训诂，传记诵，没溺于浅闻小见以涂天下之耳目，是谓侮经；侈淫辞，竞诡辩，饰奸心，盗行逐世，垄断而自以为通经，是谓贼经。若是者，是并其所谓记籍者而割裂弃毁之矣，宁复知所以为尊经也乎。

越城旧有稽山书院，在卧龙西冈，荒废久矣。郡守渭南南君大吉既敷政于民，则慨然悼末学之支离，将进之以圣贤之道。于是使山阴令吴君瀛拓书院而一新之，又为尊经之阁于其后。曰："经正，则庶民兴；庶民兴，斯无邪慝矣。”阁成，请予一言以谂多士。予既不获辞，则为记之若是。呜呼。世之学者既得吾说而求诸其心焉，其亦庶乎知所以为尊经也矣。

重修山阴县学记 乙酉

山阴之学，岁久弥敝。教谕汪君瀚辈以谋于县尹顾君铎而一新之，请所以诏士之言于予。时予方在疚，辞，未有以告也。已而顾君入为秋官郎，洛阳吴君瀛来代，复增其所未备而申前之请。昔予官留都，因京兆之请，记其学而尝有说焉。其大意以为朝廷之所以养士者不专于举业，而实望之以圣贤之学。今殿庑堂舍，拓而辑之；饩廪条教，具而察之者，是有司之修学也。求天下之广居安宅者而修诸其身焉，此为师、为弟子者之修学也。其时闻者皆惕然有省，然于凡所以为学之说，则犹未之及详。今请为吾越之士一言之。

夫圣人之学，心学也。学以求尽其心而已。尧、舜、禹之相授受曰：“人心惟危，道心惟微，惟精惟一，允执厥中。”道心者，率性之谓，而未杂于人。无声无臭，至微而显，诚之源也。人心，则杂于人而危矣，伪之端矣。见孺子之入井而恻隐，率性之道也；从而内交于其父母焉，要誉于乡党焉，则人心矣。饥而食，渴而饮，率性之道也；从而极滋味之美焉，恣口腹之饕焉，则人心矣。惟一者，一于道心也。惟精者，虑道心之不一，而或二之以人心也。道无不中，一于道心而不息，是谓“允执厥中”矣。一于道心，则存之无不中，而发之无不和。是故率是道心而发之于父子也无不亲；发之于君臣也无不义；发之于夫妇、长幼、朋友也无不别、无不序、无不信；是谓中节之和，天下之达道也。放四海而皆准，亘古今而不穷；天下之人同此心，同此性，同此达道也。舜使契为司徒而教以人伦，教之以此达道也。当是之时，人皆君子而比屋可封，盖教者惟以是为教，而学者惟以是为学也。圣人既没，心学晦而人伪行，功利、训诂、记诵辞章之徒纷沓而起，支离决裂，岁盛月新，相沿相袭，各是其非，人心日炽而不复知有道心之微。间有觉其纰缪而略知反本求源者，则又哄然指为禅学而群訾之。呜呼。心学何由而复明乎。夫禅之学与圣人之学，皆求尽其心也，亦相去毫厘耳。圣人之求尽其心也，以天地万物为一体也。吾之父子亲矣，而天下有未亲者焉，吾心未尽也；吾之君臣义矣，而天下有未义者焉，吾心未尽也；吾之夫妇别矣，长幼序矣，朋友信矣，而天下有未别、未序、未信者焉，吾心未尽也。吾之一家饱暖逸乐矣，而天下有未饱暖逸乐者焉，其能以亲乎？义乎？别、序、信乎？吾心未尽也。故于是有纪纲政事之设焉，有礼乐教化之施焉，凡以裁成辅相、成己成物，而求尽吾心焉耳。心尽而家以齐，国以治，天下以平。故圣人之学不出乎尽心。禅之学非不以心为说，然其意以为是达道也者，固吾之心也，吾惟不昧吾心于其中则亦已矣，而亦岂必屑屑于其外；其外有未当也，则亦岂必屑屑于其中。斯亦其所谓尽心者矣，而不知已陷于自私自利之偏。是以外人伦，遗事物，以之独善或能之，而要之不可以治家国天下。盖圣人之学无人己，无内外，一天地万物以为心；而禅之学起于自私自利，而未免于内外之分；斯其所以为异也。今之为心性之学者，而果外人伦，遗事物，则诚所谓禅矣，使其未尝外人伦，遗事物，而专以存心养性为事，则固圣门精一之学也，而可谓之禅乎哉。世之学者，承沿其举业词章之习以荒秽戕伐其心，既与圣人尽心之学相背而驰，日骛日远，莫知其所抵极矣。

有以心性之说而招之来归者，则顾骇以为禅，而反仇仇视之，不亦大可哀乎。夫不自知其为非而以非人者，是旧习之为蔽，而未可遽以为罪也。有知其非者矣，藐然视人之非而不以告人者，自私者也。既告之矣，既知之矣，而犹冥然不以自反者，自弃者也。吾越多豪杰之士，其特然无所待而兴者，为不少矣，而亦容有蔽于旧习者乎？故吾因诸君之请而特为一言之。呜呼。吾岂特为吾越之士一言之而已乎？

梁仲用默斋说 辛未

仲用识高而气豪，既举进士，锐然有志天下之务。一旦责其志曰："于呼。予乃太早。乌有己之弗治而能治人者。"于是专心为己之学，深思其气质之偏，而病其言之易也，以"默"名庵，过予而请其方。予亦天下之多言人也，岂足以知默之道。然予尝自验之，气浮则多言，志轻则多言。气浮者耀于外，志轻者放其中。予请诵古之训而仲用自取之。

夫默有四伪：疑而不知问，蔽而不知辩，冥然以自罔，谓之默之愚；以不言餂人者，谓之默之狡；虑人之觇其长短也，掩覆以为默，谓之默之诬；深为之情，厚为之貌，渊毒阱狠，自托于默以售其奸者，谓之默之贼；夫是之谓四伪。又有八诚焉：孔子曰："君子耻其言而过其行。古者言之不出，耻躬之不逮也。"故诚知耻，而后知默。又曰："君子欲讷于言而敏于行。"夫诚敏于行，而后欲默矣。仁者言也讱，非以为默而默存焉。又曰："默而识之"，是故必有所识也，终日不违如愚者也。"默而成之"，是故必有所成也，退而省其私，亦足以发者也。故善默者莫如颜子。"暗然而日章"，默之积也。“不言而信”，而默之道成矣。“天何言哉？四时行焉，万物生焉。”而默之道至矣。非圣人其孰能与于此哉。夫是之谓八诚。仲用盍亦知所以自取之？

示弟立志说 乙亥

予弟守文来学，告之以立志。守文因请次第其语，使得时时观省；且请浅近其辞，则易于通晓也。因书以与之。

夫学，莫先于立志。志之不立，犹不种其根而徒事培拥灌溉，劳苦无成矣。世之所以因循苟且，随俗习非，而卒归于污下者，凡以志之弗立也。故程子曰：“有求为圣人之志，然后可与共学。”人苟诚有求为圣人之志，则必思圣人之所以为圣人者安在？非以其心之纯乎天理而无人欲之私欤？圣人之所以为圣人，惟以其心之纯乎天理而无人欲，则我之欲为圣人，亦惟在于此心之纯乎天理而无人欲耳。欲此心之纯乎天理而无人欲，则必去人欲而存天理。务去人欲而存天理，则必求所以去人欲而存天理之方。求所以去人欲而存天理之方，则必正诸先觉，考诸古训，而凡所谓学问之功者，然后可得而讲。而亦有所不容已矣。

夫所谓正诸先觉者，既以其人为先觉而师之矣，则当专心致志，惟先觉之为听。言有不合，不得弃置，必从而思之；思之不得，又从而辩之；务求了释，不敢辄生疑惑。故《记》曰：“师严，然后道尊；道尊，然后民知敬学。”苟无尊崇笃信之心，则必有轻忽慢易之意。言之而听之不审，犹不听也；听之而思之不慎，犹不思也；是则虽曰师之，犹不师也。

夫所谓考诸古训者，圣贤垂训，莫非教人去人欲而存天理之方，若《五经》、《四书》是已。吾惟欲去吾之人欲，存吾之天理，而不得其方，是以求之于此，则其展卷之际，真如饥者之于食，求饱而已；病者之于药，求愈而已；暗者之于灯，求照而已；跛者之于杖，求行而已。曾有徒事记诵讲说，以资口耳之弊哉。

夫立志亦不易矣。孔子，圣人也，犹曰："吾十有五而志于学。三十而立。"立者，志立也。虽至于"不逾矩"，亦志之不逾矩也。志岂可易而视哉。夫志，气之帅也，人之命也，木之根也，水之源也。源不浚则流息，根不植则木枯，命不续则人死，志不立则气昏。是以君子之学，无时无处而不以立志为事。正目而视之，无他见也；倾耳而听之，无他闻也。如猫捕鼠，如鸡覆卵，精神心思凝聚融结，而不复知有其他，然后此志常立，神气精明，义理昭著。一有私欲，即便知觉，自然容住不得矣。故凡一毫私欲之萌，只责此志不立，即私欲便退；听一毫客气之动，只责此志不立，即客气便消除。或怠心生，责此志，即不怠；忽心生，责此志，即不忽；懆心生，责此志，即不懆；妒心生，责此志，即不妒；忿心生，责此志，即不忿；贪心生，责此志，即不贪；傲心生，责此志，即不傲；吝心生，责此志，即不吝。盖无一息而非立志责志之时，无一事而非立志责志之地。故责志之功，其于去人欲，有如烈火之燎毛，太阳一出，而魍魉潜消也。

自古圣贤因时立教，虽若不同，其用功大指无或少异。《书》谓"惟精惟一"，《易》谓"敬以直内，义以方外"，孔子谓"格致诚正，博文约礼"，曾子谓"忠恕"，子思谓"尊德性而道问学"，孟子谓"集义养气，求其放心"，虽若人自为说，有不可强同者，而求其要领归宿，合若符契。何者？夫道一而已。道同则心同，心同则学同。

其卒不同者，皆邪说也。

后世大患，尤在无志，故今以立志为说。中间字字句句，莫非立志。盖终身问学之功，只是立得志而已。若以是说而合精一，则字字句句皆精一之功；以是说而合敬义，则字字句句皆敬义之功。其诸“格致”、“博约”、“忠恕”等说，无不吻合。但能实心体之，然后信予言之非妄也。

约斋说 甲戌

滁阳刘生韶既学于阳明子，乃自悔其平日所尝致力者泛滥而无功，琐杂而不得其要也。思得夫简易可久之道而固守之，乃以“约斋”自号，求所以为约之说于予。予曰：“子欲其约，乃所以为烦也。其惟循理乎。理一而已，人欲则有万其殊。是故一则约，万则烦矣。虽然，理亦万殊也，何以求其一乎？理虽万殊而皆具于吾心，心固一也，吾惟求诸吾心而已。求诸心而皆出乎天理之公焉，斯其行之简易，所以为约也已。彼其胶于人欲之私，则利害相攻，毁誉相制，得失相形，荣辱相缠，是非相倾，顾瞻牵滞。纷纭舛戾，吾见其烦且难也。然而世之知约者鲜矣。孟子曰：‘学问之道无他，求其放心而已’，其知所以为约之道欤。吾子勉之。吾言则亦以烦。”

见斋说 乙亥

辰阳刘观时学于潘子，既有见矣，复学于阳明子。尝自言曰：“吾名观时，观必有所见，而吾犹懵懵无睹也。”扁其居曰“见斋”，以自励。问于阳明子曰：“道有可见乎？”曰：“有，有而未尝有也。”曰：“然则无可见乎？”曰：“无，无而未尝无也。”曰：“然则何以为见乎？”曰：“见而未尝见也。”观时曰：“弟子之惑滋甚矣。夫子则明言以教我乎？”阳明子曰：“道不可言也，强为之言而益晦；道无可见也，妄为之见而益远。夫有而未尝有，是真有也；无而未尝无，是真无也；见而未尝见，是真见也。子未观于天乎？谓天为无可见，则苍苍耳，昭昭耳，日月之代明，四时之错行，未尝无也；谓天为可见，则即之而无所，指之而无定，执之而无得，未尝有也。夫天，道也；道，天也。风可捉也，影可拾也，道可见也。”曰：“然则吾终无所见乎？古之人则亦终无所见乎？”曰：“神无方而道天体，仁者见之谓之仁，知者见之谓之知。是有方体者也，见之而未尽者也。颜子则‘如有所立’，卓尔。夫谓之‘如’，则非有也；谓之‘有’，则非无也。是故虽欲从之，末由也已。故夫颜氏之子为庶几也。文王望道而未之见，斯真见也已。”曰：“然则吾何所用心乎？”曰：“沦于无者，无所用其心者也，荡而无归；滞于有者，用其心于无用者也，劳而无功。夫有无之间，见与不见之妙，非可以言求也。而子顾切切焉，吾又从而强言其不可见，是以瞽导瞽也。夫言饮者不可以为醉，见食者不可以为饱。子求其醉饱，则盍饮食之？子求其见也，其惟人之所不见乎？夫亦戒慎乎其所不睹也已。斯真睹也已，斯求见之道也已。”

矫亭说 乙亥

君子之行，顺乎理而已，无所事乎矫。然有气质之偏焉。偏于柔者矫之以刚，然或失则傲；偏于慈者矫之以毅，然或失则刻；偏于奢者矫之以俭，然或失则陋。凡矫而无节则过，过则复为偏。故君子之论学也，不曰“矫”而曰“克”。克以胜其私，私胜而理复，无过不及矣。矫犹未免于意必也，意必亦私也。故克己则矫不必言，矫者未必能尽于克己之道也。虽然，矫而当其可，亦克己之道矣。行其克己之实，而矫以名焉，何伤乎。古之君子也，其取名也廉；后之君子，实未至而名先之，故不曰“克”而曰“矫”，亦矫世之意也。方君时举以“矫”名亭，请予为之说。

谨斋说 乙亥

君子之学，心学也。心，性也；性，天也。圣人之心纯乎天理，故无事于学。下是，则心有不存而汩其性，丧其天矣，故必学以存其心。学以存其心者，何求哉？求诸其心而已矣。求诸其心何为哉？谨守其心而已矣。博学也，审问也，慎思也，明辨也，笃行也，皆谨守其心之功也。谨守其心者，无声之中而常若闻焉，无形之中而常若睹焉。故倾耳而听之，惟恐其或缪也；注目而视之，惟恐其或逸也。是故至微而显，至隐而见，善恶之萌而纤毫莫遁，由其能谨也。谨则存，存则明；明则其察之也精，其存之也一。昧焉而弗知，过焉而弗觉，弗之谨也已。故谨守其心，于其善之萌焉，若食之充饱也；若抱赤子而履春冰，惟恐其或陷也；若捧万金之璧而临千仞之崖，惟恐其或坠也；其不善之萌焉，若鸩毒之投于羹也，若虎蛇横集而思所以避之也，若盗贼之侵陵而思所以胜之也。古之君子所以凝至道而成盛德，未有不由于斯者。虽尧、舜、文王之圣，然且兢兢业业，而况于学者乎。后之言学者，舍心而外求，是以支离决裂，愈难而愈远，吾甚悲焉。

吾友侍御杨景瑞以“谨”名其斋，其知所以为学之要矣。景瑞尝游白沙陈先生之门，归而求之，自以为有见。又二十年而忽若有得，然后知其向之所见犹未也。一旦告病而归，将从事焉，必底于成而后出。君之笃志若此，其进于道也孰御乎。君遣其子思元从予学，亦将别予以归，因论君之所以名斋之义以告思元，而遂以为君赠。

夜气说 乙亥

天泽每过，辄与之论夜气之训，津津既有所兴起。至是告归，请益。复谓之曰："夜气之息，由于旦昼所养，苟梏亡之反复，则亦不足以存矣。今夫师友之相聚于兹也，切磋于道义而砥砺乎德业，渐而入焉，反而愧焉，虽有非僻之萌，其所滋也亦已罕矣。迨其离群索居，情可得肆而莫之警也，欲可得纵而莫之泥也，物交引焉，志交丧焉，虽有理义之萌，其所滋也亦罕矣。故曰：'苟得其养，无物不长；苟失其养，无物不消。'夫人亦孰无理义之心乎？然而不得其养者多矣，是以若是其寥寥也。天泽勉之。"

修道说 戊寅

率性之谓道，诚者也；修道之谓教，诚之者也。故曰："自诚明，谓之性；自明诚，谓之教。"《中庸》为诚之者而作，修道之事也。道也者，性也，不可须臾离也。而过焉，不及焉，离也。是故君子有修道之功。戒慎乎其所不睹，恐惧乎其所不闻，微之显，诚之不可掩也。修道之功若是其无间，诚之也夫。然后喜怒哀乐之未发谓之中，发而皆中节谓之和，道修而性复矣。致中和，则大本立而达道行，知天地之化育矣。非至诚尽性，其孰能与于此哉。是修道之极功也。而世之言修道者离矣，故特著其说。

自得斋说 甲申

孟子云："君子深造之以道，欲其自得之也。自得之则居之安；居之安则资之深；资之深则取之左右逢其原。故君子欲其自得之也。"夫率性之谓道，道，吾性也；性，吾生也。而何事于外求？世之学者，业辞章，习训诂，工技艺，探赜而索隐，弊精极力，勤苦终身，非无所谓深造之者。然亦辞章而已耳，训诂而已耳，技艺而已耳。非所以深造于道也，则亦外物而已耳，宁有所谓自得逢原者哉。古之君子，戒慎不睹，恐惧不闻，致其良知而不敢须臾或离者，斯所以深造乎是矣。是以大本立而达道行，天地以位，万物以育，于左右逢原乎何有？

黄勉之省曾氏，以"自得"名斋，盖有志于道者。请学于予而蕲为之说。予不能有出于孟氏之言也，为之书孟氏之言。嘉靖甲申六月朔。

博约说 乙酉

南元真之学于阳明子也，闻致知之说而恍若有见矣。既而疑于博约先后之训，复来请曰："致良知以格物，格物以致其良知也，则既闻教矣。敢问先博我以文，而后约我以礼也，则先儒之说，得无亦有所不同欤？"阳明子曰："理，一而已矣；心，一而已矣。故圣人无二教，而学者无二学。博文以约礼，格物以致其良知，一也。故先后之说，后儒支缪之见也。夫礼也者，天理也。天命之性具于吾心，其浑然全体之中，而条理节目森然毕具，是故谓之天理。天理之条理谓之礼。是礼也，其发见于外，则有五常百行，酬酢变化，语默动静，升降周旋，隆杀厚薄之属；宜之于言而成章，措之于为而成行，书之于册而成训；炳然蔚然，其条理节目之繁，至于不可穷诘，是皆所谓文也。是文也者，礼之见于外者也；礼也者，文之存于中者也。文，显而可见之礼也；礼，微而难见之文也。是所谓体用一源，而显微无间者也。是故君子之学也，于酬酢变化、语默动静之间而求尽其条理节目焉，非他也，求尽吾心之天理焉耳矣；于升降周旋、隆杀厚薄之间而求尽其条理节目焉，非他也，求尽吾心之天理焉耳矣。求尽其条理节目焉者，博文也；求尽吾心之天理焉者，约礼也。文散于事而万殊者也，故曰博；礼根于心而一本者也，故曰约。博文而非约之以礼，则其文为虚文，而后世功利辞章之学矣；约礼而非博学于文，则其礼为虚礼，而佛、老空寂之学矣。是故约礼必在于博文，而博文乃所以约礼。二之而分先后焉者，是圣学之不明，而功利异端之说乱之也。

昔者颜子之始学于夫子也，盖亦未知道之无方体形像也，而以为有方体形像也；未知道之无穷尽止极也，而以为有穷尽止极也；是犹后儒之见事事物物皆有定理者也，是以求之仰钻瞻忽之间，而莫得其所谓。及闻夫子博约之训，既竭吾才以求之，然后知天下之事虽千变万化，而皆不出于此心之一理；然后知殊途而同归，百虑而一致，然后知斯道之本无方体形象，而不可以方体形象求之也；本无穷尽止极，而不可以穷尽止极求之也。故曰：‘虽欲从之，末由也已。’盖颜子至是而始有真实之见矣。博文以约礼，格物以致其良知也，亦宁有二学乎哉？”

惜阴说 丙戌

同志之在安成者，间月为会五日，谓之“惜阴”，其志笃矣；

然五日之外，孰非惜阴时乎？离群而索居，志不能无少懈，故五日之会，所以相稽切焉耳。

呜呼。天道之运，无一息之或停；吾心良知之运，亦无一息之或停。良知即天道，谓之“亦”，则犹二之矣。知良知之运无一息之或停者，则知惜阴矣；知惜阴者，则知致其良知矣。“子在川上曰:逝者如斯夫。不舍昼夜。”此其所以学如不及，至于发愤忘食也。尧舜兢兢业业，成汤日新又新，文王纯亦不已，周公坐以待旦，惜阴之功，宁独大禹为然？子思曰：“戒慎乎其所不睹，恐惧乎其所不闻，知微之显，可以入德矣。”或曰：“鸡鸣而起，孳孳为利。凶人为不善，亦惟日不足，然则小人亦可谓之惜阴乎？

兴国守胡孟登生像记 壬戌

弘治十年，胡公孟登以地官副郎谪贰兴国。越三年，擢知州事。公既久于其治，乃奸锄利植而民以大和。又明年壬戌，擢浙江按察司佥事以去。民既留公不可，则相率祀公之像，以报公德。而学宫之左有叠山祠以祀宋臣谢枋得者，旧矣。其士曰：“合祀公像于是。呜呼。吾州违胡元之乱以入于皇朝，虽文风稍振，而陋习未除。士之登名科甲以显于四方者，相望如晨天之星，数不能以一二。盖至于今遂茫然绝响者，凡几科矣。自公之来，斩山斥地以恢学宫，洗垢摩钝以新士习，然后人知敦礼兴乐，而文采蔚然于湖、湘之间；荐于乡者，一岁而三人。盖夫子之道大明于兴国，实自公始。公之德惠，固无庸言;而化民成俗，于是为大。祀公于此，其宜哉。”民曰：“不可。其为公别立一庙。公之未来也，吾民外苦于盗贼，内残于苛政；滨湖之民，死于鱼课者数千余家。自公之至，而盗不敢履兴国之界，民违猛虎鱼鳖之患，而始释戈而安寝，歌呼相慰，以嬉于里巷。公之惠泽，吾独不能出诸口耳。呜呼。公有大造于吾民，乃不能别立一庙而使并食于谢公，于吾心有未足也。”士曰：“不然。公与谢公皆以迁谪而至吾州。谢公以文章节义为宋忠臣，而公之气概风声实相辉映。祀公于此，所以见公之庇吾民者，不独以其政事；而吾民之所以怀公于不忘者，又有在于长养恩恤之外也。其于尊严崇重，不滋为大乎？”于是其民相顾喜曰：“果如是，我亦无所憾矣。然其谁纪诸石以传之。”士曰：“公之经历四方也久矣，四方之人，其闻公之贤亦既有年矣。然而屡遭谗嫉，而未畅厥猷，意亦知公之深者，难也。公尝令于余姚，以吾人之知公，则其人宜于公为悉。”乃走币数千里而来请于某，且告之故。某曰：“是姚人之愿，不独兴国也。”公之去吾姚已二十余年，民之思公如其始去。每有自公而来者，必相与环聚，问公之起居饮食，及其履历之险夷，丰采状貌须发之苍白与否，退则相傅告以为欣戚。以吾姚之思公，知兴国之为是举，亦其情之有不得已也。然公之始去吾姚，既尝有去思之碑以纪公德，今不可以重复其说。而兴国之绩，吾虽闻之甚详，然于其民为远，虽极意揄扬之，恐亦未足以当其心也。姑述其请记之辞，而诗以系之。

公讳瀛，河南之罗山人，有文武长才，而方向于用。诗曰：

于维胡公，允毅孔直，惟直不挠，以来兴国。惟此兴国，实荒有年；自公之来，辟为良田。寇乘于垣，死课于泽。公曰吁嗟，兹惟予谴。勤尔桑禾，谨尔室家。岁丰时和，民谣以歌。乃筑泮宫，教以礼让。弦涌诗书，溢于里巷。庶民谆谆，庶士彬彬。公亦欣欣，曰惟家人。维公我父，惟公我母；自公之去，夺我恃怙。维公之政，不专于宽；雨阳维若，时其燠寒。维公文武，亦周于艺；射御工力，展也不器。我拜公像，从我父兄；率我子弟，集于泮宫。父兄相谓，毋尔敢望。天子用公，训于四方。

新建预备仓记 癸亥

仓廪以储国用，而民之不给，亦于是乎取。故三代之时，上之人不必其尽输之官府，下之人不必其尽臧于私室。后世若常平义仓，盖犹有所以为民者，而先王之意亦既衰矣。及其大弊，而仓廪之蓄，遂邈然与民无复相关。其遇凶荒水旱，民饿莩相枕藉，苟上无赈贷之令，虽良有司亦坐守键闭，不敢发升合以拯其下；民之视其官廪如仇人之垒，无以事其刃为也。呜呼。仓廪之设，岂固如是也哉。

绍兴之仓目如坻，大有之属凡三四区，中所积亦不下数十万。然而民之饥馁，稍不稔即无免焉。岁癸亥春，融风日作，星火宵陨。太守佟公曰："是旱征也，不可以无备。"既命民间积谷谨藏，则复鸠工度地，得旧太积库地于郡治之东，而建以为预备仓。于是四月不雨；至于八月，农工大坏，比室磬悬。民陆走数百里，转嘉、湖之粟以自疗。市火间作，贸迁无所居。公帅僚吏遍祷于山川社稷，乃八月己酉大雨浛旬，禾槁复颖。民始有十一之望，渐用苏息。公曰："呜呼。予所建，今兹之旱，虽诚无补于后患其将有裨。"乃益遂厥营。九月丁卯工毕。凡为廪三面廿有六楹，约受谷十万几千斛。前为厅事，以司出纳；而以其无事时，则凡宾客部使之往来而无所寓者，又皆可以馆之于是。极南阻民居，限以高垣；东折为门，出之大衢。并门为屋廿有八楹，自南亘北，以居商旅之贸迁者，而月取其值，以实廪粟；又于其间区画而综理之。盖积三岁而可以有一年之备矣。二守钱君谓其僚曰：“公之是举，其惠于民岂有穷乎。夫后之民食公之德而弗知其所自，是吾侪无以赞公于今日，而又以泯其绩于后也。”于是相率来属某以记。某曰：“唯唯。夫悯灾而恤患，庇民之仁也；未患而预防，先事之知也；已患而不怠，临事之勇也；创今以图后，敷德之诚也。行一事而四善备焉，是而可以无纪也乎？某虽不文也，愿以执笔而从事。”

平山书院记 癸亥

平山在丰陵之北三里，今杭郡守杨君温甫蚤岁尝读书其下。丰人之举进士者，自温甫之父佥宪公始，而温甫承之。温甫既贵，建以为书院。曰：“使吾乡之秀与吾杨氏之子弟诵读其间，翘翘焉相继而兴，以无亡吾先君之泽。”于是其乡多文士，而温甫之子晋，复学成有器识，将绍温甫而起。盖书院为有力焉。温甫始为秋官郎，予时实为僚佐，相怀甚得也。温甫时时为予言：“平山之胜，耸秀奇特，比于峨嵋。望之严厉壁削，若无所容，而其上乃宽衍平博。有老氏宫焉，殿阁魁桀伟丽，闻于天下；俯览大江，烟云杳霭；暇辄从朋侪往游，其间鸣湍绝壑，拂云千仞之木，阴翳亏蔽。书院当其麓，其高可以眺，其邃可以隐，其芳可以采，其清可以濯，其幽可以栖。吾因而望之以‘含远’之楼，蛰之以‘寒香’之坞，揭之以‘秋芳’之亭，澄之以‘洗月’之池，息之以‘栖云’之窝；四时交变，风雪晦暝之朝，花月澄芬之夕，光景超忽，千态万状。而吾诵读于其间，盖冥然与世相忘；若将终身焉，而不知其他也。今吾汩没于簿书案牍，思平山之胜，而庶几梦寐焉，何可得耶。”

既而某以病告归阳明，温甫寻亦出守杭郡。钱塘波涛之汹怪，西湖山水之秀丽，天下之言名胜者无过焉。噫。温甫之居是地，当无憾于平山耳矣。今年与温甫相见于杭，而亹亹于平山者犹昔也。吁，亦异矣。岂其沉溺于兹山，果有不能忘情也哉？温甫好学不倦，其为文章，追古人而并之。方其读书于平山也，优游自得，固将发为事业以显于世。及其施诸政事，沛然有余矣，则又益思致力于问学，而其间又自有不暇者，则其眷恋于兹山也，有以哉。温甫既已成己，则不能忘于成物，而建为书院以倡其乡人。处行义之时，则不能忘其隐居之地，而拳拳于求其志者无穷已也。古人有言："成己，仁也；成物，知也。"温甫其仁且知者欤。又曰："隐居以求其志，行义以达其道。吾闻其语矣，未见其人也。"温甫殆其人也，非欤？

温甫属予记，予未尝一至平山，而平山严严之气象，斩然壁立而不可犯者，固可想而知其不异于温甫之为人也。以温甫之语予者记之。

何陋轩记 戊辰

昔孔子欲居九夷，人以为陋。孔子曰："君子居之，何陋之有？"守仁以罪谪龙场。龙场，古夷蔡之外，于今为要绥，而习类尚因其故。人皆以予自上国往，将陋其地，弗能居也。而予处之旬月，安而乐之，求其所谓甚陋者而莫得。独其结题鸟言，山栖羝服，无轩裳宫室之观，文仪揖让之缛，然此犹淳丽质素之遗焉。盖古之时，法制未备，则有然矣，不得以为陋也。夫爱憎面背，乱白黝丹，浚奸穷黠，外良而中螫，诸夏盖不免焉。若是而彬郁其容，宋甫鲁掖，折旋矩镬，将无为陋乎？夷之人乃不能此。其好言恶詈，直情率遂，则有矣。世徒以其言辞物采之眇而陋之，吾不谓然也。始予至，无室以止，居于业棘之间，则郁也。迁于东峰，就石穴而居之，又阴以湿。龙场之民，老稚日来视，予喜不予陋，益予比。予尝圃于丛棘之右，民谓予之乐之也，相与伐木阁之材，就其地为轩以居予。予因而翳之以桧竹，莳之以卉药；列堂阶，辨室奥；琴编图史，讲诵游适之道略俱。学士之来游者，亦稍稍而集于是。人之及吾轩者，若观于通都焉，而予亦忘予之居夷也。因名之曰“何陋”，以信孔子之言。

嗟夫。诸夏之盛，其典章礼乐，历圣修而传之，夷不能有也，则谓之陋固宜。于后蔑道德而专法令，搜抉钩縶之术穷，而狡匿谲诈无所不至，浑朴尽矣。夷之民方若未琢之璞，未绳之木，虽粗砺顽梗，而椎斧尚有施也，安可以陋之？斯孔子所谓欲居也欤？虽然，典章文物则亦胡可以无讲。今夷之俗，崇巫而事鬼，渎礼而任情，不中不节，卒未免于陋之名，则亦不讲于是耳。然此无损于其质也。诚有君子而居焉，其化之也盖易。而予非其人也，记之以俟来者。

君子亭记 戊辰

阳明子既为何陋轩，复因轩之前营，驾楹为亭，环植以竹，而名之曰“君子”。曰：“竹有君子之道四焉：中虚而静，通而有间，有君子之德；外节而直，贯四时而柯叶无所改，有君子之操；应蛰而出，遇伏而隐，雨雪晦明无所不宜，有君子之时；清风时至，玉声珊然，中采齐而协肆夏，揖逊俯仰，若洙、泗群贤之交集，风止籁静，挺然特立，不挠不屈，若虞廷群后，端冕正笏而列于堂陛之侧，有君子之容。竹有是四者，而以‘君子’名，不愧于其名；吾亭有竹焉，而因以竹名名，不愧于吾亭。”门人曰：“夫子盖自道也。吾见夫子之居是亭也，持敬以直内，静虚而若愚，非君子之德乎？遇屯而不慑，处困而能亨，非君子之操乎？昔也行于朝，今也行于夷，顺应物而能当，虽守方而弗拘，非君子之时乎？其交翼翼，其处雍雍，意适而匪懈，气和而能恭，非君子之容乎？夫子盖谦于自名也，而假之竹。虽然，亦有所不容隐也。夫子之名其轩曰‘何陋’，则固以自居矣。”阳明子曰：“嘻。小子之言过矣，而又弗及。夫是四者何有于我哉？抑学而未能，则可云尔耳。昔者夫子不云乎？‘汝为君子儒，无为小人儒’，吾之名亭也，则以竹也。人而嫌以君子自名也，将为小人之归矣，而可乎？小子识之。”

远俗亭记 戊辰

宪副毛公应奎，名其退食之所曰“远俗”。阳明子为之记曰：

俗习与古道为消长。尘嚣溷浊之既远，则必高明清旷之是宅矣，此“远俗”之所由名也。然公以提学为职，又兼理夫狱讼军赋，则彼举业辞章，俗儒之学也；簿书期会，俗吏之务也；二者皆公不免焉。舍所事而曰“吾以远俗”，俗未远而旷官之责近矣。君子之行也，不远于微近纤曲，而盛德存焉，广业著焉。是故诵其诗，读其书，求古圣贤之心，以蓄其德而达诸用，则不远于举业辞章，而可以得古人之学，是远俗也已。公以处之，明以决之，宽以居之，恕以行之，则不远于簿书期会，而可以得古人之政，是远俗也已。苟其心之凡鄙猥琐，而待闲散疏放之是托，以为“远俗”，其如远俗何哉。昔人有言：“事之无害于义者，从俗可也。”君子岂轻于绝俗哉？然必曰无害于义，则其从之也，为不苟矣。是故苟同于俗以为通者，固非君子之行；必远于俗以求异者，尤非君子之心。

象祠记 戊辰

灵博之山有象祠焉，其下诸苗夷之居者，咸神而事之。宣慰安君因诸苗夷之请，新其祠屋，而请记于予。予曰：“毁之乎？其新之也？”曰：“新之。”“新之也，何居乎？”曰：“斯祠之肇也，盖莫知其原。然吾诸蛮夷之居是者，自吾父吾祖溯曾高而上，皆尊奉而礼祀焉，举之而不敢废也。”予曰：“胡然乎？有庳之祠，唐之人盖尝毁之。象之道，以为子则不孝，以为弟则傲。斥于唐而犹存于今，毁于有庳而犹盛于兹土也，胡然乎？我知之矣，君子之爱若人也，推及于其屋之乌，而况于圣人之弟乎哉？然则祀者为舜，非为象也。意象之死，其在干羽既格之后乎？不然，古之骜桀者岂少哉？而象之祠独延于世，吾于是益有以见舜德之至，入人之深，而流泽之远且久也。象之不仁，盖其始焉尔，又乌知其终不见化于舜也？《书》不云乎？‘克谐以孝烝烝，乂，不格奸，瞽瞍亦允若’，则已化而为慈父。象犹不弟，不可以为谐。进治于善，则不至于恶；不抵于奸，则必入于善。信乎，象盖已化于舜矣。孟子曰：‘天子使吏治其国，象不得以有为也。’斯盖舜爱象之深而虑之详，所以扶持辅导之者之周也。不然，周公之圣，而管、蔡不免焉。斯可以见象之既化于舜，故能任贤使能而安于其位，泽加于其民，既死而人怀之也。诸侯之卿，命于天子，盖周官之制。其殆仿于舜之封象欤？吾于是益有以信人性之善，天下无不可化之人也。然则唐人之毁之也，据象之始也；今之诸夷之奉之也，承象之终也。斯义也，吾将以表于世，使知人之不善，虽若象焉，犹可以改；而君子之修德，及其至也，虽若象之不仁，而犹可以化之也。”

卧马冢记 戊辰

卧马冢在宣府城西北十余里。有山隆然，来自苍茫；若涌若滃，若奔若伏；布为层裀，拥为覆釜；漫衍陂迤，环抱涵迴；中凝外完，内缺门若，合流泓洄，高岸屏塞，限以重河，敷为广野；乾桑燕尾，远泛近挹。今都宪怀来王公实葬厥考大卿于是。方公之卜兆也，祷于大卿，然后出从事，屡如未迪；末乃来兹，顾瞻徘徊，必契神得，将归而加诸卜；爰视公马眷然跽卧，嚏嗅盘旋，缱绻嘶秣，若故以启公之意者。公曰：“呜呼。其弗归卜，先公则既命于此矣。”就其地窆焉。厥土五色，厥石四周；融润煦淑，面势环拱。既葬，弗震弗崩，安靖妥谧。植树蓊蔚，庶草芬茂；禽鸟哺集，风气凝毓；产祥萃休，祉福骈降。乡人谓公孝感所致，相与名其封曰“卧马”，以志厥祥，从而歌之；士大夫之闻者，又从而和之。

正德戊辰，守仁谪贵阳，见公于巡抚台下，出，闻是于公之乡人。客有在坐者曰：“公其休服于无疆哉。昔在士行，牛眠协兆，峻陟三公。公兹实类于是。”守仁曰：“此非公意也。公其慎厥终，惟安亲是图，以庶几无憾焉耳已，岂以徼福于躬，利其嗣人也哉？虽然，仁人孝子，则天无弗比，无弗祐，匪自外得也。亲安而诚信竭，心斯安矣。心安则气和，和气致祥，其多受祉福以流衍于无尽，固理也哉。”他日见于公，以乡人之言问焉。公曰：“信。”以守仁之言正焉，公曰：“呜呼。是吾之心也。子知之，其遂志之，以训于我子孙，毋替我先公之德。”

宾阳堂记 戊辰

传之堂东向曰“宾阳”，取《尧典》“寅宾出日”之义，志向也，宾日，义之职而传冒焉，传职宾宾，羲以宾宾之寅而宾日，传以宾日之寅而宾宾也，不曰日乃阳之属，为日、为元、为善、为吉、为亨治，其于人也为君子，其义广矣备矣。内君子而外小人，为泰。曰：“宾自外而内之传，将以宾君子而内之也。传以宾君子，而容有小人焉，则如之何？”曰：“吾知以君子而宾之耳。吾以君子而宾之也，宾其甘为小人乎哉？”为宾日之歌，日出而歌之，宾至而歌之。歌曰：

日出东方，再拜稽首，人曰予狂。匪日之寅，吾其怠荒。东方日出，稽首再拜，人曰予惫。匪日之爱，吾其荒怠。其翳其嘒，其日惟霁；其昫其雾，其日惟雨。勿忤其昫，倏焉以雾；勿谓终翳，或时其嘒。嘒其光矣，其光熙熙。与尔偕作，与尔偕宜。倏其雾矣，或时以熙；或时以熙，孰知我悲。

重修月潭寺建公馆记 戊辰

隆兴之南有岩曰月潭，壁立千仞，檐垂数百尺。其上澒洞玲珑，浮者若云霞，亘者若虹霓；豁若楼殿门阙，悬若鼓钟编磬；幨幢缨络，若抟风之鹏，翻集翔鹄，螭虺之纠蟠，猱狖之骇攫；谲奇变幻，不可具状。而其下澄潭邃谷，不测之洞，环秘回伏；乔林秀木，垂荫蔽亏；鸣瀑清溪，停洄引映。天下之山，萃于云、贵；连亘万里，际天无极。行旅之往来，日攀缘下上于穷崖绝壑之间，虽雅有泉石之癖者，一入云、贵之途，莫不困踣烦厌，非复夙好。而惟至于兹岩之下，则又皆洒然开豁，心洗目醒；虽庸俦俗侣，素不知有山水之游者，亦皆徘徊顾盼，相与延恋而不忍去。则兹岩之胜，盖不言可知矣。

岩界兴隆、偏桥之间各数十里，行者至是，皆惫顿饥悴，宜有休息之所。而岩麓故有寺，附岩之戍卒官吏与凡苗夷犵狣之种连属而居者，岁时令节皆于是焉厘祝。寺渐芜废，行礼无所。宪副滇南朱君文端按部至是，乐兹岩之胜，悯行旅之艰，而从士民之请也，乃捐资庀材，新其寺于岩之右，以为厘祝之所。曰："吾闻为民者，顺其心而趋之善。今苗夷之人，知有尊君亲上之礼，而憾于弗伸也，吾从而利道之，不亦可乎。"则又因寺之故材与址，架楼三楹，以为部使者休食之馆。曰："吾闻为政者，因势之所便而成之，故事适而民逸。今旅无所舍，而使者之出，师行百里，饥不得食，劳不得息。吾图其可久而两利之，不亦可乎。"使游僧正观任其劳，指挥逖远，度其工；千户某某相其役。远近之施舍勤助者欣然而集，不两月而工告毕。自是饥者有所炊，劳者有所休，游观者有所舍，厘祝者有所瞻依，以为竭虔效诚之地；而兹岩之奇，若增而益胜也。

正观将记其事于石，适予过而请焉。予惟君子之政，不必专于法，要在宜于人；君子之教，不必泥于古，要在入于善。是举也，盖得之矣。况当法纲严密之时，众方喘息忧危，动虞牵触，而乃能从容于山水泉石之好，行其心之所不愧者，而无求免于俗焉。斯其非见外之轻而中有定者，能若是乎？是诚不可以不志也矣。

寺始于戍卒周斋公，成于游僧德彬；增治于指挥刘瑄、常智、李胜及其属王威、韩俭之徒；至是凡三缉。而公馆之建，则自今日始。

玩易窝记 戊辰

阳明子之居夷也，穴山麓之窝而读《易》其间。始其未得也，仰而思焉，俯而疑焉，函六合，入无微，茫乎其无所指，孑乎其若株。其或得之也，沛兮其若决，瞭兮其若彻，菹淤出焉，精华入焉，若有相者而莫知其所以然。其得而玩之也，优然其休焉，充然其喜焉，油然其春生焉；精粗一，外内翕，视险若夷，而不知其夷之为厄也。于是阳明子抚几而叹曰："嗟乎。此古之君子所以甘囚奴，忘拘幽，而不知其老之将至也夫。吾知所以终吾身矣。"名其窝曰"玩易"，而为之说曰：

夫《易》，三才之道备焉。古之君子，居则观其象而玩其辞，动则观其变而玩其占。观象玩辞，三才之体立矣；观变玩占，三才之用行矣。体立，故存而神；用行，故动而化。神，故知周万物而无方；化，故范围天地而无迹。无方，则象辞基焉；无迹，则变占生焉。是故君子洗心而退藏于密，斋戒以神明其德也。盖昔者夫子尝韦编三绝焉。呜呼。假我数十年以学《易》，其亦可以无大过已夫。

东林书院记 癸酉

东林书院者，宋龟山杨先生讲学之所也。龟山没，其地化为僧区，而其学亦遂沦入于佛老训诂词章者且四百年。成化间，今少司徒泉斋邵先生始以举子复聚徒讲诵于其间。先生既仕而址复荒，属于邑之华氏。华氏，先生之门人也，以先生之故，仍让其地为书院，以昭先生之迹，而复龟山之旧。先生既已纪其废兴，则以记属之某。当是时，辽阳高君文豸方来令兹邑，闻其事，谓表明贤人君子之迹，以风励士习，此吾有司之责，而顾以勤诸生则何事？爰毕其所未备，而亦遣人来请。

呜呼。物之废兴，亦决有成数矣，而亦存乎其人。夫龟山没，使有若先生者相继讲明其间，龟山之学，邑之人将必有传，岂遂沦入于老佛词章而莫之知。求当时从龟山游不无人矣，使有如华氏者相继修葺之，纵其学未即明，其间必有因迹以求道者，则亦何至沦没于四百年之久。又使其时有司有若高君者，以风励士习为己任，书院将无因而圮，又何至化为浮屠之居而荡为草莽之野。是三者皆宜书之以训后。若夫龟山之学，得之程氏，以上接孔、孟，下启罗、李、晦庵，其统绪相承，断无可疑。而世犹议其晚流于佛，此其趋向，毫厘之不容于无辨，先生必尝讲之精矣。先生乐易谦虚，德器溶然，不见其喜怒。人之悦而从之，若百川之趋海。论者以为有龟山之风，非有得于其学，宜弗能之。然而世之宗先生者，或以其文轮之工，或以其学术之邃，或以其政事之良；先生之心，其殆未以是足也。从先生游者，其以予言而深求先生之心，以先生之心而上求龟山之学，庶乎书院之复不为虚矣。

书院在锡百渎之上，东望梅村二十里而遥，周太伯之所从逃也。方华氏之让地为院，乡之人与其同门之士争相趋事，若耻于后，太伯之遗风，尚有存焉，特世无若先生者以倡之耳。是亦不可以无书。

应天府重修儒学记 甲戌

应天，京兆也。其学为东南教本，国初以为太学。洪武辛酉，始改创焉；再修于正德之己酉。自是而后，浸以敝圮。正德壬申，府尹张公宗厚始议新之，未成而迁中丞以去。白公辅之相继为尹，乃克易朽兴颓，大完其所未备，而又自以俸余增置石栏若干楹于棂星门之外。于是府丞赵公时宪亦协心赞画，故数十年之废一旦修举，焕然改观。师模士气，亦皆鼓动兴起。庙学一新，教授张云龙等与合学之士二百有若干人撰序二公之绩，征予文为记。予既不获辞，则谓之曰：

多师多士，若知二公修学之为功矣，亦知自修其学以成二公之功者乎？夫立之师儒，区其斋庙，昭其仪物，具其廪庖，是有国者之立学也，而非士之立学也；缉其弊壤，新其圬墁，给其匮乏，警其怠弛，是有司者之修学也，而非士之修学也。士之学也，以学为圣贤。圣贤之学，心学也。道德以为之地，忠信以为之基，仁以为宅，义以为路，礼以为门，廉耻以为垣墙，《六经》以为户牖，《四子》以为阶梯。求之于心而无假于雕饰也，其功不亦简乎？措之于行而无所不该也，其用不亦大乎？三代之学皆此矣。我国家虽以科目取士，而立学之意，亦岂能与三代异。学之弗立，有国者之缺也；弗修焉，有司者之责也；立矣修矣，而居其地者弗立弗修，是师之咎，士之耻也。二公之修学，既尽有司之责矣，多师多士无亦相与自修其学，以远于咎耻者乎。无亦扩乃地，厚乃基，安乃宅，辟乃门户，固乃垣墙；学成而用，大之则以庇大卜，次之则以庇一省一郡，小之则以庇其乡闾家族，庶亦无负于国家立学之意、有司修学之心哉。若乃旷安宅，舍正路，圮基壤垣，倚圣贤之门户以为奸，是学校之为萃渊薮也，则是朝廷立之而为士者倾之，有司修之而为士者毁之，亦独何心哉。应天为首善之地，豪杰俊伟，先后相望；其文采之炳蔚，科甲之盛多，乃其所素余，有不屑于言者。故吾因新学之举，嘉多师多士忻然有维新之志，而将进之圣贤之学也。于是乎言。

重修六合县儒学记 乙亥

六合之学，敝久矣。师生因仍以苟岁月，有司者若无睹也，故废日甚。正德甲戌，县尹安福万廷理氏既和辑其民，始议拓而新之。维时教谕长兴徐丙氏来就圮舍，日夜砥新厥士，尹因谓曰："子为我造士而讲肄无所，斯吾责，何敢不力。顾兵荒之余，民不可重困，吾姑日积月累而徐图焉，其可乎？"民闻，相谓曰："学谕方急训吾子弟，无宁居；尹不忍困吾民，而躬苦节省，吾侪独坐视，非人也。"于是耆民李景荣首出百金以倡，从而应者相继，不终日聚金五百，以告尹。尹喜曰："吾民尚义若此，吾事不难办矣。然吾职务繁剧，孰可使以鸠吾事者乎？"学谕曰："尹为吾师生甚劳苦，父老奋义捐金，既费其财，又尽其力。而与一二僚，请无妨教事以敦。"民闻，相谓曰："尹不忍困吾民，学谕方急训吾子弟，又不忍吾劳，而身董之，吾侪独坐视，非人也。"于是耆民王彰、陈模首请任其役，从而应者十夫，以告尹。尹喜曰："吾民尚义若此，吾事不难办矣。"提学御史张君适至，闻其事而嘉之，众益趋以劝。十月辛卯，尹乃兴事，学谕经度规制以襄，训导某、典史某察其勤惰，稽其出纳。修大成殿，修两庑神厨；庠前为戟门，又前为棂星门，又前为泮宫；坊皆以石；殿后为明伦堂，为东西斋，又后为尊经阁；明伦堂之左为三廨，以宅三师；前区三圃，圃前为名宦祠，又前为乡贤祠，又前为崇文仓；明伦堂之右为致斋所，又右为馔房，又右为射圃，而亭其圃之北，曰"观德"；致斋之外为宰牲所，又前为六号；凡为屋百九十有七楹。十二月丁巳，工告毕役，未逾时也。阊闬之民尚或未知其兴作，闻而来聚观者，皆相顾啫愕，以为是何神速尔。是何井井尔，焕焕尔。庠生某撰考其事，来请予记。予曰：

甚哉。诚之易以感民也，甚哉。民之易以诚感也。有司者赋民奉国，鞭笞累縶，不能得，则反仇视。今县尹学谕一言而民应之若响，使天下之为有司学职者咸若是，天下其有不治乎？此可以为天下之为有司学职者倡矣。民之爱其财与力，至争刀锥，靳举手投足，宁殆其身而不悔。今六合之民感其上之一言，捐数十百金，效力争先恐后。使天下之为民者咸若是，天下其有不治乎？此可以为天下之民倡矣。民之蔽于欲而厚于利，苟有以感之，然且不惮费己之财、劳己之力以赴上之所欲为；士秀于民而志于道，修其明德亲民之学，以应邦家之求，固不费财劳力而可能也。苟有以感之，有不翕然而兴者乎？吾闻徐谕之教六合，不数月而士习已为之一变。使由此日迁于高明广大，以洗俗学之陋，则夫兴起圣贤之学以为天下士之倡者，将又不在于六合之士邪。将又不在于六合之士邪。

时雨堂记 丁丑

正德丁丑，奉命平漳寇，驻军上杭。旱甚，祷于行台；雨日夜，民以为未足。乃四月戊午班师，雨；明日又雨；又明日大雨。乃出田登城南之楼以观，民大悦。有司请名行台之堂为“时雨”，且曰：“民苦于盗久，又重以旱，将谓靡遗。今始去兵革之役，而大雨适降，所谓‘王师若时雨’，今皆有焉。请以志其实。”呜呼。民惟稼穑，德惟雨，惟天阴骘，惟皇克宪，惟将士用命，去其螣蜮，惟乃有司实耨获之，庶克有秋。乃予何德之有，而敢叨其功。然而乐民之乐，亦不容于无纪也，巡抚都御史王守仁书。是日，参政陈策、佥事胡琏至，自班师。

重修浙江贡院记 乙酉

古之选士者，其才德行谊，皆论定于平日，而以时升之。故其时有司之待士，一惟忠信礼义，而无有乎防嫌逆诈之心也；士之应有司，一惟廉耻退让，而无有乎奔竞侥幸之图也。迨世下衰，科举之法兴而忠信廉耻之风薄。上之人不能无疑于其下，而防范日密；下之人不能无疑于其上，而鄙诈日生。于是乎至有搜检巡绰之事，而待之不能以礼矣；有糊名易书之制，而信之不能以诚矣。有志之士，未尝不叹惜于古道，而千数百年卒无以改，殆亦风气习染之所成，学术教化之所积，势有不可得而误焉者也。虽然，古人之法不可得而复矣，所以斟酌古人之意而默行之者，不犹有可尽乎？后世之法不可得而改矣，所以匡持后世之弊而善用之者，不犹有可为乎？有司之奉行，其识下者昧古之道，而益浚之以刻薄猥琐之意；其见高者鄙时之弊，而遂行之以忽慢苟且之心。是以陋者益陋而疏者愈疏，则亦未可专委咎于法也。若浙之诸君子之重修贡院，斯其有足以起予者矣。

浙之贡院旧在城西，尝以隘，迁于藩治之东北，而苟简尚仍其旧。乃嘉靖乙酉，复当大比，监察御史潘君仿实来监临，乃与诸司之长佐慎虑其事，而预图之。慨规制之弗备弗饰，相顾而言曰："凡政之施，孰有大于举贤才者，而可忽易之若是。夫兴居靡所而责以殚心厥事，人情有所不能矣。无亦休其启处，忧其饩养，使人乐事劝忠，以各供其职，庶亦尽心求士之诚乎。慢令弛禁，使陷罔于非僻，而后摧辱之，其为狎侮士类，亦甚矣。无亦张其纪度，明其视听，使人不戒而肃，以全其廉耻，庶亦待士以礼之意乎。"于是新选秀堂而轩于其前，为三楹；新至公堂而轩于其前，为五楹；庖湢器用，无不备具。又拓明远楼，新为三楹，而上崇三檐，下疏三道。创石台于四隅，而各亭其上，以为眺望之所，其诸防闲之道靡不恪修。夫然后入而观焉，则森严洞达，供事者莫敢有轻忽慢易之心，而就试者自消其回邪非僻之念。盖不费财力而事修于旬月之间，不大声色而政令行肃，观向一新。若诸君者，诚可谓能求古人之意而默行之者矣，能匡后世之弊而善用之者矣。诸君之尽心，其可见者如此；至其妙运于心术之微，而务竭于得为之地，不可以尽见者，固将无所不用其极，可知也。是举也，其必有才德行谊之士如三代之英者，出以应诸君之求已乎。

工讫，使来请记，辞不克而遂为书之。呜呼。天下之事，所以弊于今而不可复于古者，宁独科举为然乎。诚使求古人之意而默行善用之，皆如诸君今日之举焉，其于成天下之治也，何有哉。

浚河记 乙酉

越人以舟楫为舆马，滨河而廛者，皆巨室也。日规月筑，水道淤隘；畜泄既亡，旱潦频仍。商旅日争于途，至有斗而死者矣。南子乃决沮障，复旧防，去豪商之壅，削势家之侵。失利之徒，胥怨交谤，从而谣之曰：“南守瞿瞿，实破我庐；瞿瞿南守，使我奔走。”人曰：“吾守其厉民欤。何其谤者之多也？”阳明子曰：“迟之。吾未闻以佚道使民，而或有怨之者也。”既而舟楫通利，行旅欢呼络绎。是秋大旱，江河龟坼，越之人收获输载如常。明年大水，民居免于垫溺。远近称忭，又从而歌之曰：“相彼舟人矣，昔揭以曳矣，今歌以楫矣。旱之熇也，微南侯兮，吾其燋矣。霪其弥月矣，微南侯兮，吾其鱼鳖矣。我输我获矣，我游我息矣，长渠之活矣，维南侯之流泽矣。”人曰：“信哉。阳明子之言：‘未闻以佚道使民，而或有怨之者也。’”纪其事于石，以诏来者。

白说字贞夫说 乙亥

白生说，常太保康敏公之孙，都宪敬斋公之长子也。敬斋宾予而冠之，阼既醮而请曰：“是儿也，尝辱子之门，又辱临其冠，敢请字而教诸。”曰：“字而教诸，说也。吾何以字而教诸？吾闻之，天下之道，说而已；天下之说，贞而已。乾道变化，于穆流行，无非说也，天何心焉？坤德阖阙，顺成化生，无非说也，坤何心焉？仁理恻怛，感应和平，无非说也，人亦何心焉？故说也者，贞也；贞也者，理也。全乎理而无所容其心焉之谓贞；本于心而无所拂于理焉之谓说。故天得贞而说道以亨；地得贞而说道以成；人得贞而说道以生。贞乎贞乎，三极之体，是谓无已；说乎说乎，三极之用，是谓无动。无动故顺而化；无已故诚而神。诚神，刚之极也；顺化，柔之则也。故曰，刚中而柔外，说以利贞，是以顺乎天而应乎人。说之时义大矣哉。非天下之至贞，其孰能与于斯乎。请字说曰贞夫。”敬斋曰：“广矣，子之言。固非吾儿所及也。请问其次。”曰：“道一而已，孰精粗焉，而以次为？君子之德不出乎性情，而其至塞乎天地。故说也者，情也；贞也者，性也。说以正情之性也；贞以说性之命也。性情之谓和；性命之谓中。致其性情之德而三极之道备矣，而又何二乎？吾姑语其略而详可推也，本其事而功可施也。目而色也，耳而声也，口而味也，四肢而安逸也，说也，有贞焉，君子不敢以或过也，贞而已矣。仁而父子也，义而君臣也，礼而夫妇也，信而朋友也，说也，有贞焉，君子不敢以不致也，贞而已矣。故贞者，说之干也；说者，贞之枝也。故贞以养心则心说，贞以齐家则家说，贞以治国平天下则国天下说。说必贞，未有贞而不说者也；贞必说，未有说而不贞者也。说而不贞，小人之道，君子不谓之说也。不伪则欲，不佞则邪，奚其贞也哉？夫夫，君子之称也；贞，君子之道也。字说曰贞夫，勉以君子而已矣。"敬斋起拜曰："子以君子之道训吾儿，敢不拜嘉。"顾谓说曰："再拜稽首，书诸绅，以蚤夜祇承夫子之命。"

刘氏三子字说 乙亥

刘毅斋之子三人。当毅斋之始入学也，其孟生，名之曰甫学；始举于乡也，其仲生，名之曰甫登；始从政也，其季生，名之曰甫政。毅斋将冠其三子，而问其字于予。予曰："君子之学也，以成其性；学而不至于成性，不可以为学；字甫学曰子成，要其终也。学成而登庸；登者必以渐，故登高必自卑；字甫登曰子渐，戒其骤也。登庸则渐以从政矣；政者，正也，未有己不正而能正人者；字甫政曰子正，反其本也。"毅斋起拜曰："乾也既承教，岂独以训吾子。"

南冈说 丙戌

浙大参朱君应周居莆之壶公山下。应周之名曰"鸣阳"，盖取《诗》所谓"凤皇鸣矣，于彼朝阳"之义也。莆人之言曰："应周则诚吾莆之凤矣。其居青琐，进谠言，而天下仰望其风采，则诚若凤之鸣于朝阳者矣。夫凤之栖，必有高冈，则壶公者，固其所从而栖鸣也。"于是号壶公曰"南冈"，盖亦取《诗》所谓"凤皇鸣矣，于彼高冈”之义也。应周闻之，曰:“嘻。因予名而拟之以凤焉，其名也，人固非凤也；因壶公而号之以‘南冈’焉，其实也，固亦冈也。吾方愧其名之虚，而思以求其号之实也。”因以南冈而自号。大夫乡士为之诗歌序记以咏叹揄扬其美者，既已连篇累牍，而应周犹若未足，勤勤焉以蕲于予，必欲更为之一言，是其心殆不以赞誉称颂之为喜，而以乐闻规切砥砺之为益也。吾何以答应周之意乎？姑请就“南冈”而与之论学。

夫天地之道，诚焉而已耳；圣人之学，诚焉而已耳。诚故不息，故久，故征，故悠远，故博厚。是故天惟诚也，故常清；地惟诚也，故常宁；日月惟诚也，故常明。今夫南冈，亦拳石之积耳，而其广大悠久至与天地而无疆焉，非诚而能若是乎？故观夫南冈之崖石，则诚崖石尔矣；观夫南冈之溪谷，则诚溪谷尔矣；观夫南冈之峰峦岩壑，则诚峰峦岩壑尔矣。是皆实理之诚然，而非有所虚假文饰，以伪为于其间。是故草木生焉，禽兽居焉，宝藏兴焉；四时之推敚，寒暑晦明，烟岚霜雪之变态，而南冈若无所与焉。凤皇鸣矣，而南冈不自以为瑞也；虎豹藏焉，而南冈不自以为威也；养生送死者资焉，而南冈不自以为德；云雾兴焉，而见光怪，而南冈不自以为灵。是何也？诚之无所与也，诚之不容已也，诚之不可掩也。君子之学亦何以异于是。是故以事其亲，则诚孝尔矣；以事其兄，则诚弟尔矣；以事其君，则诚忠尔矣；以交其友，则诚信尔矣。是故蕴之为德行矣，措之为事业矣，发之为文章矣。是故言而民莫不信矣，行而民莫不悦矣，动而民莫不化矣。是何也？一诚之所发，而非可以声音笑貌幸而致之也。故曰:“诚者，天之道也；思诚者，人之道也。”应周之有取于南冈而将以求其实者，殆亦无出于斯道也矣。果若是，则知应周岂非思诚之功欤。夫思诚之功，精矣微矣，应周盖尝从事于斯乎？异时来过稽山麓，尚能为我一言其详。

悔斋说 癸酉

悔者，善之端也，诚之复也。君子悔以迁于善；小人悔以不敢肆其恶；惟圣人而后能无悔，无不善也，无不诚也。然君子之过，悔而弗改焉，又从而文焉，过将日入于恶，小人之恶，悔而益深巧焉，益愤谲焉，则恶极而不可解矣。故悔者，善恶之分也，诚伪之关也，吉凶之机也。君子不可以频悔，小人则幸其悔而或不甚焉耳。

吾友崔伯乐氏以“悔”名其斋，非曰吾将悔而已矣，将以求无悔者也。故吾为之说如是。

题汤大行殿试策问下 壬戌

士之登名礼部而进于天子之廷者，天子临轩而问之，则锡之以制；皆得受而归，藏之于庙，以辉荣其遭际之盛；盖今世士人皆尔也。丹阳汤君某登弘治进士，方为行人，以其尝所受之制属某跋数语于其下。

嗟夫。明试以言，自虞廷而然。乃言底可绩，由三代之下，吾见亦罕矣。君之始进也，天子之所以咨之者何如耶？而君之所以对之者何如耶？夫矫言以求进，君之所不为也；已进而遂忘其言焉，又君之所不忍也。君于是乎朝夕焉顾提圣天子之明命，其将曰，是天子之所以咨询我者也。始吾既如是其对扬之矣，而今之所以持其身以事吾君者，其亦果如是耶？抑其亦未践耶？夫伊尹之所以告成汤者数言，而终身践之；太公之所以告武王者数言，而终身践之。

推其心也，君其志于伊、吕之事乎？夫辉荣其一时之遭际以夸世，君所不屑矣。不然，则是制也者，君之所以鉴也。昔人有恶形而恶鉴者，遇之则将掩袂却走。君将掩袂却走之不暇，而又乌揭之焉日以示人？其志于伊、吕之事奚疑哉？君其勉矣。“上帝临汝，毋贰尔心。”某亦常缪承明问，虽其所以对扬与其所以为志者，不可以望君，然亦何敢忘自勖。

示徐曰仁应试 丁卯

君子穷达，一听于天，但既业举子，便须入场，亦人事宜尔。若期在必得，以自窘辱，则大惑矣。入场之日，切勿以得失横在胸中，令人气馁志分，非徒无益，而又害之。场中作文，先须大开心目，见得题意大概了了，即放胆下笔；纵昧出处，词气亦条畅。今人入场，有志气局促不舒展者，是得失之念为之病也。夫心无二用，一念在得，一念在失，一念在文字，是三用矣，所事宁有成耶？只此便是执事不敬，便是人事有未尽处，虽或幸成，君子有所不贵也。将进场十日前，便须练习调养。盖寻常不曾起早得惯，忽然当之，其日必精神恍惚，作文岂有佳思？须每日鸡初鸣即起，盥栉整衣端坐，抖数精神，勿使昏惰。日日习之，临期不自觉辛苦矣。今之调养者，多是厚食浓味，剧酣谑浪，或竟日偃卧。如此，是挠气昏神，长傲而召疾也，岂摄养精神之谓哉。务须绝饮食，薄滋味，则气自清；寡思虑，屏嗜欲，则精自明；定心气，少眠睡，则神自澄。君子未有不如此而能致力于学问者，兹特以科场一事而言之耳。每日或倦甚思休，少偃即起，勿使昏睡；既晚即睡，勿使久坐。进场前两日，即不得翻阅书史，杂乱心目；每日止可看文字一篇以自娱。

若心劳气耗，莫如勿看，务在怡神适趣。忽充然滚滚，若有所得，勿便气轻意满，益加含蓄酝酿，若江河之浸，泓衍泛滥，骤然决之，一泻千里矣。每日闲坐时，众方嚣然，我独渊默；中心融融，自有真乐，盖出乎尘垢之外而与造物者游。非吾子概尝闻之，宜未足以与此也。

龙场生问答 戊辰

龙场生问于阳明子曰："夫子之言于朝侣也，爱不忘乎君也。今者谴于是，而汲汲于求去，殆有所渝乎？"阳明子曰："吾今则有间矣。今吾又病，是以欲去也。"龙场生曰："夫子之以病也，则吾既闻命矣。敢问其所以有间，何谓也？昔为其贵而今为其贱，昔处于内而今处于外欤？夫乘田委吏，孔子尝为之矣。"阳明子曰："非是之谓也。君子之仕也以行道。不以道而仕者，窃也。今吾不得为行道矣。虽古之有禄仕，未尝奸其职也。曰牛羊茁壮，会计当也，今吾不无愧焉。夫禄仕，为贫也，而吾有先世之田，力耕足以供朝夕，子且以吾为道乎？以吾为贫乎？"龙场生曰："夫子之来也，谴也，非仕也。子于父母，惟命之从；臣之于君，同也。不曰事之如一，而可以拂之，无乃为不恭乎？"阳明子曰："吾之来也，谴也，非仕也；吾之谴也，乃仕也，非役也。役者以力，仕者以道；力可屈也，道不可屈也。吾万里而至，以承谴也，然犹有职守焉。不得其职而去，非以谴也。君犹父母，事之如一，固也。不曰就养有方乎？惟命之从而不以道，是妾妇之顺，非所以为恭也。"龙场生曰："圣人不敢忘天下，贤者而皆去，君谁与为国矣。"曰："贤者则忘天下乎？夫出溺于波涛者，没人之能也；陆者冒焉，而胥溺矣。吾惧于胥溺也。"

龙场生曰："吾闻贤者之有益于人也，惟所用，无择于小大焉。若是亦有所不利欤？"曰："贤者之用于世也，行其义而已。义无不宜，无不利也。不得其宜，虽有广业，君子不谓之利也。且吾闻之，人各有能有不能，惟圣人而后无不能也。吾犹未得为贤也，而子责我以圣人之事，固非其拟矣。"曰："夫子不屑于用也。夫子而苟屑于用，兰蕙荣于堂阶，而芬馨被于几席。萑苇之刈，可以覆垣；草木之微，则亦有然者，而况贤者乎？"阳明子曰："兰蕙荣于堂阶也，而后于芬馨被于几席；萑苇也，而后刈可以覆垣。今子将刈兰蕙而责之以覆垣之用，子为爱之耶？抑为害之耶？"

论元年春王正月 戊辰

圣人之言明白简实，而学者每求之于艰深隐奥，是以为论愈详而其意益晦。《春秋》书"元年春王正月"，盖仲尼作经始笔也。以予观之，亦何有于可疑？而世儒之为说者，或以为周虽建子而不改月，或以为周改月而不改时；其最为有据而为世所宗者，则以夫子尝欲行夏之时，此以夏时冠周月，盖见诸行事之实也。纷纷之论，至不可胜举，遂使圣人明易简实之训，反为千古不决之疑。嗟夫。圣人亦人耳，岂独其言之有远于人情乎哉？而儒者以为是圣人之言，而必求之于不可窥测之地，则已过矣。夫圣人之示人无隐，若日月之垂象于天，非有变怪恍惚，有目者之所睹；而及其至也，巧历有所不能计，精于理者有弗能尽知也，如是而已矣。若世儒之论，是后世任情用智，拂理乱常者之为，而谓圣人为之耶？夫子尝曰："吾从周"，又曰："非天子不议礼，不制度，生乎今之世，反古之道，灾及其身者也。"仲尼有圣德无其位，而改周之正朔，是议礼制度自己出矣，其得为“从周”乎？圣人一言，世为天下法，而身自违之，其何以训天下？夫子患天下之夷狄横，诸侯强背，不复知有天王也，于是乎作《春秋》以诛僭乱，尊周室，正一王之大法而已。乃首改周之正朔，其何以服乱臣贼子之心？《春秋》之法，变旧章者必诛，若宣公之税亩；紊王制者必诛，若郑庄之归祊，无王命者必诛，若莒人之入向；是三者之有罪，固犹未至于变易天王正朔之甚也。使鲁宣、郑庄之徒举是以诘夫子，则将何辞以对？是攘邻之鸡而恶有其为盗，责人之不弟而自殴其兄也。岂《春秋》忠恕，先自治而后治人之意乎？今必泥于行夏之时之一言，而曲为之说，以为是固见诸行事之验；又引《孟子》“《春秋》天子之事”、“罪我者其惟《春秋》”之言而证之。夫谓“《春秋》为天子之事”者，谓其时天王之法不行于天下，而夫子作是以明之耳。其赏人之功，罚人之罪，诛人之恶，与人之善，盖亦据事直书，而褒贬自见；若士师之断狱，辞具而狱成。然夫子犹自嫌于侵史之职，明天子之权，而谓天下后世且将以是而罪我，固未尝取无罪之人而论断之曰“吾以明法于天下”，取时王之制而更易之，曰“吾以垂训于后人”，法未及明，训未及垂，而已自陷于杀人，比于乱逆之党矣。此在中世之士，稍知忌惮者所不为，而谓圣人而为此，亦见其阴党于乱逆，诬圣言而助之攻也已。

或曰：“子言之则然耳。为是说者，以《伊训》之书‘元祀十有二月’，而证周之不改月；以《史记》之称‘元年冬十月’，而证周之不改时；是亦未为无据也。子之谓周之改月与时也，独何据乎？”曰：“吾据《春秋》之文也。夫商而改月，则《伊训》必不书曰‘元祀十有二月’；秦而改时，则《史记》必不书曰‘元年冬十月’；周不改月与时也，则《春秋》亦必不书曰‘春王正月’。《春秋》而书曰‘春王正月’，则其改月与时，已何疑焉。况《礼记》称‘正月七月日至’，而前汉《律历》至武王伐纣之岁，周正月辛卯朔，合辰在斗前一度；戊午，师度孟津；明日己未冬至；考之《太誓》‘十有三年春’、《武成》‘一月壬辰’之说，皆足以相为发明，证周之改月与时。而予意直据夫子《春秋》之笔，有不必更援是以为之证者。今舍夫子明白无疑之直笔，而必欲傍引曲据，证之于穿凿可疑之地而后已，是惑之甚也。”曰：“如子之言，则冬可以为春乎？”曰：“何为而不可？阳生于子而极于巳午，阴生于午而极于亥子。阳生而春，始尽于寅，而犹夏之春也；阴生而秋，始尽于申，而犹夏之秋也。自一阳之复，以极于六阳之乾，而为春夏；自一阴之姤，以极于六阴之坤，而为秋冬。此文王之所演，而周公之所系，武王、周公，其论之审矣。若夫仲尼夏时之论，则以其关于人事者，比之建子为尤切，而非谓其为不可也。启之征有扈，曰‘怠弃三正’，则三正之用，在夏而已然，非始于周而后有矣。”曰：“夏时冠周月，此安定之论，而程子亦尝云尔。曾谓程子之贤而不及是也，何哉？”曰：“非谓其知之不及也。程子盖泥于《论语》‘行夏之时’之言，求其说而不得，从而为之辞，盖推求圣言之过耳。夫《论语》者，夫子议道之书；而《春秋》者，鲁国纪事之史。议道自夫子，则不可以不尽；纪事在鲁国，则不可以不实；‘道并行而不相悖’者也。且周虽建子，而不改时与月，则固夏时矣，而夫子又何以行夏之时云乎？程子之云，盖亦推求圣言之过耳，庸何伤？夫子尝曰：‘君子不以人废言’，使程子而犹在也，其殆不废予言矣。”

书东斋风雨卷后 癸酉

悲喜忧快之形于前，初亦何尝之有哉？向之以为愁苦凄郁之乡，而今以为乐事者，有矣；向之歌舞欢愉之地，今过之而叹息咨嗟，泫然而泣下者，有矣。二者之相寻于无穷，亦何以异于不能崇朝之风雨？而顾执而留之于胸中，无乃非达者之心欤。吾观东斋《风雨》之作，固亦写其一时之所感遇。风止雨息，而感遇之怀亦不知其所如矣，而犹讽咏嗟叹于十年之后，得非类于梦为仆役，觉而涕泣者欤？夫其隐几于蓬窗之下，听芹波之春响，而咏夜檐之寒声，自今言之，但觉其有幽闲自得之趣，殊不见其有所苦也。借使东斋主人得时居显要，一旦失势，退处寂寞，其感念畴昔之怀，当与今日何如哉？然则录而追味之，无亦将有洒然而乐、廓然而忘言者矣。而和者以为真有所苦，而类为垂楚不任之辞，是又不可以与言梦者；而与东斋主人之意，失之远矣。

竹江刘氏族谱跋 甲戌

刘氏之盛，散于天下。其在安成者，出长沙定王发。今昔所传，有自来矣。竹江之谱，断自竹溪翁而下，不及于定王。见素子曰：“大夫不敢祖诸侯，礼也。”夫大夫之不祖诸侯也，盖言祭也。若其支系之所自，则鲁三桓之属是实，不可得而剪。孔子曰：“吾犹及史之阙文也。”盖孔子之时，史之阙疑者既鲜矣。竹江之不及定王，阙疑也，可以为谱法也已。王道不明，人伪滋而风俗坏，上下相罔以诈；人无实行，家无信谱，天下无信史。三代以降，吾观其史，若江河之波涛焉，聊以知其起伏之概而已尔。士夫不务诚身立德，而徒夸诩其先世以为重，冒昧攀缘，适以绝其类、乱其宗。不知桀、纣、幽、厉之出于禹、汤、文、武，而颜、闵、曾、孟之先，未始有显者也。若竹江之谱，其可以为世法也哉。孔子曰："斯民也，三代之所以直道而行。"充是心，虽以复三代之淳可也。且竹溪翁之后，其闻于世者历历尔；至其十一祖敬斋公而遂以清节大显于当代，录名臣者以首廉吏。敬斋之孙南峰公又以清节文学显，德业声光，方为天下所属望。竹江之后，祖敬斋而宗南峰焉。亦不一足矣；况其世贤之多也，而又奚必长沙之为重也夫。

书察院行台壁 丁丑

正德丁丑三月，奉命征漳寇，驻车上杭。旱甚，祷于行台。雨日夜，民以为未足。四月戊午，寇平，旋师。是日大雨，明日又雨，又明日复雨。登城南之楼以观农事，遂谒晦翁祠于水南，览七星之胜概。夕归，志其事于察院行台。

谕俗四条 丁丑

为善之人，非独其宗族亲戚爱之，朋友乡党敬之，虽鬼神亦阴相之。为恶之人，非独其宗族亲戚恶之，朋友乡党怨之，虽鬼神亦阴殛之。故"积善之家，必有余庆，积不善之家，必有余殃"。

见人之为善，我必爱之；我能为善，人岂有不爱我者乎？见人之为不善，我必恶之；我苟为不善，人岂有不恶我者乎？故凶人之为不善，至于陨身亡家而不悟者，由其不能自反也。

今人不忍一言之忿，或争铢两之利，遂相构讼。夫我欲求胜于彼，则彼亦欲求胜于我；仇雠相报，遂至破家荡产，祸贻子孙。岂若含忍退让，使乡里称为善人长者，子孙亦蒙其庇乎？

今人为子孙计，或至谋人之业，夺人之产；日夜营营，无所不至。昔人谓为子孙作马牛，然身没未寒，而业已属之他人；仇家群起而报复，子孙反受其殃。是殆为子孙作蛇蝎也。吁，可戒哉。

题遥祝图 戊寅

薛母太孺人曾方就其长子俊养于玉山，仲子侃既举进士，告归来省。孺人曰："吾安而兄养，子出而仕。"侃曰："吾斯之未能信。"曰:"然则盍往学？"于是携其弟侨、侄宗铠来就予于虔。其室在揭阳，别且数年，未遑归视。逾年五月望日为孺人初诞之晨，以命不敢往，遥拜而祝。其友正之、廷仁、崇一辈相与语曰:"薛母之教其子，可谓贤矣；薛子之养其亲，可谓孝矣。吾侪与薛子同学，因各励其所以事亲之孝，可谓益矣，而不获登其堂，申其敬。"乃命工绘遥祝之图，寓诸玉山，以致称觞之意。请于予，予为题其事。

书诸阳伯卷 戊寅

诸阳伯偁从予而问学，将别请言。予曰："相与数月而未尝有所论，别而后言也，不既晚乎？"曰："数月而未敢有所问，知夫子之无隐于我，而冀或有所得也。别而后请言，已自知其无所得，而虑夫子之或隐于我也。"予曰："吾何所隐哉？道若日星然，子惟不用目力焉耳，无弗睹者也。子又何求乎？道在迩而求诸远，事在易而求诸难，天下之通患也。子归而立子之志，竭子之目力，若是而有所弗睹，则吾为隐于子矣。"

书陈世杰卷 庚辰

尧允恭克让，舜温恭允塞，禹不自满假，文王徽柔懿恭，小心翼翼，望道而未之见；孔子温良恭俭让；盖自古圣贤未有不笃于谦恭者。向见世杰以足恭为可耻，故遂入于简抗自是。简抗自是则傲矣；傲，凶德也，不可长。足恭也者，有所为而为之者也。无所为而为之者谓之谦；谦，德之柄；温温恭人，惟德之基。堂堂乎张也，难与并为仁矣。仲尼赞《易》之《谦》曰："谦，尊而光，卑而不可逾，君子之终也。"故地不谦不足以载万物，天不谦不足以覆万物，人不谦不足以受天下之益。昔者颜子以能问于不能，有而若无，盖得夫谦道也。慎独、致知之说，既尝反覆于世杰，则凡百私意之萌，自当退听矣。复嗷嗷于是，盖就世杰气质之所急者言之。躬自厚而薄责于人，则远怨；见贤思齐，见不贤而内自省，则德修。毋谓己为已知而辄以诲人，毋谓人为不知而辄以忽人。终日但见己过，默而识之，学而不厌，则于道也其庶矣乎。

谕泰和杨茂 其人聋哑，自候门求见。先生以字问，茂以字答。

你口不能言是非，你耳不能听是非，你心还能知是非否？答曰："知是非。"如此，你口虽不如人，你耳虽不如人，你心还与人一般。茂时首肯拱谢。大凡人只是此心。此心若能存天理，是个圣贤的心；口虽不能言，耳虽不能听，也是个不能言不能听的圣贤。心若不存天理，是个禽兽的心；口虽能言，耳虽能听，也只是个能言能听的禽兽。茂时扣胸指天。你如今于父母，但尽你心的孝；于兄长，但尽你心的敬；于乡党邻里、宗族亲戚，但尽你心的谦和恭顺。见人怠慢，不要嗔怪；见人财利，不要贪图，但在里面行你那是的心，莫行你那非的心。纵使外面人说你是，也不须听；说你不是，也不须听。茂时首肯拜谢。你口不能言是非，省了多少闲是非；你耳不能听是非，省了多少闲是非。凡说是非，便生是非，生烦恼；听是非，便添是非，添烦恼。你口不能说，你耳不能听，省了多少闲是非，省了多少闲烦恼，你比别人到快活自在了许多。茂时扣胸指天躄地。我如今教你但终日行你的心，不消口里说；但终日听你的心，不消耳里听。茂时顿首再拜而已。

书乐惠卷 庚辰

栾子仁访予于虔，舟遇于新淦。嗟乎。子仁久别之怀，兹亦不足为慰乎？顾兹簿领纷沓之地，虽固道无不在，然非所以从容下上其议时也，子仁归矣。乞骸之疏已数上，行且得报。子仁其候我于梧江之浒，将与子盘桓于云门、若耶间有日也。闻子仁之居乡，尝以乡约善其族党，固亦仁者及物之心，然非子仁所汲汲。孔子云："言忠信，行笃敬，虽蛮貊之邦行矣。然惟立则见其参于前，在舆则见其倚于衡也，而后行。"子仁其务立参前倚衡之诚乎？至诚而不动者，未之有也；不诚未有能动者也，聊以是为子仁别去之赠。

书佛郎机遗事 庚辰

见素林公闻宁濠之变，即夜使人范锡为佛郎机铳，并抄火药方，手书勉予竭忠讨贼。时六月毒暑，人多道暍死。公遣两仆裹粮，从间道冒暑昼夜行三千余里以遗予，至则濠已就擒七日。予发书，为之感激涕下。盖濠之擒以七月二十六，距其始事六月十四仅月有十九日耳。世之君子当其任，能不畏难巧避者鲜矣，况已致其事，而能急国患逾其家如公者乎？盖公之忠诚根于天性，故老而弥笃，身退而忧愈深，节愈励。呜呼。是岂可以声音笑貌为哉。尝欲列其事于朝，顾非公之心也。为作佛郎机私咏，君子之同声者，将不能已于言耳矣。

佛郎机，谁所为？截取比干肠，裹以鸱夷皮；苌弘之血衅不足，睢阳之怒恨有遗。老臣忠愤寄所泄，震惊百里贼胆披。徒请尚方剑，空闻鲁阳挥。段公笏板不在兹，佛郎机，谁所为？

正德戊寅之冬，福建按察佥事周期雍以公事抵赣。时逆濠奸谋日稔，远近汹汹。予思预为之备，而濠党伺觇左右，摇手动足，朝闻暮达；以期雍官异省，当非濠所计及，因屏左右，语之故，遂与定议。期雍归，即阴募骁勇，具械束装，部勒以俟。予檄晨到，而期雍夕发。故当濠之变，外援之兵惟期雍先至，适当见素公书至之日，距濠始事亦仅月有十九日耳。初，予尝使门人冀元亨者因讲学说濠以君臣大义，或格其奸。濠不怿，已而滋怒，遣人阴购害之。冀辞予曰："濠必反，先生宜早计。"遂遁归。至是闻变，知予必起兵，即日潜行赴难，亦适以是日至。见素公在莆阳、周官、上杭，冀在常德，去南昌各三千余里，乃皆同日而至，事若有不偶然者。辄附录于此，聊以识予之耿耿云。

题寿外母蟠桃图 庚辰

某之妻之母诸太夫人张，今年寿八十。十二月二十有二日，其设帨辰也。某縻于官守，不能归捧一觞于堂下。幕下之士有郭诩者，因为作《王母蟠桃之图》以献。夫王母蟠桃之说，虽出于仙经异典，未必其事之有无，然今世之人多以之祝愿其所亲爱，固亦古人冈陵松柏之意也。吾从众可乎。遂用之以寄遥祝之私，而诗以歌之云：

维彼蟠桃，千岁一华；夫人之寿，兹维始葩。维彼蟠桃，千岁一实，夫人之寿，益坚孔硕。维华维实，厥根弥植；维夫人孙子，亦昌衍靡极。

书徐汝佩卷 癸未

壬午之冬，汝佩别予北上，赴南宫试。已而门下士有自京来者，告予以汝佩因南宫策问若阴诋夫子之学者，不对而出，遂浩然东归，行且至矣。予闻之，黯然不乐者久之。士曰："汝佩斯举，有志之士莫不钦仰歆服，以为自尹彦明之后，至今而始再见者也。夫人离去其骨肉之爱，赍粮束装，走数千里，以赴三日之试，将竭精弊力，惟有司之好是投，以蕲一日之得，希终身之荣，斯人之同情也。而汝佩于此独能不为其所不为，不欲其所不欲，斯非其有见得思义、见危授命之勇，其孰能声音笑貌而为此乎？是心也，固'富贵不能淫，贫贱不能移，威武不能屈'者矣。将夫子闻之，跃然而喜，显然而嘉与之也；而顾黯然而不乐也，何居乎？"予曰："非是之谓也。"士曰："然则汝佩之为是举也，尚亦有未至欤？岂以佩骨肉之养且旦暮所不给，尢亦随时顺应以少苏其贫困也乎？若是，则汝佩之志荒矣。"予曰："非是之谓也。"士曰："然则何居乎？"予默然不应，士不得问而退。

他日，汝佩既归，士往问于汝佩曰："向吾以子之事问于夫子矣，夫子黯然而不乐，予云云而夫子云云也。子以为奚居？"汝佩曰："始吾见发策者之阴诋吾夫子之学也，盖怫然而怒，愤然而不平。以为吾夫子之学，则若是其简易广大也；吾夫子之言，则若是其真切著明也；吾夫子之心，则若是其仁恕公普也。夫子悯人心之陷溺，若己之堕于渊壑也，冒天下之非笑诋詈而日惇惇焉，亦岂何求于世乎。而世之人曾不觉其为心，而相嫉媢诋毁之若是，若是而吾尚可与之并立乎？已矣。吾将从夫子而长往于深山穷谷，耳不与之相闻，而目不与之相见，斯已矣。故遂浩然而归。归途无所事事，始复专心致志，沉潜于吾夫子致知之训，心平气和，而良知自发。然后黯然而不乐曰：“噫吁乎。吾过矣。”士曰：“然则子之为是也，果尚有所不可欤？”汝佩曰:“非是之谓也。吾之为是也，亦未下可；而所以为是者，则有所不可也。吾语子。始吾未见夫子也，则闻夫子之学而亦尝非笑之矣，诋毁之矣。及见夫子，亲闻良知之诲，恍然而大悟醒，油然而生意融，始自痛悔切责。吾不及夫子之门，则几死矣。今虽知之甚深，而未能实诸己也；信之甚笃，而未能孚诸人也。则犹未免于身谤者也，而遽尔责人若是之峻。且彼盖未尝亲承吾夫子之训也，使得亲承焉，又焉知今之非笑诋毁者，异日不如我之痛悔切责乎？不如我之深知而笃信乎？何忘己之困而责人之速也。夫子冒天下之非笑诋毁，而日谆谆然惟恐人之不入于善，而我则反之，其间不能以寸矣。夫子之黯然而不乐也，盖所以爱珊之至而忧珊之深也。虽然，夫子之心，则又广矣大矣，微矣几矣。不睹不闻之中，吾岂能尽以语子也？”

汝佩见，备以其所以告于士者为问，予颔之而弗答，默然者久之。汝佩悚然若有省也。明日，以此卷入请曰:“昨承夫子不言之教，珊倾耳而听，若震惊百里；粗心浮气，一时俱丧矣。请遂书之。”

题梦槎奇游诗卷 乙酉

君子之学，求尽吾心焉尔。故其事亲也，求尽吾心之孝，而非以为孝也；事君也，求尽吾心之忠，而非以为忠也。是故夙兴夜寐，非以为勤也；刳繁理剧，非以为能也；嫉邪祛蠹，非以为刚也；规切谏诤，非以为直也；临难死义，非以为节也。吾心有不尽焉，是谓自欺其心；心尽而后，吾之心始自以为快也。惟夫求以自快吾心，故凡富贵贫贱、忧戚患难之来，莫非吾所以致知求快之地。苟富贵贫贱、忧戚患难而莫非吾致知求快之地，则亦宁有所谓富贵贫贱、忧戚患难者足以动其中哉？世之人徒知君子之于富贵贫贱、忧戚患难无人而不自得也，而皆以为独能人之所不可及，不知君子之求以自快其心而已矣。

林君汝桓之名，吾闻之盖久，然皆以为聪明特达者也，文章气节者也。今年夏，闻君以直言被谪，果信其为文章气节者矣。又逾月，君取道钱塘，则以书来道其相爱念之厚，病不能一往为恨，且惓惓以闻道为急，问学为事。呜呼。君盖知学者也，志于道德者也，宁可专以文章气节称之。已而郡守南君元善示予以《梦槎奇游》卷，盖京师士友赠之南行者。予读之终篇，叹曰：

君知学者也，志于道德者也，则将以求自快其心者也。则其奔走于郡县之末也，犹其从容于部署之间也；则将地官郎之议国事，未尝以为抗；而徐闻丞之亲民务，未尝以为琐也；则梦槎未尝以为异，而南游未尝以为奇也。君子乐道人之善，则张大而从谀之，是固赠行者之心乎？予亦以病不及与君一面，感君好学之笃，因论君子之所以为学者以为君赠。

为善最乐文 丁亥

君子乐得其道，小人乐得其欲。然小人之得其欲也，吾亦但见其苦而已耳。“五色令人目盲，五声令人耳聋，五味令人口爽，驰骋田猎令人心发狂。”营营戚戚，忧患终身，心劳而日拙，欲纵恶积，以亡其生，乌在其为乐也乎？若夫君子之为善，则仰不愧，俯不怍；明无人非，幽无鬼责；优优荡荡，心逸日休；宗族称其孝，乡党称其弟；言而人莫不信，行而人莫不悦。所谓无入而不自得也，亦何乐如之。

妻弟诸用明积德励善，有可用之才而不求仕。人曰：“子独不乐仕乎？”用明曰：“为善最乐也。”因以四字扁其退居之轩，率二子阶、阳日与乡之俊彦读书讲学于其中。已而二子学日有成，登贤荐秀。乡人啧啧，皆曰：“此亦为善最乐之效矣。”用明笑曰；“为善之乐，大行不加，穷居不损，岂顾于得失荣辱之间而论之？”闻者心服。仆夫治圃，得一镜，以献于用明。刮土而视之，背亦适有“为善最乐”四字。坐客叹异，皆曰：“此用明为善之符，诚若亦不偶然者也。”相与咏其事，而来请于予以书之，用以训其子孙，遂以勖夫乡之后进。

客坐私祝 丁亥

但愿温恭直谅之友来此讲学论道，示以孝友谦和之行；德业相劝，过失相规，以教训我子弟，使毋陷于非僻。不愿狂憏惰慢之徒来此博弈饮酒，长傲饰非，导以骄奢淫荡之事，诱以贪财黩货之谋；冥顽无耻，扇惑鼓动，以益我子弟之不肖。呜呼。由前之说，是谓良士；由后之说，是谓凶人。我子弟苟远良士而近凶人，是谓逆子，戒之戒之。嘉靖丁亥八月，将有两广之行，书此以戒我子弟，并以告夫士友之辱临于斯者，请一览教之。

鸿泥集序

《鸿泥集》十有三卷、《燕居集》八卷，半闲龙先生之作也。其子佥宪君致仁将刻诸梓，而属其序于守仁曰："斯将来之事也，然吾家君老矣，及见其言之传焉，庶以悦其心。吾子以为是传乎？"

守仁曰："是非所论也，孝子之事亲也，求悦其心志耳目，惟无可致力，无弗尽焉。况其言语文辞，精神之所存，非独意玩手泽之余，其得而忽也。既思永其年，又思永其名，笃爱无已也。将务悦其亲，宁是之与论乎？"

君曰："虽然，吾子言之。"

守仁曰："是乃所以自尽者。夫必其弗传也，斯几于不仁；必其传之也，斯几于不知。其传也属之己，其传之弗传之也属之人。姑务其属之己也已。"

君曰："虽然，吾子必言之。"

守仁曰："绘事之诗，不入于《风》、《雅》；《孺子之歌》，见称于孔、孟。然则古之人其可传而弗传者多矣，不冀传而传之者有矣。抑传与不传之间乎。昔马谈之史，其传也迁成之；班彪之文，其传也固述之。卫武公老矣，而有抑之戒，盖有道矣。夫子删《诗》，列之《大雅》，以训于世。吾闻先生年八十，而博学匪懈，不忘乎警惕，又尝数述《六经》、宋儒之绪论。其于道也，有闻矣；其于言也，足训矣。致仁又尊显而张大之，将益兴起乎道德，而发挥乎事业，若泉之达，其放诸海，不可限而量。是集也，其殆有传乎？"

致仁起拜曰："是足以为家君寿矣。霓也敢忘吾子之规？"遂书之为叙。

澹然子序 有诗

澹然子四易其号：其始曰凝秀，次曰完斋，又次曰友葵，最后为澹然子。阳明子南迁，遇于潇湘之上，而语之故，且属诗焉，诗而叙之。

其言曰："人，天地之心而五行之秀也。凝则形而生，散则游而变。道之不凝，虽生犹变。反身而诚，而道凝矣。故首之以'凝秀'。道凝于己，是为率性。率性而人道全，斯之谓'完'，故次之以'完斋'。完斋者，尽己之性也。尽己之性，而后能尽人之性，尽万物之性，至于草木，至矣。葵，草木之微者也，故次之以'友葵'。友葵，同于物也。内尽于己，而外同乎物，则一矣。一则吻然而天游，混然而神化，同归而殊途，一致而百虑，天下何思何虑矣。故次之以'澹然子'终焉。"

或曰："阳明子之言伦矣，而非澹然子之意也。澹然之意玄矣，而非阳明子之言也。"

阳明子闻之曰："其然，岂其然乎？"书之以质于澹然子。澹然子，世所谓滇南赵先生者也。

诗曰：两端妙阖辟，五连无留停。藐然覆载内，真精谅斯凝。鸡犬一驰放，散失随飘零。惺惺日收敛，致曲乃明诚。

明诚为无忝，无忝斯全归。深渊春冰薄，千钧一丝微。肤发尚如此，天命焉可违？参乎吾与尔，免矣幸无亏。

人物各有禀，理同气乃殊。曰殊非有二，一本分澄淤。志气塞天地，万物皆吾躯。炯炯倾阳性，葵也吾友于。

孰葵孰为予，友之尚为二。大化岂容心，繄我亦何意。悠哉澹然子，乘化自来去。澹然匪冥然，勿记还勿助。

寿杨母张太孺人序

考功主事杨名父之母张太孺人，以敏慧贞肃为乡邑女氏师，凡乡人称闺阃之良，必曰张太孺人。而名父亦以孝行闻。苟拟人物，有才识行谊，无问知不知，必首曰名父。名父盖今乡评士论之公则尔也。

今年六月，太孺人寿六十有七，大夫卿士美杨氏母子之贤，以为难得，举酒毕贺。于是太孺人之是女若婿，从事于京师，且归，太孺人一旦欣然治装，欲与俱南。名父帅妻子从亲戚百计以留。太孺人曰："噫，小子无庸尔焉。自尔举进士，为令三邑，今为考功，前后且十有八年，吾能一日去尔哉？尔为令，吾见尔出入以劳民务，昕夕不遑，而尔无怠容，吾知尔之能勤。然其时监司督于上，或尔有所畏也。见尔之食贫自守，一介不以苟，而以色予养，吾知尔之能廉。然其时方有以贿败者，或尔有所惩也。见尔毁淫祠，崇正道，礼先贤之后，旌行举孝，拳拳以风俗为心，吾知尔能志于正。然其时远近方以是烨，尔或以是发闻也。自尔入为部属且五年，庶几得以自由，而尔食忘味，寝忘寐，鸡鸣而作，候予寝而出，朝于上，疾风甚雨，雷电晦暝，而未尝肯以一日休，予然后信尔之诚于勤。身与妻子为清苦，而澹然以为乐；交天下之士，而莫有以苞苴馈遗至，予然后信尔之诚于廉。凡交尔而来者，予耳其言，非文学道义之相资，则朝廷之政，边徼之务是谋，磨砻砥砺，惟不及古之人是忧焉，予然后信尔之诚志于正，而非有所色取于其外，吾于是而可以无忧尔也已。且尔弟亦善养。吾老矣，姻族乡党之是怀，南归，予乐也。"名父跽请不已。太孺人曰："止。而独不闻之，夫煦煦焉饮食供奉以为孝，而中衡拂之，孰与乐亲之心而志之养乎？”名父惧，乃不敢请。缙绅士夫闻太孺人之言者，莫不咨嗟叹息，以为虽古文伯、子舆之母何以加是。于是相与倡为歌诗，以颂太孺人之贤，而嘉名父之能养。某于名父厚也，比而序之。

对菊联句序

职方南署之前，有菊数本，阅岁既槁。李君贻教为正郎。于时天子居亮暗，西北方多事，自夏徂秋，荒顿窘戚，菊发其故业，高及于垣。署花盛开且衰，而贻教尚未之知也。一日，守仁与黄明甫过贻教语，开轩而望，始见焉。计其时，重阳之节既去之旬有五日。相与感时物之变衰，叹人事之超忽，发为歌诗，遂成联句。郁然而忧深，悄然而情隐，虽故托辞于觞咏，而沉痛惋悒，终有异乎昔之举酒花前，剧饮酣歌，陶然而乐者矣。古之人谓菊为花之隐逸，则菊固惟涧谷岩洞村圃篱落之是宜。而以植之簿书案牍之间，殆亦昔之所谓“吏而隐者”欤？守仁性僻而野，尝思鹿豖木石之群。贻教与明甫，虽各惟利器处剧任，而飘然每有烟霞林壑之想。以是人对是菊，又当是地，呜呼。固宜其重有感也已。

东曹倡和诗序

正德改元之三月，两广缺总制大臣。朝议以东南方多事，其选于他日，宜益慎重。于是湖南熊公由兵部左侍郎且满九载秩矣，擢左都御史以行。众皆以两广为东南巨镇，海外诸蛮夷之所向背，如得人而委之，天子四方之忧可免二焉。虽于资为屈，而以清德厚望选重可知矣。然而司马执兵之枢，居中斡旋，以运制四外，不滋为重欤？方其初议时，亦有以是言者。虑非不及，而当事者卒以公之节操才望为辞，谓非公不可，其意实欲因是而出公于外也。于是士论哄然，以为非宜。然已命下无及矣。为重镇得贤大臣而抚之，朝议以重举，而公以德升，物议顾怏然而不满也。衡物之情，以行其私，而使人怀不满焉，非夫忘世避俗之士，不能无忧焉。自命下暨分之行，曹属之为诗以写其眷留之情者，凡若干人。以前驱之骤发也，叙而次之，仅十之一。遮公御而投之，庸以寄其私焉。

豫轩都先生八十受封序

弘治癸亥冬，守仁自会稽上天目，东观于震泽。遇南濠子、都玄敬于吴门。遂偕之入玄墓，登天平。还，值大雪，次虎丘。凡相从旬有五日。予与南濠子为同年，盖至是而始知其学之无所不窥也。

归造其庐，获拜其父豫轩先生。与予坐而语，盖屯然其若避而汇趋也，秩然其若敛而阳煦也。予坎然而心撼焉，倏而色惭焉，倏而目骇焉，亡予之故。

先生退，守仁谓南濠子曰："先生殆有道者欤。胡为乎色之不存予，而德之予薰也？"南濠子笑而颔之曰："然，子其知人哉。吾家君于艺鲜不通，而人未尝见其学也。于道鲜不究，而人未尝知其有也。夫善之弗彰也，则于子乎避。虽然，吾家君则甚恶之。吾子既知之也，穆其敢隐乎？凡穆之所见知于吾子，皆吾家君之所弗屑也。故乡之人无闻焉。非吾子之粹于道，其宁孰识之？"

夫南濠子之学以该洽闻，四方之学者，莫不诵南濠子之名，而莫有知其学之出自先生者。先生之学，南濠子之所未能尽，而其乡人曾莫知之。古所谓潜世之士哉。彼且落其荣而核之存，彼且固灵株而塞其兑，彼且被褐而怀玉，离形迹，遁声华，而以为知己者累，孰比比焉？迹形骸而求之，其远哉。

今年先生寿八十，神完而气全，齿发无所变。八月甲寅，天子崇徽号于两宫，推恩臣下。于是南濠子方为冬官主事，得被异数，封先生如其官。同年之任于京者，美先生之高寿，乐南濠子之获荣其亲也，集而贺之。夫乐寿康宁，世之所慕，而予不敢以为先生侈。章服华宠，世之所同贵，而予不敢以为先生荣。南濠子以予言致之先生，亦且以予为知言乎？乙丑十月序。

送黄敬夫先生佥宪广西序

古之仕者，将以行其道；今之仕者，将以利其身。将以行其道，故能不以险夷得丧动其心，而惟道之行否为休戚。利其身，故怀土偷安，见利而趋，见难而惧。非古今之性尔殊也，其所以养于平日者之不同，而观夫天下者之达与不达耳。

吾邑黄君敬夫，以刑部员外郎擢广西按察佥事。广西，天下之西南徼也。地卑湿而土疏薄，接境于诸岛蛮夷；瘴疠郁蒸之气，朝夕弥茫，不常睹日月；山僮海僚，非时窃发；鸟妖蛇毒之患，在在而有。固今仕者之所惧而避焉者也。

然予以为中原固天下之乐土，人之所趋而聚居者。然中原之民至今不加多，而岭广之民至今不加少，何哉？中原之民，其始非必尽皆中原者也，固有从岭广而迁居之者矣。岭广之民，其始非必尽皆岭广者也，固有从中原而迁居之者矣。久而安焉，习而便焉，父兄宗族之所居，亲戚坟墓之所在，自不能一日舍此而他也。古之君子，惟知天下之情不异于一乡，一乡之情不异于一家，而家之情不异于吾之一身。故视其家之尊卑长幼，犹家之视身也；视天下之尊卑长幼，犹乡之视家也。是以安土乐天，而无入不自得。后之人视其兄之于己，固已有间，则又何怪其险夷之异趋，而利害之殊节也哉？今仕于世，而能以行道为心，求古人之意，以达观夫天下，则岭广虽远，固其乡闾；岭广之民，皆其子弟；郡邑城郭，皆其父兄宗族之所居；山川道里，皆其亲戚坟墓之所在。而岭广之民，亦将视我为父兄，以我为亲戚，雍雍爱戴，相眷恋而不忍去，况以为惧而避之耶？

敬夫吾邑之英也。幼居于乡，乡之人无不敬爱。长徙于南畿之六合，六合之人，敬而爱之，犹吾乡也。及举进士，宰新郑，新郑之民曰："吾父兄也。"入为冬官主事，出治水于山东，改秋官主事，擢员外郎，僚采曰："吾兄弟也。"盖自居于乡以至于今，经历且十余地，而人之敬爱之如一日。君亦自为童子以至于为今官，经历且八九职，而其所以待人爱众者，恒如一家。今之擢广西也，人咸以君之贤，宜需用于内，不当任远地。君曰："吾则不贤。使或贤也，乃所以宜于远。"

呜呼。若君者可不谓之志于行道，素养达观，而有古人之风也欤？夫志于为利，虽欲其政之善，不可得也。志于行道，虽欲其政之不善，亦不可得也。以君之所志，虽未有所见，吾犹信其能也。况其赫烨之声，奇伟之绩，久熟于人人之耳目，则吾于君之行也，颂其所难而易者见矣。

性天卷诗序

锡之崇安寺，有浮屠净觉者，扁其居曰“性天”。因地官秦君国声而请序于予。予不知净觉，顾国声端人也，而净觉托焉，且尝避所居以延国声诵读其间，此其为人必有可与言者矣。然“性天”既非净觉之所及，而“性”与“天”又孔子之所罕言，子贡之所未闻，则吾亦岂易言哉？吾闻浮屠氏以寂灭为宗，其教务抵于木槁灰死，影绝迹灭之境，以为空幻。则净觉所谓“性天”云者，意如此乎？净觉既已习闻，而复予请焉，其中必有愿也，吾不可复以此而渎告之。姑试与净觉观于天地之间，以求所谓“性”与“天”者而论之。

则凡赫然而明，蓬然而生，訇然而惊，油然而兴，凡荡前拥后，迎盼而接[illegible]者，何适而非此也哉？今夫水之生也润以下，木之生也植以上，性也。而莫知其然之妙，水与木不与焉，则天也。激之而使行于山巅之上，而反培其末，是岂水与木之性哉？其奔决而仆夭，固非其天矣。人之生，入而父子、夫妇、兄弟，出而君臣、长幼、朋友，岂非顺其性以全其天而已耶？圣人立之以纪纲，行之以礼乐，使天下之过弗及焉者，皆于是乎取中，曰“此天之所以与我，我之所以为性”云耳。不如是，不足以为人，是谓丧其性而失其天。而况于绝父子，屏夫妇，逸而去之耶？吾儒之所谓性与天者，如是而已矣。若曰“性天之流行”云，则吾又何敢躐以亵净觉乎哉？

夫知而弗以告，谓之不仁；告之而躐其等，谓之诬；知而不为焉者，谓之惑。吾不敢自陷于诬与不仁。观净觉之所与，与其所以请，亦岂终惑者邪？既以复国声之请，遂书于其卷。

送陈怀文尹宁都序

木之产于邓林者，无弃材；马之出于渥洼者，无凡足。非物性之有异，其种类土地使然也。剡溪自昔称多贤，而陈氏之居剡者，尤为特盛。其先有讳过者，仕宋，为侍御史。子匡，由进士为少詹事。匡之四世孙圣，登进士，判处州。子颐，征著作。颐子国光，元进士，官大理卿。光侄彦范，为越州路总管。至怀文之兄尧，由乡进士掌教濮州。弟璟，蜀府右长史。珂，进士，刑曹主事。衣冠文物，辉映后先，岂非人之所谓邓林、渥洼者乎？宜必有环奇之材，绝逸之足，干青云而蹑风电者，出乎其间矣。

怀文始与予同举于乡，望其色而异，耳其言而惊。求其世，则陈氏之产也。曰："嘻。累哉，土地则尔，他时柱廊庙而致千里者，非彼也欤。"既而匠石靡经，伯乐不遇，遂复困寂寞而伏监车者十有五年。斯则有司之不明，于怀文固无病也。今年赴选铨曹，授尹江西之宁都。夫以怀文合抱之具，此宜无适而不可。顾宁都百里之地，吾恐怀文之骥足有所不展也。然而行远之迩，登高之卑，自今日始矣。则如予之好于怀文者，于其行能无言乎？赠之诗曰：

"矫矫千金骏，郁郁披云枝。跑风拖雷电，梁栋惟其宜。寒林栖落日，暮色江天卮。元龙湖海士，客衣风尘缁。牛刀试花县，鸣琴坐无为。清濯庐山云，心事良独奇。悠悠西江水，别怀谅如斯。"

送骆蕴良潮州太守序

昔韩退之为潮州刺史，其诗文间亦有述潮之土风物产者。大抵谓潮为瘴毒崎险之乡。而海南帅孔戣又以潮州小，禄薄，特给退之钱千十百，周其阙乏。则潮盖亦边海一穷州耳。今之岭南诸郡以饶足称，则必以潮为首举，甚至以为虽江、淮财赋之地，亦且有所不及。岂潮之土地啬于古而今有所丰，抑退之贬谪之后，其言不无激于不平而有所过也？退之为刑部侍郎，谏迎佛骨，天子大怒，必欲置之死。裴度、崔群辈为解，始得贬潮州。则潮在当时不得为美地，亦略可见。今之所称，则又可以身至而目击，固非出于妄传。特其地之不同于古，则要为有自也。

予尝谓：牧守之治郡，譬之农夫之治田。农夫上田，一岁不治则半收。再岁不治则无食，三岁不治则化为芜莽，而比于瓦砾。苟尽树艺之方，而勤耕耨之节，则下田之收与上等。江、淮故称富庶，当其兵荒之际，凋残废瘠，固宜有之。乃今重熙累洽之日，而其民往往有不堪之叹，岂非以其俗素习于奢逸，而上之人又从而重敛繁役之，刓剥环四面而集，则虽有良守牧，亦一暴十寒，其为生也无几矣。潮地岸大海，积无饶富之名，其民贡赋之外，皆得以各安地利，业俭朴，而又得守牧如退之、李德裕、陈尧佐之徒相望而抚掬梳摩之，所以积有今日之盛，实始于此。迩十余年来，富盛之声既扬，则其势不能久而无动。有司者又将顾而之焉。则吾恐今日之潮，复为他时之江淮，其甚可念也。

今年潮知府员缺，诸暨骆公蕴良以左府经历擢是任以往。公尝守安陆，至今以富足号，遂用是建重屏其地。继后循其迹而治之者，率多有声闻。及入经历左府都督事，兵府政清，自府帅下迨幕属军吏，礼敬畏戴，不谋而同。其于潮州也，以其治安陆者治之，而又获夫上下之心，如今日之在兵府，将有为而无不从，有革而无不听，政绩之美，又果足为后来者之所遵守，则潮之富足，将终保于无恙，而一郡民神为有福矣。夫为天子延一郡之福，功岂小乎哉？推是以进，他日所成，其又可论？公僚友李载阳辈请言导公行。予素知公之心，且稔其才，自度无足为赠者，为潮民庆之以酒，而颂之以此言。

高平县志序

《高平志》者,高平之山川、土田、风俗、物产无不志焉。曰高平,则其地之所有皆举之矣。

《禹贡》、《职方》之述，已不可尚。汉以来《地理郡国志》、《方舆胜览》、《山海经》之属，或略而多漏，或诞而不经，其间固已不能无憾。惟我朝之《一统志》，则其纲简于《禹贡》而无遗，其目详于《职方》而不冗。然其规模宏大阔略，实为天下万世而作，则王者事也。若夫州县之志，固又有司者之职，其亦可缓乎？

弘治乙卯，慈溪杨君明甫令泽之高平。发号出令，民既悦服。乃行田野，进父老，询邑之故，将以修废举坠。而邑旧无志，无所于考。明甫慨然太息曰："此大阙，责在我。"遂广询博采，搜秘阙疑，旁援直据，辅之以己见，遵《一统志》凡例，总其要节，而属笔于司训李英，不逾月编成。于是繁剧纷沓之中，不见声色，而数千载散乱沦落之事，弃废磨灭之迹，灿然复完。明甫退然若无与也。邑之人士动容相庆，骇其昔所未闻者之忽睹，而喜其今所将泯者之复明也。走京师，请予序。

予惟高平即古长平，战国时秦白起攻赵，坑降卒四十万于此，至今天下冤之。故自为童子，即知有长平。慷慨好奇之士，思一至其地，以吊千古不平之恨而不可得。或时考图志以求其山川形势于仿佛间。予尝思睹其志，以为远莫致之，不谓其无有也。盖尝意论赵人以四十万俯首降秦，而秦卒坑之，了无哀恤顾忌，秦之毒虐，固已不容诛，而当时诸侯，其先亦自有以取此者。夫先王建国分野，皆有一定之规画经制。如今所谓志书之类者，以纪其山川之险夷，封疆之广狭，土田之饶瘠，贡赋之多寡，俗之所宜，地之所产，井然有方。俾有国者之子孙世守之，不得以己意有所增损取予，夫然后讲信修睦，各保其先世之所有，而不敢冒法制以相侵陵。战国之君，恶其害己，不得骋无厌之欲也，而皆去其籍。于是强陵弱，众暴寡，兼并僭窃，先王之法制荡然无考，而奸雄遂不复有所忌惮。故秦敢至于此。然则七国之亡，实由文献不足证，而先王之法制无存也。典籍图志之所关，其不大哉？

今天下一统，皇化周流。州县之吏，不过具文书，计岁月，而以赘疣之物视图志。不知所以宜其民，因其俗，以兴滞补弊者，必于志焉是赖。则固王政之首务也。今夫一家，且必有谱，而后可齐，而况于州县。天下之大，州县之积也。州县无不治，则天下治矣。明甫之独能汲汲于此，其所见不亦远乎。明甫学博而才优，其为政廉明，毁淫祠，兴社学，敦伦厚俗，扶弱锄强，实皆可书之于志，以为后法。而明甫谦让不自有也。故予为序其略于此，使后之续志者考而书焉。

送李柳州序

柳州去京师七千余里，在五岭之南。岭南之州，大抵多卑湿瘴疠，其风土杂夷从，自昔与中原不类。唐、宋之世，地尽荒服。吏其土者，或未必尽皆以谴谪，而以谴谪至者居多。士之立朝，意气激轧，与时抵忤，不容于侪众，于是相与摈斥，必致之远地。故以谴谪而至者，或未必尽皆贤士君子，而贤士君子居多。予尝论贤士君子，于平时随事就功，要亦与人无异。至于处困约之乡，而志愈励，节益坚，然后心迹与时俗相去远甚。然则非必贤士君子而后至其地，至其地而后见贤士君子也。

唐之时，柳宗元出为柳州刺史，刘贲斥为柳州司户。贲之忠义，既已不待言。宗元之出，始虽有以自取，及其至柳，而以礼教治民，砥砺奋发，卓然遂有闻于世。古人云：“庸玉女于成也。”其不信已夫？自是寓游其地，若范祖禹、张廷坚、孙觌、高颖、刘洪道、胡梦昱辈，皆忠贤刚直之士，后先相继不绝。故柳虽非中土，至其地者，率多贤士。是以习与化移，而衣冠文物，蔚然为礼义之邦。我皇明重熙累洽，无间迩遐，世和时泰，瘴疠不兴。财货所出，尽于东南。于是遂为岭南甲郡，朝廷必择廉能以任之。则今日之柳州，固已非唐、宋之柳州，而今日之官其土者，岂惟非昔之比，其为重且专亦较然矣。

弘治丙辰，柳州知府员缺，内江李君邦辅自地官正郎膺命以往。人皆以邦辅居地官十余年，绰有能声，为缙绅所称许，不当远去万里外。予于邦辅，知我也，亦岂不惜其远别？顾邦辅居地官上曹，著廉声，有能绩，徐速自如，优游荣乐之地，皆非人所甚难，人亦不甚为邦辅屈，不如其中之所存。今而间关数千里，处险僻难为之地，得以试其坚白于磨涅，则邦辅之节操志虑，庶几尽白于人人，而任重道远，真可以无负今日缙绅之期望，岂不美哉。夫所处冒艰险之名，而节操有相形之美，以不满人之望，加之以不自满之心，吾于邦辅之行，所以独欣然而私喜也。

送吕丕文先生少尹京丞序

昔萧望之为谏议大夫，天子以望之议论有余才，任宰相，将观以郡事。而望之坚欲拾遗左右，后竟出试三辅。至元帝之世，而望之遂称贤相焉。

古之英君，其将任是人也，既已纳其言，又必考其行；将欲委以重，则必老其才。所以用无不当，而功无不成。若汉宣者，史称其综核名实，盖亦不为虚语矣。

新昌吕公丕文，以礼科都给事中擢少尹南京兆。给事，谏官也。京兆，三辅之首也。以给事试京兆，是谏官试三辅也。是其先后名爵之偶同于望之，非徒以宠直道而开谠言，固亦微示其意于其间耳。吕公以纯笃之学，忠贞之行，自甲辰进士为谏官十余年。其所论于朝而建明者，何如也？致于上而替可否者，何如也？声光在人，公道在天下。圣天子询事考言，方欲致股肱之良，以希唐虞之盛，耳目之司，顾独不重哉？然则公京兆之擢，固将以信其夙所言者于今日，而须其大用于他时也。其所以贤而试之，有符于汉宣之于望之。而其所将信而任之，则吾又知其决非彼若而已也。君行矣，既已审上意之所在，公卿大夫士倾耳维新之政，以券其所言，且谓日需其效以俟庸也，其得无念于斯行乎哉？

学士谢公辈与公有同举同乡之好，饮以饯之。谓某也宜致以言。予惟君之文学政事，于平常既已信其必然，知言之弗能毫末加也。而超擢之荣，又不屑为时俗道。若夫名誉之美，期俟之盛，则固君之所宜副，而实诸公饮饯之情也。故比而序之以为赠。

庆吕素庵先生封知州序

朝廷褒德显功，因其子以及其亲，斯固人情事理之所宜然，盖亦所谓忠厚之至也。然旧制京官三载举，得推恩，而州县之职，非至于数载之外，屡为其上官所荐扬，则终不可幸而致。故京官之得推恩，非必其皆有奇绩异能者，苟得及乎三载，皆可以坐而有之。州县之职，非必其皆无奇绩异能，苟其人事之不齐，得于民矣而不获乎上，信于己矣而未孚于人，百有一不如式，则有司者以例绳之，虽累方岳，欲推恩如其京官之三载者焉不可得也。

夫父母之所以教养其子，而望其荣显夫我者，岂有异情哉？人子之所以报于其亲，以求乐其心志者，岂有异情哉？及其同为王臣，而其久近难易，相去悬绝如此，岂不益令人重内而轻外也。夫惟其难若此，其久若此，而后能有所成就，故其教子之荣，显亲之志，亦因之而有盛于彼，皆于此见焉。

浙之新昌有隐君子曰素庵吕公者，今刑部员外郎中原之父也。自幼有洁操，高其道，不肯为世用。优游烟壑，专意教其子，使之尽学夫修己治人之方。凡其所欲为而不及为者，皆一以付之，曰："吾不能有补于时，不可使吾子复为独善者。"学成，使之仕。成化庚子，中原遂领乡荐，与家君实同登焉。甲辰举进士，出守石州。石故号难治，中原至，即除旧令之不便于民者，布教条为约束，以其素所习于家庭者，坐而治之，民皆靡然而从，翕然而起。士夫之腾于议者，部使之扬荐者曰："某廉吏，某勤吏，某才而有能，某贤而多智。"必皆于中原是归焉。有司奉旧典，推原中原厥绩所自，而公之所以训诲其子之功为大。天子下制褒扬，封公为奉直大夫，配某氏，封宜人，以宠荣之。乡士夫皆曰："子为京职，而能克享褒封者，于今皆尔，此不足甚异。公之教其子，为其难，而独能易其获，此则不可以无贺。"于是李君辈皆为诗歌而来属予言。

予惟天下之事，其得之也不难，则其失之也必易；其积之也不久，则其发之也必不宏。今夫松柏之拂穹霄而击车轮也，其始盖亦必有蔽于蓬蒿，而厄于牛羊，以能有成立。公之先世，自文惠公以来，相业吏治，世济其美，固宜食报于其后矣；而不食，以钟于公。公之道自足以显于时矣；而不显，以致于其子。且复根盘节错而中为之处焉，乃有所获。是岂非所谓积之久而得之难者欤？则其他日所发之宏大，其子之陟公卿而树勋业，身享遐龄，以永天禄于无穷，盖未足以尽也。然则公之可贺者，在此而不专在于彼。某也敢赘言之？

送张侯宗鲁考最还治绍兴序

胶州张侯宗鲁之节推吾郡也，中清而外慎，宽持而肃行，大获于上下，以平其政刑，三载而绩成，是为弘治十三年，将上最天曹。吾父老闻侯之有行也，皆出自若耶山谷间，送于钱清江上。侯曰："父老休矣。吾无德政相及，徒勤父老，吾惧且怍。父老休矣，吾无以堪也。"父老曰："明府知斯水之所以为钱清者乎？昔汉刘公之去吾郡也，吾侪小人之先亦皆出送，各有所赠献。刘公不忍违先民之意，乃人取一钱，已而投之斯水，因以名焉。所以无忘刘公之清德，且以志吾先民之事刘公，其勤如此也。今明府之行，吾侪小人限于法制，既不敢妄有所赠献，又不获奔走服役，致其惓惓之怀，其如先民何？"固辞不可，复行数十里，始去。

三月中旬，侯至于京师，天曹以最上。明日遂驾以行。乡先生之仕于朝者闻之，皆出饯，且邀止之曰："侯之远来，亦既劳止。适有司之不暇，是以未能羞一觞于从者，是何行之速耶？"侯俯而谢。复止之曰："侯之劳于吾郡，三年有余，今者行数千里，无非为吾民其勤且劬也，事既竣矣，吾党不得相与为一日之从容，其如吾民何？"侯谢而起。守仁趋而进曰："诸先生毋为从者淹，侯之急于行也，守仁则知之矣。"佥曰："谓何？"曰："昔者汉郭伋之行部也，与诸童为归期。及归而先一日，遂止于野亭。须期乃入，曰：‘惧违信于诸儿也。’吾闻侯之来也，乡父老与侯为归期矣。而复濡迟于此，以徇一朝之乐，隳其所以期父老者，此侯之所惧，而有不容已于急行也。毋为侯淹。”侯起拜曰：“正学非敢及此，然敢不求承吾子之教？”

送方寿卿广东佥宪序

士大夫之仕于京者，其繁剧难为，惟部属为甚。而部属之中，惟刑曹典司狱讼，朝夕恒窘于簿书案牍，口决耳辩，目证心求，身不暂离于公座，而手不停挥于铅椠，盖部属之尤甚者也。而刑曹十有三司之中，惟云南以职在京畿，广东以事当权贵，其剧且难，尤有甚于诸司者。若是而得以行其志，无愧其职焉。则固有志者之所愿为，而多才者之所欲成也。

然而纷揉杂沓之中，又从而拂抑之，牵制之。言未出于口，而辱已加于身；事未解于倒悬，而机已发于陷阱。议者以为处此而能不挠于理法，不罹于祸败，则天下无复难为之事，是固然矣。然吾以为一有惕于祸败，则理法未免有时而或挠。苟惟理法之求伸，而欲不必罗于祸败，吾恐圣人以下，或有所不能也。讼之大者，莫过于人命；恶之极者，无甚于盗贼。朝廷不忍一民冒极恶之名，而无辜以死也，是俗之论皆然。而寿卿独以佥事为乐，此其间夫亦容有所未安，是以宁处其簿与淹者，以求免于过慝欤？夫知其不安而不处，过慝之惧而淹薄是甘焉，是古君子之心也。吾于寿卿之行，请以此为赠。

提牢厅壁题名记

京师，天下狱讼之所归也。天下之狱分听于刑部之十三司，而十三司之狱又并系于提牢厅。故提牢厅天下之狱皆在焉。狱之系，岁以万计。朝则皆自提牢厅而出，以分布于十三司。提牢者目识其状貌，手披其姓名，口询耳听，鱼贯而前，自辰及午而始毕。暮自十三司而归，自未及酉，其勤亦如之。固天下之至繁也。

其间狱之已成者，分为六监。其轻若重而未成者，又自为六监。其桎梏之缓急，局钥之启闭，寒暑早夜之异防，饥渴疾病之殊养，其微至于箕帚刀锥，其贱至于涤垢除下，虽各司于六监之吏，而提牢者一不与知，即弊兴害作，执法者得以议拟于其后，又天下之至猥也。

狱之重者入于死，其次亦皆徒流。夫以共工之罪恶，而舜姑以流之于幽州。则夫拘系于此，而其情之苟有未得者，又可以轻弃之于死地哉？是以虽其至繁至猥，而其势有不容于不身亲之者，是盖天下之至重也。

旧制提牢月更主事一人，至是弘治庚申之十月，而予适来当事。夫予天下之至拙也，其平居无恙，一遇纷扰，且支离厌倦，不能酬酢，况兹多病之余，疲顿憔悴，又其平生至不可强之日。而每岁决狱，皆以十月下旬，人怀疑惧，多亦变故不测之虞，则又至不可为之时也。夫其天下之至繁也，至猥也，至重也，而又适当天下至拙之人，值其至不可强之日，与其至不可为之时，是亦岂非天下之至难也？

以予之难，不敢忘昔之治于此者，将求私淑之。而厅壁旧无题名，搜诸故牒，则存者仅百一耳。大惧泯没，使昔人之善恶无所考征，而后来者益以畏难苟且，莫有所观感，于是乃悉取而书之厅壁。虽其既亡者不可复追，而将来者尚无穷已，则后贤犹将有可别择以为从违。而其间苟有天下之至拙加予者，亦得以取法明善，而免过愆，将不为无小补。然后知予之所以为此者，固亦推己及物之至情，自有不容于己也矣。弘治庚申十月望。

重修提牢厅司狱司记

弘治庚申七月，重修提牢厅工毕。又两越月，而司狱司成，于是余姚王守仁适以次来提督狱事，六监之吏皆来言曰："惟兹厅若司建自正统，破敝倾圮且二十年。其卑浅隘陋，则草创之制无尤焉矣。是亦岂惟无以凛观瞻而严法制，将治事者风雨霜雪之不免，又何暇于职务之举而奸细之防哉？然兹部之制，修废补败，有主事一人以专其事，又坏不理，吾侪小人，无得而知之者。独惟拓隘以广，易朽以坚，则自吾刘公实始有是。吾侪目睹其成，而身享其逸，刘公之功不敢忘也。"又曰："六监之囚，其罪大恶极，何所不有，作孽造奸，吏数逢其殃，而民徒益其死。独禁防之不密哉？亦其间容有以生其心。自吾刘公，始出己意，创为木闲，令不苛而密，奸不弭而消，桎梏可驰，缧绁可无，吾侪得以安枕无事，而囚亦或免于法外之诛。则刘公之功，于是为大。小人事微而谋窒，无能为也。敢以布于执事，实重图之。"

于是守仁既无以御其情，又与刘公为同僚，嫌于私相美誉也，乃谓之曰："吾为尔记尔所言，书刘公之名姓，使承刘公之后者，益修刘公之职。继尔辈而居此者，亦无忘刘公之功。则于尔心其亦已矣。"皆应曰："是小人之愿也。"遂记之曰：刘君名琏，字廷美，江西鄱阳人也。由弘治癸丑进士，今为刑部四川司主事云。弘治庚申十月十九日。